<u>L'auteur</u>
Thierno Hammadi BA

<u>son guide spirituel</u>
Thierno Boubacar Diallo de Bansang

THIERNO HAMMADI BA

****

LA DIMENSION SPIRITUELLE ET CULTUELLE DE LA TARIQA TIJJANIYYA :
<u>définition, historique, composantes, pratiques, ...</u>

TOME I
1ère édition

Traduit de l'arabe par le Pr.

Order this book online at www.trafford.com
or email orders@trafford.com

Most Trafford titles are also available at major online book retailers.

Printed in the United States of America.

ISBN: 978-1-4269-4346-1 (sc)
ISBN: 978-1-4269-4347-8 (e)

*Our mission is to efficiently provide the world's finest, most comprehensive book publishing
service, enabling every author to experience success. To find out how to publish your book,
your way, and have it available worldwide, visit us online at www.trafford.com*

Trafford rev. 09/22/2010

 www.trafford.com

North America & international
toll-free: 1 888 232 4444 (USA & Canada)
phone: 250 383 6864 ♦ fax: 812 355 4082

La dimension spirituelle et cultuelle de la Tariqa Tijjaniyya

ABDOURAHMANE BA

La dimension spirituelle et cultuelle de la Tariqa Tijjaniyya

1ère édition

Revue et corrigée

Juin 2010

Maison d'édition : Librairie Islamique, Ly et Frères, Dakar/Sénégal

La dimension spirituelle et cultuelle de la Tariqa Tijjaniyya

L'auteur, Thierno Hammadi BA, tel : (+221) 77 104 33 88 ou (+221) 77 567 34 68
Le traducteur, Pr. Abdourahmane BA, tel : (+221) 77 514 52 32 ou (+221) 76 523 79 39

D E D I C A C E

Je dédie cet ouvrage spirituel à :

- Le Saint Prophète **Muhammad**, sa honorable famille et ses illustres compagnons.
- Notre Maître, **Cheikh Sayyid Ahmad Tjjânî**, sa famille et sa descendance.
- Mon éminent et vénérable maître, **Thierno Boubabacar Diallo** de Bansang, qui m'a initié aux sciences ésotériques de la religion musulmane et qui m'a bien renforcé dans la Tarîqa Tijjâniyya.
- Mon très cher et vaillant père, **Ousmane Djibi BA**, qui a eu la généreuse idée de m'orienter vers l'étude de la religion musulmane.
- Ma très courageuse et combattante mère, **Aïssata Hammadi LY**, qui m'a couvert de toute son affection maternelle.
- Ma très brave épouse, **Ndèye Absa THIAM**, qui m'a soutenu sans faille dans la réalisation de cet ouvrage phare de la Tarîqa Tijjâniyya,
- Mes autres épouses, **Aïssata Moussa LY, Yassine DIAW et Aïssata Sara BA**, qui m'ont montré toute leur affection pour me permettre d'en arriver là.
- Ma très **chère famille** qui n'a jamais baissé les bras pour me soutenir.
- Celui qui s'est battu corps et âme pour trouver le financement pour la publication de ce livre, **M. Abdourahmane GAYE**.
- Celui qui a fait preuve d'abnégation et de patience pour traduire ce livre de 1100 pages en français, le **Pr. Abdourahmane BA**.
- **Ceux** qui ont, de près ou de loin, contribué à la finalisation de ce travail, soit financièrement, soit moralement, soit matériellement.
- A tous **ceux_là** que je n'ai pas pu citer dans cette liste de dédicace, je n'ai omis personne.

Que Dieu accorde son pardon et sa clémence à tous ceux-ci.

Seigneur ! Daigne répandre Ton Salut et Ta Grâce sur le Saint Messager, MUHAMMAD, ses nobles épouses et ses illustres compagnons.

NOTE DU TRADUCTEUR

Au Nom de Dieu le Clément le Miséricordieux
Seigneur, daigne répandre Ton Salut et Ta Grâce Infinie sur le Saint Prophète,
L'Envoyé de Dieu, le Dernier des Prophètes et le Guide des Messagers,
Muhammad, sur sa Famille et sur ses Compagnons.

La Tarîqa Tidjâniyya est une des Voies Spirituelles qui mènent vers Dieu. Aussi certains hommes versés de cette Tarîqa se sont chargés d'apporter toute la lumière nécessaire à cette Voie afin de permettre aux disciples d'entrer en connection directe et permanente avec les Elus de cette Tarîqa, et delà avec le Saint Messager de Dieu qui les fera arriver à Dieu.

Aussi, ce saint érudit, Thierno Hammadi BA, s'est lancé dans la publication de certains ouvrages ayant trait à cette Tarîqa Tidjâniyya. Il est pour la bonne diffusion des préceptes et des principes de cette Voie Spirituelle.

C'est dans ce cadre qu'il a écrit cet ouvrage de grande portée spirituelle. Un ouvrage qui a passé en revue tout ce qui fait le charme de la Tarîqa Tidjâniyya : sa définition, l'origine du wird tidjâne, les pratiques quotidiennens comme hebdomadaires (wazîfa, lâzim, hadratul djum'a,…), la courbe de vie de Cheikh Ahmad Tidjâne Chérif, les arcanes et litanies, les invocations de hautes portée spirituelle, l'identité véritable du Saint Messager de Dieu, l'identité des hommes de Dieu,…

Nous tenons à signaler que la traduction n'était pas du tout facile. Nous étions face à un document de 1100 pages écrit par un érudit des sciences ésotériques de l'Islam. Il était fort prévisible que la langue arabe utilisée par cet érudit n'était pas du tout abordable, d'autant plus que ce n'était point une langue académique arabe qui était employé ; mais plutôt une langue des cercles d'étude dites « majâlis ».

Donc, nous nous excusons de la qualité de la traduction ainsi que des fautes de langages, de grammaires, de syntaxes, de formulations, dans le choix des termes adéquates pour rendre le sens lisible et compréhensible. Nous reconnaissons que la traduction n'était pas du tout facile. Nous avons fait presque cinq ans pour terminer ce travail avec toutes les corrections requises par d'éminentes personnalités des sciences ésotériques. Et notre qualité d'enseignant ne nous a pas donné le temps suffisant pour avancer vite dans cette traduction.

Nous faisions face à un texte en arabe dépourvu de ponctuation, de chapitres bien posés, de sous sections bien départagés. Les intitulés que vous verrez au fil de votre lecture sont faits grâce à Dieu qui nous a permis de titrer les parties. Ainsi, vous verrez des chapitres longs, des chapitres moyens longs et des chapitres courts selon le contenu développé dans chaque partie.

Dans la version française, en accord avec l'auteur Thierno Hammadi BA, nous avons divisé l'ouvrage en trois tomes, dont chaque tome renferme des données primordiales sur la Tarîqa Tidjâniyya.

De toute façon, c'est un ouvrage très riche que tout disciple tidjâne doit consulter pour mieux comprendre la Tidjâniyya.

Nous demandons Dieu de nous inscrire parmi ses serviteurs élus et qu'il nous pardonne les erreurs commises lors de la traduction de cet ouvrage. Nous ne voudrions que parfaire dans la mesure du possible.

NB : _L'auteur invite à ceux qui veulent décoder les Noms Divins traduits en chiffres dans tous le document d'entrer en contact avec lui en composant le numéro qu'ils verront tout à fait au début de chaque tome._

Paix et salut sur le Saint Prophète, Muhammad, sa famille, ses compagnons et tous les suivants qui suiveront leurs traces jusqu'au Jour Dernier !

Le traducteur

INTRODUCTION

Au nom de Dieu le Clément le Miséricordieux

Louange à Dieu qui a choisi l'essence Muhammédienne lieu de contenance de la manifestation des flux de l'Essence Ahmadiyya et qui a, également, choisi l'Essence Ahmadiyya lieu de manifestation des flux de l'Essence Muhammédienne partant de sa propre volonté et de sa providence éternelle. En effet, Dieu ne sera jamais interrogé sur ce qu'il fait et il sait, parfaitement, où placer Son message. Il accorde Sa miséricorde à qui Il veut et Il est le Détenteur de la grâce immense. Seigneur, que Ta paix et Ton salut soit sur l'Essence Muhammadiyya Ahmadiyya à caractère spirituel, ainsi que sur sa noble famille et ses nobles compagnons, présentateurs de la Charia et source de la vérité incontestable. Seigneur, soit satisfait de la manifestation Muhammadiyya et celle Ahmadiyya d'une satisfaction éternelle.

La compilation de ce livre est faite par le Cheikh versé dans la science et grand connaisseur des questions religieuses, Thierno Hammadi Bâ[1].

Ce serviteur de Dieu, qui désire bénéficier de la miséricorde divine perpétuelle et qui envisage d'être à l'écoute de la providence sempiternelle, a fait savoir que : « En écrivant ce livre, j'ai mis en avant l'engagement personnelle en comptant sur l'assistance absolue divine. Il y est question de : « *Mettre la lumière sur la Tarîqa Tijjâniyya à caractère Ahmadiyya Muhammadiyya an-Nûrâniyya* ». *Nous y avons montré et expliqué la manière d'effectuer la ziara. Nous y avons, en plus, élucidé tout ce qui présente un caractère d'obligation, en prenant appui sur les exigences de la Tarîqa dans son intégralité. Nous y avons déterminé sa forme et expliqué le contenu* ».

Et ce, je l'ai fait après avoir accompli une prière de consultation. Je sais bien que ce que je possède est peu signifiant ; mais je m'appuie sur Dieu qui précise : « **Que celui qui est aisé dépense de sa fortune et que celui dont les biens sont**

---

[1] Etant fils du terroir, il réside à Dakar, capitale du Sénégal. Il est le dépositaire des trésors du tidjânisme à la Zâwiya El Hadj Malick Sy à Sandaga où il enseigne diverses matières religieuses. Il est surtout connu sous le nom de Muhammad Ibn Ousmane Djibi BA.

restreints dépense selon ce qu'Allah lui a accordé. Allah n'impose à personne que selon ce qu'Il lui a donné et Allah fera succéder l'aisance à la gêne[2] ».

Je prie Dieu de m'accorder l'assistance, la consolidation, la réussite, la droiture et l'exactitude car c'est Lui le vrai guide vers le chemin le plus droit. Je me suffis à Lui et en Lui je confie mon sort.
Je reconnais toute ma petitesse et le désir de me faire remarquer auprès des doués de raisons. Dieu est Celui dont le secours est imploré. Il se doit de répondre aux invocations dans leur totalité par la grâce du rang du Prophète Muhammad (PSL).

En définitive, j'ai intitulé ce livre : « *Kachf al-ghamâm lid-diyâ'i at-tarîqa at-tijâniyya al-ahmadiyya al-muhammadiyya an-nûrâniyya* » ou « <u>Lever le voile pour mettre la lumière sur la tarîqa tijâniyya ahmadiyya muhammadiyya nûrâniyya</u> ».

Que Dieu le considère comme une œuvre dont le seul but c'est de plaire Son noble visage et qu'Il fasse que nous en tirions large profit par la grâce de Son éminent Prophète, sur lui le plus paisible des paix et des saluts ainsi que sur sa famille. Il n'y a de force et de puissance que celles d'Allah, le Très-Haut, le Parfait.

---

[2] Sourate : At-Talâq ; verset : 7.

Dimension spirituelle et mystique
de la Basmala

L'auteur, qu'Allah lui pardonne ses péchés, a entamé ses propos par la formule : « *Bismil-lâh ar-Rahmân ar-Rahîm* » en prenant appui sur le Glorieux Coran, pour sa mise en forme et sa compilation. De même, l'auteur prend en compte ce qui se trouve dans la Tablette Gardée (*al-lawh al-mahfûz*) comme la Basmala (*Bismil-lâh ar-Rahmân ar-Rahîm*). Il compte ainsi rendre pratique le propos prophétique qui disait que : « *Bismil-lâh ar-Rahmân ar-Rahîm* » constitue le prologue de tout livre et que tout acte non débuté par « *Bismil-lâh ar-Rahmân ar-Rahîm* » sera un acte non considéré aux yeux de Dieu ; et selon une version : « Si on ne le commence pas par cette formule, cet acte sera non notifié ».

Dans « <u>Al-'Azîziyyi</u> » العزيزي, l'auteur de « <u>Al-istighnâ'</u> »,الإستغناء dans son explication de la signification des plus beaux Noms de Dieu, d'après son Cheikh Tunisien, démontre que les savants de chaque communauté sont unanimes sur le fait que Dieu, que Son nom soit exalté, a entamé chaque chapitre du Coran par la Basmala[3].

On rapporte que la première chose que la plume a eu à écrire c'est la formule *Bismil-lâh ar-Rahmân ar-Rahîm*. Par conséquent, si vous écrivez quelque chose, placez-la sur l'en-tête conformément à la pratique du Prophète qui l'inscrivait, en début de ligne, dans tous les messages qu'il a eu à adresser aux Rois. C'est ce que faisaient, également, les imâms par rapport à leurs écrits mettant en exergue ainsi l'incapacité, la pauvreté d'esprit, la demande d'assistance en invoquant le Roi Suprême tout en considérant le caractère ésotérique de la légitimité d'implorer Son secours, lui, le Très Haut. C'est une sorte de mise en garde adressée aux fidèles serviteurs leur montrant l'incapacité impérative qui se dérobe de leurs regards et qu'ils acquerront à force d'être des adorateurs sincères. Pureté à Lui, Notre Seigneur, par rapport à tout ce qui éveille Sa haine et Sa colère.
Le Cheikh Muhyi Dîn, que Dieu l'agréé, dit : « Dieu, le Véridique, nous a ordonné de l'implorer confirmant ainsi l'état de fait de la causalité qui ne peut être écartée et

---

[3] C'est-à-dire la formule : « Bismil-lâh Ar-Rahmân Ar-Rahîm », excepté la Sourate « At-Tawba ».

qui ne peut faire exister une causalité que par sa propre existence ». Dieu dit : « **C'est Toi [Seul] que nous adorons et c'est Toi [Seul] dont nous implorons le secours** » ; « **Faites recours à Dieu et armez-vous de patience** » et « **C'est Dieu qui vous a créé et ce que vous oeuvrez** ».

Certains Savants en Dieu disent : « S'il est avéré que les Noms Divins constituent la raison de l'existence du monde ; alors la *Basmala* en fut la meilleure par laquelle ces noms débutèrent. C'est pour dire que la formule « *Bismil-lâh ar-Rahmân ar-Rahîm* » a aidé à l'avènement du monde. Elle fut un prétexte pour entamer la création et pour l'intérioriser au sein de l'existence selon la prédisposition divine. La lettre « **ba** » (ب) renferme le sens de désignation et **bî** « بي » (par Moi) ce qui devait être a été et **bî** « بي » (par Moi) sera ce qui devra être. C'est pour cela que certains connaisseurs en matière de Dieu disent : « On n'a jamais vu un écrit sans que l'on voit mentionnée là-dessus la lettre « ب ». En d'autres termes : « par Moi toute chose existe et existera ».

Nous trouvons dans « <u>Al-'Azîziyi</u> » العزيزي une chose importante. An-Nasfî rapporte dans son commentaire que : « Les feuillets célestes descendus sur terre sont au nombre de 104 feuillets réparties comme suit : 60 feuillets sur le Prophète Chîchi ; 30 feuillets sur le Prophète Ibrâhim ; 10 feuillets sur Mûsâ avant la venue de la Thora ; ensuite vint la Thora (*At-Tawrât*), l'Evangile (*Al-Injîl*), les Psaumes (*Az-zabûr*) et le Discernement (*Al-Furqân*) ».

Le sens de tous ces livres se trouve agencé dans le Coran et la signification du Coran est compris dans la Sourate : **Al-Fâtiha** et le sens global de cette sourate est compris dans la **Basmala** qui voit toute sa signification condensée dans la lettre « **ba** ». An-Nasfî ajouta que le sens de la lettre « **ba** » réside dans son point diatrique.

Certains montrèrent que le Grand Pôle a parlé au sujet du point diatrique de la lettre ب dans la *Basmala* montrant que ce point constitue le lieu de convergence de 2100 points de départ et que cette lettre ب a été récitée dans une durée de 14 ans. Dieu dit : « **Quand bien même tous les arbres de la terre se changeraient en calames [plumes pour écrire], quand bien même l'océan serait un océan d'encre où**

10

conflueraient sept autres océans, les paroles d'Allah ne s'épuiseraient pas. Car Allah est Puissant et Sage [4]».

Alors, la lettre « **ba** » mériterait d'être placée en début de la *Basmala*, et c'est par elle que les Fils d'Adam ont pu exister le jour où Dieu les demanda : « **Ne suis-Je pas votre Seigneur ?** » Ils répondirent : « **Si !** ». Et c'était là, le lieu d'anéantissement en Dieu. Cela suffit pour démontrer que les humbles et les humiliés sont les premiers à se présenter au Lieu Sanctifié de Dieu.

Ibn Fârid, que Dieu soit satisfait de lui, a dit :

« Si j'étais moi-même ce point de la lettre « ب » en rabaissement
Je serais élevé à un degrés que la ruse ne permettrait pas d'atteindre »

Le trait vertical qui se dresse sur la lettre « **ba** » fut allongé pour indiquer l'humilité face à la Grandeur de Dieu. Autrement dit, le trait vertical qui se dresse sur la lettre « **ba** » dans « بسم الله » fut allongé afin de magnifier et glorifier le Nom Exalté de Dieu.

On dit « *Bismilâh* » (au nom de Dieu) et non « *bil-lâh* » (par Dieu), car acquérir les bénédictions est chose réservée à la mention spéciale de Son Nom Exalté. Ou encore, on peut dire que le nom exprime la désignation de l'élément nommé ou bien encore, il s'agit d'un terme sublime tel que le soutiennent ceux qui ont goûté la Saveur Divine. Et c'est ce qui permet d'orienter vers des directions étranges. En fait, ce Nom Exalté porte en lui toute la teneur de la Basmala. Cependant, la recherche ne conduit, en aucun cas, à pouvoir amener le lexème du Nom Exalté au sein de la Basmala auprès de tout écrivain-érudit.

C'est dire que le Nom voulu ici c'est le Nom de Dieu le plus grand, c'est à dire le Nom Caché que seuls les gens de Dieu connaissent. Il s'agit du Nom de l'Essence Sanctifié. Mais, il ne s'agit pas de l'essence vu d'en haut, c'est pour cela que le Nom Sublime et Manifeste de Dieu est « Allah » qui exprime, en réalité, l'essence sacrée de Dieu, que son nom soit exalté. Sur ce point, celui qui saisit cette signification sera béni par ce grand nom caché par lequel, rapporte-t-on, si Dieu est invoqué, il répond favorablement. C'est comme qui disait, par exemple, qu'il fut

---

[4] Sourate : Luqmân ; verset : 27.

entamé de manière bénie et augurée à bon échéant grâce à l'Essence, à la fois, cause et effet du Nom Divin.

Toi lecteur, tu te dois de bien examiner le sens vrai du terme « *ism* ». Nom qui permet d'interpeller Dieu, c'est-à-dire le vocable « Allâh ». De fait, la Tarîqa, ainsi que ses adeptes sont impénétrables. Le Nom Exalté de Dieu le Très Sublime demeure un Nom spécifique de l'Essence du Très Haut qui n'a pas d'autres Noms pour exprimer son Essence Elevée. Il s'agit du Nom dont la connaissance est bien cernée. Donc, il n' y a qu'un seul homme qui a toute la prérogative de comprendre toutes les réalités que renferme ce Nom. Il s'agit du Fard Jâmi'u (celui qui détient tous les dons accordés aux communs des mortels et qui, de plus, détient ce que personne ne détient). Ce nom est un nom qui ressort de l'occulte (*bâtin*). Concernant le Nom Sublime et Manifeste de Dieu, c'est le Nom qui occupe le premier rang dans les échelonnements du Théisme ressortie des attributs de Dieu et de tout ce qui est en rapport avec son Théisme. Et en deçà de ceci, vient le classement des noms à caractère éparpillé. Et parmi ces noms, nous avons la munificence des hommes de Dieu. Et celui qui est certain d'en adopter une qualité verra son émanation se manifester selon le degré de ce nom.

Prenons en compte son propos-ci : « Le terme « Allâh » demeure le nom propre traduisant l'Essence Sanctifiée des stigmates des avènements de tout ce qui émane du néant et exempt de tout manquement, défaut et stimulant. Il s'agit d'un nom qui renferme à la fois l'Essence, les Attributs et les Impacts ». Aussi, dit-on que ce nom est vu comme étant l'autorité suprême des autres noms. Selon la plupart des savants, c'est le nom le plus grand.

Cependant, il est nécessaire de comprendre que diverses interprétations ont été présentées pour savoir si ce noble nom est dérivé ou impromptu. Nous disons qu'en réalité ce nom est impromptu et que tout ce que les linguistes avancent en fait de déclinaison est non authentique et inconcevable. Cela peut, uniquement, s'appliquer au niveau des noms commentés, c'est-à-dire les attributs dont chacun renferme un sens spécifique traduisant l'essence causale. Et, c'est par ces attributs que le comportement puisse disposer de droits absolus. On dit qu'ils comprennent le procédé permettant d'en interpréter le sens. Mais, concernant le Nom Sublime, il ne permet d'exprimer que l'Essence Causale Absolue et non autre chose. Aussi, dit-on que c'est le nom le plus grand en ce sens qu'il fait manifester l'essence causale sans la rendre exclusive. Car, Dieu, le Vrai, par excellence, s'est désigné dans le monde caché par l'Invisible où rien n'existe excepté Lui. Et il n'y a rien qui peut y trouver excuse. Il est démontré que Dieu, le Très Haut, était existant lors de la période de la préexistence et rien n'y était pour le tenir compagnie. C'est alors que se sont manifestés les phénomènes sensibles de l'existence se traduisant par des questions notoires qui ne figuraient pas sur le plan externe. La place des Noms Divins en rapport au Nom Sublime est comparable au vaisseau cerné par sa poutre.

Les existants dirent aux noms : « A présent, vous ne savez pas que vous êtes dans un lieu caché et même si vous vous mettiez en évidence, vos verdicts se manifesteraient à nous et que vos vicissitudes viennent à nous faisant que vos rangs se démarquent de leur lieu de refuge. Vous savez et nous savons ». Les noms interpellèrent le nom qui cerne tout pour dire que c'est lui le *Seigneur (ar-rabb)* et les noms firent face à ce Nom Sublime comme l'ont fait les choses concrètes de l'existence vis-à-vis de ce nom. Cependant, le Nom « Ar-Rabb » leur rétorqua au point qu'il se voit intériorisé au sein du Nom Sublime qui n'est rien d'autre que le terme « Allah ». Et ce nom seigneurial « Ar-Rabb » se précipita en sa présence en l'interpellant comme l'ont fait les autres Noms. Il ne cessa de l'interpeller au point de se retrouver au fin fond de son signifié et trouva la Vérité, par excellence. Il leur signifia que « Je suis le répondant de ce que vous cherchez ». Et de cette interrogation, l'avènement de l'existence se manifesta dans sa totalité. C'est là une indication que ce Nom Sublime ne ressort pas d'une quelconque cause ; mais il s'agit du nom de l'Essence Absolue et Impérative existant par son propre « Moi ». Seulement, l'argumentation y sied même si elle se trouve réservée à une des langues comme l'arabe, par exemple.

On applique à la langue le terme d'exception « *illâ* » (sauf) pour attirer l'attention sur un signifié bien précis. Ce Nom, considéré en son sein, n'est pas uniquement réservé à la langue arabe ou à une autre langue ; mais il est appliqué à tous les existants et dans toutes les langues existantes. Dieu, le Très Haut, a fait savoir qu'Il est le répondant de ce Nom qui est « Allah ». Malgré tout cela, les Savants en Dieu sont unanimes sur le fait que ce Nom « Allah » répond à une question de classification et non d'essence, puisque le classement de Dieu, la Vérité, par excellence est basé sur le Théisme, alors que l'Essence est au confins de l'Occulte que Dieu seul sait. Et, en plus, seuls le classement et l'essence parvinrent à surgir de l'existence et que personne ne peut pénétrer les confins de l'occulte au moment où le classement est au confins de l'apparence. Et on n'a pas entendu dans le propos des Savants en Dieu ce qui démontre que c'est la manifestation singulière qui ne laisse place à aucune autre existence, c'est dire qu'ils entendent, par là, l'évidence manifeste du classement.

Il nous est possible de dire que ce Nom Sublime présente un caractère non justifié, il s'agit de l'essence impérative et existante, en question. Et ceux qui en parlent ne l'ont pas mentionnée dans leurs propos. C'est un nom qui présente un caractère partiel et l'absurdité ne sied pas ; car la partialité, en ce qui la concerne, peut être un tout ou une partie des existants. De son côté, la globalité indique la compilation ou le genre. Lesquels éléments ne peuvent pas se spécifier partant de la partialité pour donner sur la globalité. Et l'introversion des éléments partiels en dessous de la globalité et de la partialité en question ne suffit pas pour indiquer une singularité des composantes de la compilation et du genre de façon qu'il n'y ait pas d'assemblage. Ce Nom Sublime sort du cadre des globalités et des partialités et n'admet pas l'intronisation du genre en son sein du fait qu'il n'a aucune similitude avec les existants, de même il n'admet pas l'intronisation du global dans son rang. Leurs propos, qui montrent que c'est un nom partiel, ne tiennent pas du tout. Cependant, dire que c'est un nom impromptu sur le plan de l'essence impérative peut être acceptable du point de vue du classement et non du point de vue de la profondeur de l'essence.

Par conséquent, si l'on soutient que l'image des existants est chose inexistante du fait qu'elle n'est pas manifeste, comment est-ce possible d'en attester la prévenance et le dire en accord avec la classification des Noms ? Nous disons que cela ressort, simplement, de son caractère inexistant ; mais lorsque Dieu a voulu les rendre public, il en a fait surgir des simulacres comme les imaginations ou ce qui reste au cœur même de ces imaginations d'où découle le discours tacite que la perception ne peut pas déceler. Ces noms s'adressèrent, alors, à ce discours faisant que le vouloir de Dieu aille dans le sens de les manifester et que l'imagination authentifie cette émanation de telle sorte qu'on ne note aucune manifestation externe. C'est, en quelque sorte, ce que voit le dormant lorsqu'il semble apercevoir une image sensuelle qu'il interpelle et qui l'interpelle et de laquelle il reçoit des sciences qu'il ne possédait pas. Donc, ces images sortent du cadre concret, car ce ne sont que de pures visions absurdes. Et au réveil, il constate que ces images sont inexistantes et ressortent du monde abstrait. De la même façon, ce que nous avons vu concernant les réalités concrètes de l'existante, est, sans aucun doute, chose évidente. Et on a déjà montré que c'est chose exclusive à Dieu, que Son Nom soit exalté. Alors, Lui connais-tu un autre nom ? Autrement dit, qui ose aller dans le sens de se faire appeler par son Nom, par excellence. On rapporte que quelqu'un s'empressa de donner à son enfant né ce Nom Sublime « Allah », c'est alors que la terre l'engloutit lui et son enfant. Et on rapporta, en plus, qu'un feu venant du ciel les consuma tous les deux.

L'aléa de l'esclave de Dieu sur ce nom se résume à la notion de ta'alluq[5] et non à la notion de takhalluq[6]. Le fait de s'accrocher à Dieu exprime le fait d'avoir une pleine confiance en Lui, de s'abandonner entièrement à Lui, faire recours toujours à Lui, se suffire à Lui en public comme en privé ; alors que le fait d'adopter les attributs divins traduit le fait que le fidèle prenne un des Noms de Dieu ainsi que ses Saints Attributs en vue de le corroborer avec la faiblesse et l'incapacité humaines. Ainsi, Il prend du Nom « Ar-Rahîm » une qualité selon sa faiblesse et son incapacité. Et c'est ainsi pour les autres Noms les plus beaux de Dieu sur lesquels peut s'appliquer cette reconstitution.

Le Professeur Quchayrî soutient que l'ensemble des Noms de Dieu est susceptible d'être soumis à la loi du cramponnage (ta'alluq) et de l'adoption des attributs divins (takhalluq). Mais il convient d'y soustraire le Nom Sublime qui ne reste en corrélation qu'avec le cramponnage.

Muhyî Dîn, pour sa part, confie cette recommandation : « Ô mon frère en la foi, soit attaché à la reconstitution par rapport aux plus beaux Noms de Dieu, car les savants ne se sont pas divergés sur cette question. Par conséquent, si tu tends à reconstituer ces Noms, ne soit pas insouciant du témoignage de ton état par rapport à la loi relative à la substitution pour que tu sois un non secondant du Créateur, par excellence, et que tu ne sois pas appelé par un de ses Noms. Et dis : « Ô mon Seigneur, accroît mes connaissances ! ».

---

[5] Le fait de jouir de l'affection des caractères divins et de s'y accrocher.
[6] Le fait de vouloir se revêtir des attributs divins.

Dimension de la formule « Rahmâne Rahîme »

Quant à son propos : « *Ar-Rahmân Ar-Rahîm* », il présente deux qualités de Dieu. Ils sont dérivés du terme « *Ar-Rahma* » (la Miséricorde), c'est-à-dire le bienfait terrestre et celui de l'au-delà. C'est dire que sa volonté est traduite, dans le premier cas, par la nature de l'acte ; et dans le second cas, par la nature de l'essence. Pour le sens qui laisse entendre l'idée de galanterie, de tendresse et d'affection, il est inconcevable qu'il s'applique à la nature évidente de Dieu.

Par conséquent, l'article « *alif-lâm* » de Ar-Rahmân fut éliminé en raison du multi usage qu'il fait objet. Son sens, alors, sera le donateur de Grâces Augustes. Et concernant son rappel après l'expression *Ar-Rahmân*, c'est tenter de démontrer que, du fait qu'il est demandé par l'insensé, c'est lui seul qui octroie et qui prive.

Il est rapporté dans un Hadith Qudsiyyi que Dieu s'adressa à Moïse en ces termes : « Ô Moïse, demande-moi du sel pour ta marmite et des lacets pour tes sandales ». Partant de cet exemple, il est fort possible de demander Dieu la satisfaction d'un besoin au point même de lui demander du sel ou des lacets pour sandales.

Que Dieu fasse miséricorde à l'auteur de ce vers :
« Il a assigné au Rahmân l'état d'anticipation
Du fait qu'elle fut plus persuasive que le Rahîm »

Et d'autres, que Dieu soit satisfait d'eux, ont dit :
« En raison du particularisme dont fait preuve notre Seigneur,
Que Son nom soit exalté, de tout ce qui est similitude et équivalence »

En fait, le nom « *Ar-Rahmân* », qui figure parmi les noms de Dieu, joua un rôle de premier plan pour faire exister la création. C'est pour cela que personne n'a le droit

de se donner ce nom et quiconque le fait, périra. Et il n'est pas désirable de reprendre les propos de celui qui avait dit à Musaylima al-kazzâb[7] :
« *Tu t'es surélevé en gloire, ô fils des deux généreux*
Toi, le sauveur de l'humanité qui demeures, toujours, un compatissant ».

En effet, l'exclusivité accordée à Dieu, le Très Haut, est inclue dans l'emploi de l'article défini « *Al* ». Qu'Il accorde Sa miséricorde à celui qui précise :
« *Tu t'es rendu idiot de par la perversité, ô fils des deux assujettis*
Tu demeures le pire de l'humanité, toi qui incarne toujours Satan ».

Le nom « *Ar-Rahmân* » figure parmi les noms bien harmonisés selon la disposition Théiste ; mais il n'est pas parmi les noms d'Essence à l'image de *Al-'Azîm* (le Sublime), *Al-Kabîr* (le Grand) et *Al-Jalîl* (le Majestueux). Les noms d'Essence ne peuvent pas s'appliquer à la créature ; alors que les noms bien disposés sont tous en rapport avec les créatures. Car leurs caractères divins sont en parfaite relation avec l'action de faire exister la créature sans pour autant avoir un grand besoin envers Dieu. Certes, les créatures sont invitées, de manière formelle, à vouer un culte divin exclusif car étant des esclaves qui adorent Dieu le Très Haut, se prosternent devant Sa Noble Face, le glorifient. De tels actes ressortent de l'ordre préconisé par la divinité. Laquelle divinité (*Al-Ulûhiyya*) qui est en mesure de déterminer le Dieu Adoré dans toute Sa Véracité. Et parmi Les plus grands noms y figurant, nous avons le nom « *Ar-Rahmân* » qui cerne tous les noms relatifs à l'existence. Il est rapporté dans un hadith : « Toute l'existence s'est dressée par le biais des noms apparents et cachés de Dieu, et l'ensemble des noms dont l'univers requiert leur aide, est intériorisé dans un réceptacle dénommé « *Ar-Rahmân* », car de ce nom émane la profusion qui englobe l'ensemble des qualités et par cette considération, ce nom se trouve très proche du Nom Sublime, car Il (Dieu) est Lui.

Le Prophète (PSL) dit au sujet de la formule *Bismilâh Ar-Rahmân Ar-Rahîm* : « Sa distance par rapport au Nom Sublime est comparable à la distance existante entre le blanc de l'œil et le point noir ». Le nom *Ar-Rahmân* est impératif pour approvisionner la créature afin de l'aider à s'armer de moyens d'existence.

---

[7] Il était un infidèle qui se disait un prophète envoyé après le Messager de Dieu (PSL) au temps du premier khalife, Abu Bakr Siddîq. Il fut tué par Wahchî qui avait tué Hamza, l'oncle du Prophète (PSL), à la bataille de Uhud.

Cependant, il est permis de désigner la créature par ce nom, car le fait de permettre l'approvisionnement est chose tolérée dans leurs droits. Et sur ce, la créature se doit de remercier Dieu pour l'avoir fait don de tant de bienfaits ».

Par conséquent, l'anticipation du nom *Ar-Rahmân* a fini par s'affirmer en raison de son caractère particulier propre à Dieu, le Très Haut. On dit que le premier fait allusion aux délices et aux bienfaits d'ici-bas ; au moment où le second, rappelle les délices de l'au-delà. Son anticipation alla dans le sens de s'accorder avec l'existence pour dire qu'il est au seuil de l'élévation. De fait, les délices mondains dépassent ceux de l'au-delà de loin du fait qu'un espace restreint du paradis est plus vaste que le monde et ce qu'il contient. Les plus pauvres en rétribution, le Jour Dernier, auront une récompense équivalente à 10 fois le monde. Alors, la félicité de l'esclave de Dieu vis-à-vis du cramponnage et de l'adoption des attributs divins dépend de ces deux Noms permettant de réserver la miséricorde à l'ensemble des esclaves de Dieu ; en délaissant tout ce qui n'est pas Lui. Assurément, Dieu se contente de faire état de Sa miséricorde qui embrasse toute chose, car la trajectoire qui transcende ce monde-ci et l'au-delà se passe forcément par elle. En plus, le bonheur de l'esclave de Dieu ressort de la reconstitution qui se ferait à partir de Son nom « *Ar-Rahmân* ». Lequel nom permettra de détourner les esclaves insouciants de la voie de l'insouciance par le biais de l'exhortation et de la recommandation. Une telle activité se fera par la douceur et non par la violence afin qu'il puisse observer les insubordonnés avec l'œil de la tendresse et non avec l'œil du mépris. De même, il convient de considérer toute calamité qui s'abattrait sur le monde comme une calamité le concernant en personne et qu'il ne doit pas négliger un quelconque effort allant dans le sens de l'éloigner.

Par contre, sa part de félicité ressort de la reconstitution par le biais de Son nom « *Ar-Rahîm* » faisant qu'il n'aperçoit pas le besoin de l'indigent sans qu'il ne le combla, selon la mesure de son possible et qu'il fait des efforts physiques et financiers afin d'assister celui qui implore Son secours. Car, celui qui n'est pas en mesure de faire ceci, qu'il se tourne vers l'invocation et la supplication, par mesure d'indulgence à son égard. Et Dieu fera clément à celui qui le mérite et qu'il fasse miséricorde à celui qui dit :
« Fais miséricorde à l'ensemble des Fils d'Adam.
Et regarde-les avec l'œil de la tendresse et de la commisération ».

18

On rapporte que l'Imam Ghazali vit dans son sommeil qu'on lui disait, et ce, après qu'il soit mort : « Que penses-tu de ce que Dieu fera de toi ? ». Il dit : « Il (Dieu) me fit debout devant lui et me demanda : « Qu'as-tu à me présenter ? » ; « Alors je m'apprêtais à lui rappeler mes actes » ; « Et sur ce, il me rétorqua : « Je ne les considère pas ; mais je vais plutôt considérer ce que tu as fait un jour. Effectivement, un jour une mouche s'est placée sur ton écritoire pour se désaltérer de son encre, au moment où, toi, tu écrivais. Et tu as arrêté ce que tu écrivais pour la permette d'assouvir son besoin, car tu avais de la pitié pour elle. Alors, vas-y en compagnie de Mes Esclaves et, ensemble, entrez au Paradis ». On rapporte ce propos prophétique : « *Ais pitié aux habitants de la terre, on te fera miséricorde* ». Et selon une autre version : « *Faites miséricorde, on vous fera miséricorde. Pardonnez et on vous fera pardon* ». Et nous trouvons dans cette autre version : « *Ceux qui étaient miséricordieux ici-bas, Dieu, le Tout Miséricordieux, leur accordera sa clémence* ». Et selon le verdict : « *Aie pitié et on te fera pitié ; reste dans le mutisme et tu seras en sécurité ; ne sois pas ignorant, car sinon tu seras vaincu et n'aspire pas à être un faiseur de mal, sinon tu regretteras* ».

Le Prophète (PSL) a pris de nous un engagement ferme, à savoir être constamment affectueux avec autrui, qu'il soit croyant ou non croyant. Et une telle attitude doit être répondant d'une voie légale et assortie de tout ce qui est miséricorde. Cependant, il faut avoir une tendresse relative, car on ne peut pas éprouver de la compassion pour un mouton et que par la suite, on s'apprête à l'égorger, c'est paradoxal. C'est pour dire que cette compassion a des limites qu'on ne doit pas franchir. Dieu, le Très Haut s'est désigné par « *Arham Ar-Râhimîn* » (le plus Miséricordieux des miséricordieux). Et il nous ordonne d'égorger les animaux licites, alors, nous les égorgeons avec une sensibilité mesurée. De la même manière, nous corrigeons quiconque opte pour le vagabondage en délaissant le droit chemin, qu'il soit un administré, un esclave, un enfant ou un animal ; mais tout ceci par pitié, car c'est en vue de l'humaniser et non par souci de s'adoucir ; et nous sommes plus miséricordieux que lui vis-à-vis de sa personne. Et tout ceci émane de l'héritage Muhammadiyya.

Puis, il ajouta : « J'ai entendu Ali dire que : « Celui qui se constitue à partir du « *Rahma* », il doit bien traiter les choses inanimées et qu'il saisit la gargoulette d'eau et qu'il le pose avec douceur et tendresse de peur de la poser avec force au point qu'elle puisse se casser. Il dit : « J'ai placé la gargoulette une fois avec brutalité. Et cette gargoulette répondit : « Ah ! ». « Depuis ce jour, je l'ai toujours placé avec douceur ». Et c'est ainsi qu'Ali remplit le *ga'âwâ* (ce dans quoi est mis l'eau à l'image des récipients faisant que l'eau prenne la forme du récipient).

Par ailleurs, il observait les fourmis qui vivaient dans un trou de la demeure. Il plaça de la poudre et du pain au seuil de ce trou. Il agit ainsi dans le but de les empêcher de se disperser en dehors du trou à la recherche de quoi « goûter ». De fait, si la fourmi est gagnée par la faim, elle sort, impérativement, à la recherche de nourriture. Et elle s'expose au danger de se faire piétiner. Et si, en revanche, elle trouve quoi se mettre dans la bouche au seuil même de son logis, elle ne sortirait certainement pas. On rapporte que Chablî a vu qu'on lui disait, après sa mort : « Qu'est-ce que Dieu fera de toi ? ». Il répondit : « Il me fit placer en face de lui devant deux généreux ». Il me dit : « Ô Abu Bakr, sais-tu pourquoi je t'ai pardonné ? » ; « A cause de mes actes agréés ». Dieu dit : « Non ! ». « Par ma sincérité dans mes actes cultuels ; alors que je suis sous le joug de la servilité ». Il dit : « Non ! ». Alors Abu Bakr : « en raison de mon pèlerinage, de mon jeûne et de mes prières ». Et Dieu lui signifia : « Je ne t'ai pas pardonné pour ces actes ». Abu Bakr ajouta : « En raison de mon déplacement vers les vertueux, par la durée de mes expéditions et par mes sorties en quête du savoir ». Dieu dit : « Non ! » Abu Bakr dit alors : « Seigneur ! Je pensais que c'est par ces actes de délivrance et par mes bonnes intentions que j'ai eu bonne espérance en Toi que Tu m'as pardonné ». Alors Dieu : « Mais non ! Je ne t'ai pas pardonné pour cela ». Alors Abu Bakr : « Donc, Seigneur par quoi Tu m'as pardonné ? ». Et Dieu de lui rappeler : « Te rappelles-tu lorsque tu marchais à Bagdad et que tu voyais une petite chatte que le froid a fini par affaiblir et qui cherchait à trouver asile au pied du mur en raison de l'intensité du froid. Et tu la saisissais, par pitié et tu la plaçais dans une fourrure. Et tu la préservais ainsi du froid qui l'accablait ». Je répondis : « Effectivement ». Il me dit : « C'est en raison de la pitié que tu éprouvais pour cette chatte que je t'ai fais miséricorde ». Par conséquent, Seigneur, par Ta clémence, fais-nous miséricorde, Ô le plus Miséricordieux des miséricordieux, Ô Seigneur de l'univers.

Pratiques secrètes de la Basmala

La *Basmala* renferme beaucoup de bienfaits indénombrables ainsi que d'autres choses ésotériques que nous allons tenter de résumer dans ces lignes.

La *Basmala* reste le garant des habitants de la terre et ce, tant qu'ils y restent attachés. Par ailleurs, il n'y a aucune invocation débutée par cette formule sans qu'elle ne soit exaucée.

Si un fidèle récite la *Basmala*, Satan le fuira et se rapetissera au point de devenir comme une mouche.

De même, celui qui ramasse un papier dans laquelle cette formule est inscrite par peur qu'elle soit piétinée, dans le seul but de l'honorer, Dieu le placera parmi les Véridiques et Il allègera le châtiment de ses deux parents même s'ils étaient des mécréants.

De même, Dieu dit : « Celui qui vient le Jour Dernier alors qu'est inscrite sur son livre de bienfaits 800 fois cette formule, alors qu'il était un croyant dévoué à ma Seigneurie, je lui délivrerai du Feu et je l'introduirai au Paradis, la demeure de la stabilité ».

Et quiconque désire que Dieu éloigne de lui les 19 démons (anges de l'enfer), qu'il récite régulièrement la *Basmala* jusqu'à ce que Dieu lui fasse pour chaque lettre un bouclier et une défense contre chacun de ces démons.

De même, celui qui écrit la *Basmala* sans qu'il ne ferme carrément le « **mîm** » et le « **hâ** », 70 000 Anges demanderont pour lui le pardon tant que cet écrit existe.

Et celui qui fait face à une situation difficile et une dureté extrême qu'il dit : « *Bismilâh Ar-Rahmân Ar-Rahîm, walâ hawla walâ quwwata illâ bil-Lâh Al-'Aliyi Al-'Azîm* ». (Au nom de Dieu le Clément le Miséricordieux et il n'y a de force et de puissance que celles d'Allah). Alors, Il lui fera écarter tout malheur.

Celui qui a un besoin pressant envers Dieu, qu'il jeûne le Mercredi, le Jeudi et le Vendredi. Et durant ce dernier jour, qu'il se purifie et se dirige vers la prière du Vendredi et qu'il fasse une aumône comme une miche de pain ou quelque chose de plus consistante. Et après la prière, qu'il dise : « *Allâhumma innî as'aluka bismika : Bismilâh Ar-Rahmân Ar-Rahîm al-lajî 'anat lahû al-wujûhu, wa khacha'at lahû al-'aswât, wawajilat al-qulûb min khas-yatihî, ane tusaliyya 'alâ sayyidinâ*

Muhammadine wa 'alâ 'âlihî wa sahbihî wa sallama taslîman. Wa an tu'utiyanî hâjatî wa hiya *(Préciser le besoin)* »[8]. Son vœu sera exaucé.

Ibn 'Umar disait : « Ne l'enseignez pas à vos sots, sinon certains d'entre eux l'emploieraient pour invoquer et on leur répondra par le positif ».

Si quelqu'un récite 50 fois la *Basmala* sur le visage d'un injuste, Dieu humiliera l'injuste.

Celui qui la lit 21 fois par nuit, Dieu le préservera des méfaits de Satan, du vol, de la mort subite et le défendra de toute malédiction.

On rapporte cette recommandation : « Si vous êtes assis en groupe ou debout, dites : « Bismilâh Ar-Rahmân Ar-Rahîm, Allâhumma salli 'alâ sayyidinâ Muhammadine ». Alors Dieu chargera un Ange qui vous empêchera d'être solitaires ».

Il est démontré que 'Umar Ibn Khattâb, que Dieu l'agrée, envoya un bonnet dans lequel est écrit : « *Bismilâh Ar-Rahmân Ar-Rahîm* » pour quiconque souffre de mal de tête. Celui qui le met sur sa tête verra sa douleur se calmer et s'il l'enlève la douleur revient.

Certains imams l'écrivaient 7 fois en y recherchant la guérison. Certains savants en Dieu disaient : « La *Basmala* du serviteur à la valeur de l'injonction divine « **kun** » (Sois !). C'est à dire que celui qui la dit avec foi, abnégation, détermination et dignité, Dieu lui répondra par l'affirmatif et lui facilitera son affaire sur le champ.

On rapporta de Abî Al-Hasan Ach-Châjilî, que Dieu l'agrée, qui dit : « J'ai vu le Messager de Dieu (PSL) en rêve qui me dit : « Au moment de dormir, dis 5 fois : « A 'ûzu bil-Lâhi minachay-tânir-rajîm », 5 fois : « Bismilâhir-Rahmânir-Rahîm »

---

[8] « Seigneur, je te demande par le biais de Ton nom : Au nom de Dieu le Clément le Miséricordieux devant qui les visages s'humilieront et devant qui les voix baisseront et devant qui les cœurs frémiront par crainte à Son égard, je te demande de prier sur Notre Seigneur Muhammad, sur Sa famille et sur ses Compagnons et adresse-lui Tes salutations. Je te supplie d'exaucer mon désir qui est (préciser le besoin) ».

et puis, : « Allâhumma bihaqqi Muhammadine, arinî waj-ha Muhammadine, Salla lâhu 'alayhi wa sallam, hâlan wa mâlan ». En faisant cela tu me verras, très certainement, en sommeil ».

Par contre, celui qui le fait et qu'il ne le voit pas en sommeil, qu'il blâme son âme qui incite au mal, qu'il la prive de ses désirs et qu'il ne l'accorde pas l'intérêt qu'elle mérite. Dieu, seul sait, Lui le vrai Juge, et que la Paix et le Salut soient sur notre Seigneur Muhammad, sa famille et ses compagnons.
Et voici, en intégralité, de l'invocation :

« A-nisnî bi lutfika, Yâ Latîf, unsa al-khâ'ifi fil-hâl al-mukhîf. Ta'annastu bi lutfika, Yâ Latîf, wuqîtu bi lutfi mina radâ', wata hajjab-tu bilutfi minal a-'adâ'i, bi lutfika Rabbî, Al-Latîf, Al-Hafîz, wal-Lâhu mine warâ'ihim muhîtun bal Huwa Qur'-ânun Majîdun fî Lawhin Mahfûz. Najawtu mine kulli khatbin jasîmin biqawli Rabbî : walâ ya-'ûduhû hifzuhumâ wa Huwal 'Aliyyul 'Azîm. Sallamtu mine kulli chaytânin wa hâsidin biqawli Rabbî wa hifzan mine kulli chaytânin mâridin. Wuqîtu wa kufîtu kulla hammine fî kulli sabîlin, biqawlî Hasbiyyal-Lâhu wa ni-'imal Wakîl ».
« Allâhu, lâ illâha illâ Huwal Hayyul Qayyûm. Lâ ta-'akhuzuhû sinatun walâ naw-mun, lahû mâfis-samâwât wamâ fil-'ard. Man zal-lazî yach-fa'u 'indahu illâ bi-'iznihî, ya'alamu mâ bayna aydîhim wamâ khalfahum. Walâ yu-hîtûna bi-chay'in mine 'ilmihî illâ bimâ châ-'a. Wasi'a Kurchiyyu-hus- samâwât wal-'ard. Walâ ya-'ûduhu hifzu-humâ, wa Huwal 'Aliyyul 'Azîm ».
« Lâ ikrâ-ha fid-dîn. Qad tabayyana ruchd minal ghayyi, faman yakfur bit-Tâghut wayu-'umin bil-Lâh, faqad istamsaka bil 'Urwatil Wusqâ, lan fisâma lahâ. Wal-Lâhu Samî'un 'Alîm ».
« Allâhu waliyyu lazîna âmanû, yukhri-juhum minaz-zulumât ilân-Nûr. Wal-lazîna kafarû, awliyâ-'uhumu Tâghût, yukhri-jûnahum minan-Nûr ilaz-zulumât. Ulâ-'ika ashâbun-nâr hum fîhâ khâlidûn ».
« Laqad jâ'akum rasûlun min anfusikum, 'azîzun 'alayhi mâ 'anit-tum, harîsun 'alaykum, bil mu-'uminîn Ra-'ûfun Rahîm. Fa in-tawallaw, faqul Hasbiyal-Lâh, lâ ilâha illâ Huwa, 'alayhi tawakkal-tu, wa Huwa Rabbul-Archil-'Azîm ».
« Bismilâh Rahmân Rahîm. Li-'îlâfi Quraych. Îlâfi-him rih-lata chitâ'i was-sayf. Falya'abudû Rabba hazal Baït. Al-lazî, at-'amahum min jû'in, wa âmana-hum min khawf ».

23

« Iktafaï-tu bi Kâf-hâ-yâ-aïn-sâd, wah-tamaï-tu bi Hâ-mîm-aïn. Sîn-qâf. Qawlu-hu al-Haqq, wa lahul Mulk. Salâmun qawlan min Rabbin Rahîm. Ahûnun, Fâqun, Adumma, Humma, Hâ-'un, Âmîn ».

« Allâhumma, bi-haqq hâzihi al-asrâr, qinâ charra wal 'achrâr. Wa kullamâ anta khâli-quhû minal-akdâr. Qul-man yakla-ukum bil-layl wan-nahâr bihaqq kalâ-'ati rahmâniyya-tika ».

« Akla'anâ, walâ takilnâ ilâ ghayri ihâta-tika. Rabbi hâzâ zullu su-'âl fî bâbi-ka. Walâ hawla walâ quwwata illâ bika ».

« Allâhumma salli alâ man arsal-tahu Rahmatan lil-'âlamîn, Sayyidinâ wa mawlânâ Muhammadine, Khâtimi Nabiyyîn, Salla-Lâhu alayhi wa sallam, wa majjada wa charufa wa karuma wa bajjala wa 'azuma Sayyidî. Lâ takilnâ minar-Rahmati wal-'amâni, Yâ Hannân, Yâ Mannân. Wa salâmun 'alal Mursalîn, wal-Hamdul-lilâhi Rabbil 'Âlamîn ».

« Ilâhî, as'aluka Rahmatan mine 'indika, tarfa'u bihâ qadrî, wa tada'u bihâ waz-rî, wa tachudda bihâ az-rî, wa tubârika bihâ 'um-rî, wa taj-lû bihâ basarî, wa tunaw-wira bihâ nazarî, wa tuhayyiya bihâ açrî, wa tujabbira bihâ sad-rî, wa tukhaffifa bihâ is-rî, wa tuqar-riba bihâ nas-rî, wa tu'izza bihâ naf-rî, wa tuqab-bila bihâ 'uz-rî, wa tuyas-sira bihjâ 'us-rî, wa tafukka bihâ his-rî, wa tussah-hila bihâ am-rî, wa tusallila bihâ sakhîmata sad-rî, wa taj-'alanî bihâ fî hisni Hifzika al-akîd wafî 'amâni uknika chadîd, wa tus-qiyanî bihâ min hawdi nabiyyika al-Kawsar, wa tu-charrifanî bihâ bi-ridwânika al-akbar ».

« Yâ Ilâhî, wa Mawlâya, antallazî 'awwad-tanî al-in'âm wal-hisân, wa lutfi, wal-imtinân. Fakamâ, lama yamna'a chu-'umî an anâla sa'âdatika. Walam yamna'a lu'umî an uhziya, bikaramika wa ighâ çatika. Fa'innî as'aluka alâ'an tujîba da-'awatî, wa tul-himanî ruchdî, wa'an tulaq-qinanî hajjata wa tahaffaza bihâ 'ahdî wa'an tutah-hira akh-lâqî, wa tuzakkiya nafsî, wa'an tukaççira arzâqî, wa tuçabbita ansî, wa'an tunîlanî mîrâça rusulika, wa'an-biyâ'ika, wa khasâ'isi asfi-yâ'ika, wa awli-yâ'ika, Yâ Ar-hamar-Râhimîn, Yâ Rabbal-'Âlamîn ».

« As'aluka ane tam-huwa irâdatî bi'irâ-datika, wa machî-'atî bi machî'atika, wa ikhti-yârî bi ikhti-yârika, wa wujûdî bichu-hûdi wujûdika, wah-faznî min ta'addî hudûdi char'ika ach-charîf, wa'asimnî wa ah-lî min mukhâlafâti Hadyi Dînika al-Hanîf ».

« Waf'tah-lî ab'wâbal-khayri wat-taysîr, wagh-liq 'annî ab'wâba charri wat-ta'asîr. Wam-nun 'alayya bil-fathi al-kabîr wal'atâ'i al-wafîr wal-fadli al-ghazîz. Innaka 'alâ kulli chay'in qadîr. Ni'imal-Mawlâ wa ni'iman-Nasîr ».

« Allâhumma, salli 'alal Fâtihi a'Zar-wati al-Kulliyyati ar-Rabbâniyya, ilâhiyya al-Qud-siyyati bil-khâtimati al'An-bariyyati ar-Randiyyati al-Miskiyyati al-Khâssatil 'Âm-matil 'Abadiyyatil Ahmadiyya ».

« Allâhumma, wâ-jil salâ-tanâ 'alayhi miftâ-han waf-tah-lanâ bihâ Yâ Rabbi hijâbal-iqbâl wa tuqabbila minnî bi bara-kati Habîbî wa Habîbi 'ibâdika al-mu-'uminîn ».

« Allâhumma, lakal-Hamdu misla mâ hamid-ta bihî naf-saka, wa ad'âfa mâ hamidaka bihî al-Hâmidûn, wa sabbahaka bihî al-Musabbihûn, wa majjadaka bihî al-Mumajjidûn, wa kabbaraka bihî al-Mukabbirûn, wa qaddasaka bihî al-Muqaddisûn, wa wahhadaka bihî al-Muwahhidûn, wa 'azzamaka bihî al-Mu'azzimûn, was-tagh-firuka bihî al-Mustagh-firûn, hattâ yakûna laka minnî wahdî fî kulli tar-fati 'aïnin ».

« Wa'aqalla min zâlika misla hamdi jamî-'i al-Hâmidîn, wa tawhîd asnâf al-Muwahhidîn, wal-Mukh-lisîn, wa taqdîsi aj-nâs al'Ârifîn, wa çanâ'a jamî'i al-Muhallilîn, wal-Musallîn, wal-Musabbihîn, wa misla mâ Anta bihî 'Âlim, wa Anta Mah-mûdun wa Mah-bûbun min jamî-'i khal-qika kullu-hum minal-Hayawânât, wal-Barâyâ, wal-'an'âm ».

« Allâhumma, innî as'aluka an taj'ala maqâmî fî hâzihî al-Qutbâniyya, wal-Faradâniyya, wal-Ghaw-çiyya, wal-Khilâfa, wal-Jâmi'iyya fil'Azmi tatalâchâ wa tad-mahilu janbî, maqâmât jamî-'i al-Aqtâb, wal-Afrâd, wal-Aghwâs, wal-Khulafâ', wal-Jâmi-'în, wa Jamî-'i al-'Ârifîn minal-Muhibbîna, wal Mah-bûbîn, was-Sâlikîn, wal-Maj-zûbîn ».

« Wa'an taj'ala fathî, wa zawqî, wa kach-fî fîhâ min kulli tar-fati 'aïnin wa lam-hatin 'alâ nisbati Laylati al-Qadri min ghayrihâ; bal yazîd bi-alf, alf, alf, alf, alf, alf, alf, alf ».

« Allâhumma, kamâ mananta 'alaynâ awwalan bima'arifati-him, falâ tuh-jibnâ 'an mahabbatihim, wa ru'uyatihim. Walâ ta-hul baïnanâ wa baïnahum hattâ tuhilnâ mahal-lihim ».

« Allâhumma, Antal Lâhu, lâ illâha illâ Anta, lâ ta'akhuz-hu sinatun walâ naw-mun, Laka mâfis-samâwât, wa mâfil 'ard, anâ 'Abduka mimmâ fis-samâwât wa mâfil 'ard. Walâ yach fa-'u 'indaka ahadun illâ bi-'iznika, fach-fa-'anî, walâ turidnî lighayrika. Wasi-'a Kursiyyuhus-samâwât wal 'ard, walâ ya'ûduhû hifzu-humâ. Wa-Huwal 'Aliyyul 'Azîm. Fah-faznî min baïni yadayya wamin khalfî, wa-'an chimâlî, wa mine fawqî, wa mine tah-tî, wamine zâhirî, wa mine bâtinî, wa mine ba-'adî, wa mine kullî. Wa nawwir qal-bî binûri 'Ilmika, wa 'Azamatika, wa 'Izzatika, innaka Antal Lâhul 'Aliyyul 'Azîm ».

« Allahumma, Yâ Rabbi tawassal-tu ilayka bihabî-bika, wara sûlika, wa ʿazîmi al-qadr ʿindaka, Sayyidinâ, wa Mawlânâ Muhammadine, Sal-Lâhu ʿalayhi was-sallam. Wa as-ʾaluka min Fad-lika bi-Fad-lika, wabi Jûdika min Jûdika, wabi Karamika min Karamika, wabi Maj-dika min Maj-dika : ane lâ tumîtanî hattâ tûriçanî jamî'a mâ li-akâbir As-hâb at-Tijjâniyya, Radiyal-Lâhu ʿan'hum, wal khilâfatu fî lahum min sâ'iril ʿulûm, wad-darûriyya, wan-nazariyya, wan-naq-liyya, wal-kach-fiyya, wal-laduniyya, wa sâ'iril ma-ʿârif, ma-ʿârif Zâtika, wa Sifâtika, wa jamî-ʿi Asmâ'ika wa Af-ʿâlika, wa jamî-ʿil 'asrâr, wal-'anwâr, wal-'a-ʿamâl, wal-'ahwâl, wal maqâmât, wal-manâzilât, wal-kuchûfât, wal-futûhât, wal yaqîn, wat-tawhîd, wal-machâhid, wal-mahabbati, wat-takh-sîs, wal-'âdâb baïna yadaïka, wal-fahmi ʿanka, wal-fiqh fî dînika, wa tawâli-ʿi tajalliyâtika fî jamî-ʿi al-matâli-ʿi, wal-qiyâm bihuqûq Rubûbiyyatik, wal-istighrâq fî chuhûd ʿazamatik, wa kibriyâ-'ik, bidawâm az-zubûl, waz-zawbân min haybayik, wa sutwati jalâlik, wal khumûd tah-ta ʿawâtif riyâh maqâdîrik, wa kamâl al-qiyâm bika laka islâman, wa îmânan, wa ʿilman, wa ʿamalan, wa hâlan, wa manâzilatan, wa maqâman, wa haqquqqan, wa tahalluqan hâsilil 'amrayni ».

« Allâhumma, innî as-ʾaluka wa atawajjahu ilayka bijâh al-qutb al-kâmil Sayyidî Ahmad Ibn Muhammad At-Tijjânî, wa jâhahu ʿindaka an tûriçanî jamî-ʿa mâ zakarta bimah-dil fadl, wal mannal mustamidda li-jamî-ʿi zâlik mine Sayyidinâ, wa Chaïkhinâ Abil Abbâs Ahmad Tijjânî, Radiyal-Lâhu ʿanhu wa ardâhu, wa ʿannâ bihî. Âmîn ».

« Innal Lâha wa Malâ'ikatahu yusallûna ʿalan-Nabiyyi, Yâ'ayyu-halla zîna âmanû, sallû ʿalaïhi wa sallimû taslîman ».

أنسني بلطفك يا لطيف أنس الخائف في الحال المخيف. تأنست بلطفك يا لطيف. وُقيت بلطف من الردى. وتحجبتُ باللطف من الأعداء بلطفك، ربي اللطيف الحفيظ. والله من ورائهم محيط، بل هو قرآن مجيد، في لوح محفوظ. نجوت من كل خطب جسيم بقول ربي : "ولا يئوده حفظهما وهو العلي العظيم". سلمت من كل شيطان وحاسد بقول ربي : "وحفظا من كل شيطان مارد". وقيت وكفيت كل هم في كل سبيل بقولي : "حسبي الله ونعم الوكيل". الله لا إله إلا هو الحي القيوم لا تأخذه سنة ولا نوم له ما في السماوات وما في الأرض، من ذا الذي يشفع عنده إلا بإذنه يعلم ما بين أيديهم وما خلفهم، ولا يحيطون بشيء من علمه إلا بما شاء وسع كرسيه

السماوات والأرض، ولا يئوده حفظهما وهو العلي العظيم. لا إكراه في الدين، قد تبين الرشد من الغي، فمن يكفر بالطاغوت ويؤمن بالله، فقد استمسك بالعروة الوثقى لا انفصام لها، والله سميع عليم. الله ولي الذين آمنوا، يخرجهم من الظلمات إلى النور، والذين كفروا أولياؤهم الطاغوت، يخرجونهم من النور إلى الظلمات. أولئك أصحاب النار هم فيها خالدون. لقد جاءكم رسول من أنفسكم عزيز عليه ما عنتم، حريص عليكم، بالمؤمنين رؤوف رحيم. فإن تولوا فقل حسبي الله، لا إله إلا هو، عليه توكلت، وهو رب العرش العظيم. بسم الله الرحمان الرحيم. لإيلاف قريش، إيلافهم رحلة الشتاء والصيف، فليعبدوا رب هذا البيت، الذي أطعمهم من جوع وآمنهم من خوف.

أكتفيت بـكهيعص، واحتميت بـحمعسق. قوله الحق وله الملك. سلام قولا من رب رحيم. أحونُ، فاقٌ، أدُمَّ، حُمَّ، هاءٌ، آمين. اللهم بـحق هذه الأسرار، قنا الشر والأشرار، وكل ما أنت خالقه من الأكدار. قل من يكلؤكم بالليل والنهار بـحق كلاءة رحمانيتك. أكلأنا ولا تكلنا إلى غير إحاطتك. رب هذا ذل سؤال في بابك. ولا حول ولا قوة إلا بك. اللهم صل على من أرسلته رحمة للعالمين سيدنا ومولانا محمد، خاتم النبيين صلى الله عليه وسلم، ومجد وشرف وكرم وبجل وعظم. سيدي لا تخلنا من الرحمة والأمان يا حنان يا منان. وسلام على المرسلين، والحمد لله رب العالمين.

إلـهي أسألك رحمة من عندك ترفع بها قدري، وتضع بها وزري، وتشد بها أزري، وتبارك بها عمري، وتجلو بها بصري، وتنور بها نظري، وتحيي بها أثري، وتجبر بها كسري، وتخفف بها إصري، وتقرب بها نصري، وتعز بها نفري، وتقبل بها عذري، وتيسر بها عسري، وتفك بها حصري، وتسهل بها أمري، وتسلل بها سخيمة صدري، وتجعلني

بـها في حصن حفظك الأكيد، وفي أمان ركنك الشديد، وتسقيني بـها من حوض نبيك الكوثر، وتشرفني بـها برضوانك الأكبر. يا إلـهي ومولاي، أنت الذي عودتني الإنعام والإحسان واللطف والامتنان، فكما لـم يمنع شؤمي أن أنال سعادتك، ولـم يمنع لؤمي أم أحظى بكرمك وإغاثتك فإني أسألك الآن أن تجيب دعوتي، وتلهمني رشدي، وأن تلقنني حجت، وتحفظ بـها عهدي، وأن تطهر أخلاقي، وتزكي نفسي، وأن تكثر أرزاقي، وتثبت أنسي، وأن تنيلني ميراث رسلك وأنبياءك، وخصائص أصفياءك وأولياءك يا أرحم الراحمين، يا رب العالـمين.

أسألك أم تـمحو إرادتي بإرادتك، ومشيئتي بـمشيئتك، واختياري باختيارك، ووجودي بشهود وجودك، واحفظني من تعدي حدود شرعك الشريف، واعصمني وأهلي من مخالفة هدى دينك الحنيف، وافتح لي أبواب الخير والتيسير، واغلق عني أبواب الشر والتعسير، وامنن علي بالفتح الكبير والعطاء الوفير والفضل الغزير. إنك على كل شيء قدير، نعم الـمولى ونعم النصير.

اللهم صل على الفاتح الذروة الكلية الربانية الإلـهية القدسية بالخاتمة العنبرية الرندية الـمسكية الخاصة العامة العبدية الأحمدية. اللهم واجل صلاتنا عليه مفتاحا، وافتح لنا بها يا رب حجاب الإقبال، وتقبل مني ببركة حبيبي وحبيب عبادك الـمؤمنين. اللهم لك الحمد مثل ما حمدتَ به نفسك، وأضعاف ما حمدك به الحامدون، وسبَّحك به الـمسبحون، ومجَّدك به الـمُمجدون، وكبَّرك به الـمكبرون، وهللك به الـمهللون، وقدَّسك به الـمُقدسون، ووحَّدك به الـمُوحدون، وعظمك به الـمعظمون، واستغفرك به الـمستغفرون حتى يكون لك مني وحدي في كل طرفة عين وأقل من ذلك، مثل ما حمد جميع الحامدين، وتوحيد أصناف الـموحدين والـمخلصين، وتقديس أجناس العارفين، وثناء جميع الـمهللين والـمصلين

28

والمسبحين، ومثل ما أنت به عالـم، وأنت محمود ومحبوب من جميع خلقك كلهم من الحيوانات والبرايا والأنعام.

اللهم إني أسألك أن تجعل مقامي في هذه القطبانية والفردانية والغوثية والخلافة والجامعية في العظم تتلاشى، وتضمحل جنبي مقامات جميع الأقطاب والأفراد والأغواث والخلفاء والجاميعن وجميع العارفين من المحبين والمحبوبين والسالكين والمجذوبين، وأن تجعل فتحي وذوقي وكشفي فيها في كل طرفة عين ولـمحة على نسبة ليلة القدر من غيرها بل يزيد بألف ألف ألف ألف ألف ألف ألف.

اللهم كما مننت علينا أولا بـمعرفتهم فلا تحجبنا عن محبتهم ورؤيتهم، ولا تحل بيننا وبينهم حتى تحلنا محلهم. اللهم أنت الله لا إله إلا أنت، لا تأخذك سنة ولا نوم، لك ما في السماوات وما في الأرض، أنا عبدك مما في السماوات وما في الأرض، ولا يشفع عندك أحد إلا بإذنك، فاشفعني، ولا تردني لغيرك، وسع كرسيك السماوات والأرض، ولا يئودك حفظهما، وأنت العلي الكبير. فاحفظني من بين يدي ومن خلفي وعن شـمالي ومن فوقي ومن تحتي ومن ظاهري ومن باطني ومن بعضي ومن كلي. ونور قلبي بنور علمك وعظمتك وعزتك، إنك أنت الله العلي العظيم.

اللهم يا رب توسلت إليك بحبيبك ورسولك وعظيم القدر عندك سيدنا ومولانا محمد صلى الله عليه وسلم. وأسألك من فضلك بفضلك، وبجودك من جودك، وبكرمك من كرمك، وبـمجدك من مجدك أن لا تميتني حتى تورثني جميع ما لأكابر أصحاب التجانية، رضي الله عنهم، والخلافة في ما لهم من سائر العلوم والضرورية والنظرية والنقلية والكشفية واللدنية وسائر المعارف معارف ذاتك وصفاتك، وجميع أسمائك وأفعالك وجميع الأسرار والأنوار والأعمال والأحوال والمقامات والمنازلات والكشوفات والفتوحات واليقين والتوحيد والمشاهد والمحبة والتخصيص

والآداب بين يديك، والفهم عنك، والفقه في دينك، وطوالع تجلياتك في جميع المطالع والقيام بحقوق ربوبيتك والاستغراق في شهود عظمتك وكبريائك بدوام الذبول والذوبان من هيبتك، وسطوة جلالك والخمود تحت عواطف رياح مقاديرك وكمال القيام بك لك إسلاما وإيمانا وعلما وعملا وحالا ومنازلة ومقاما وحققا وتحلقا حاصل الأمرين.

اللهم إني أسألك وأتوجه إليك بجاه القطب الكامل سيدي أحمد ابن محمد التجاني وجاهه عندك أن تورثني جميع ما ذكرت بمحض الفضل والمنة المستمدة لجميع ذلك من سيدنا وشيخنا أبي العباس أحمد التجاني، رضي الله عنه وأرضاه وعنا به آمين. إن الله وملائكته يصلون على النبي، يا أيها الذين آمنوا صلوا عليه وسلموا تسليما.

Conditions d'adhésion à la tarîqa tijjâniyya

Il s'agit de poser les conditions pour un compagnonnage exclusif entre le Cheikh et son disciple. Les conditions peuvent comprendre les points suivants :

1) Etre attaché à cette Tarîqa durant toute la vie et ne pas en épouser une autre pour la coller à celle-ci afin de pouvoir se donner à fond à ces recommandations. Et point de doute, celui qui se consacre à une chose verra les résultats.

2) Abréger les visites que l'on faisait aux autres Sains qu'ils soient vivants ou morts sauf permission venant de la part du Cheikh. Et par « Cheikh », on entend l'idée du Guide Spirituel de la Tarîqa à savoir : Ahmad Tijjânî, que Dieu soit content de lui. Abréger les visites qui ont pour soubassement la conviction d'honorer la sainteté, ainsi que les autres formes de visites ni

celles bâties sur la haine tout en faisant semblant d'aimer tous les hommes de Dieu, de les considérer et de les honorer.

3) Etre constant et régulier au *wird* jusqu'à la fin de ses jours. Les *Awrâd* obligatoires au sein de la Tarîqa ne sont donnés qu'à celui qui jure d'y demeurer tant que Dieu lui prête la vie. Il prend, alors, la forme d'une obligation comme le reste des actes cultuels. C'est ce qui permettra de faciliter la pratique du *wird* pour le fidèle et il constitue une chose conditionnée qui ne validera aucune excuse. Et si toutefois, le concerné se décide de réfuter la Tarîqa, c'est qu'il a tout simplement rompu le lien qui existait entre lui et son Cheikh. Et là, alors, il a commis un péché qu'il doit racheter par l'acquittement d'un vœu. Nous notons une différence, ici, avec les *awrâd* des autres voies spirituelles qui n'admettent pas le vœu au point que si le concerné venait à abandonner le *wird* aucune sanction ne le suivrait. Tandis que la règle générale stipule que celui qui y reste assidu et régulier, doit être récompensé au même titre que les obligations d'ordre cultuelles. Aussi, beaucoup de Saints ont veillé à ce que la récompense du *wird* soit multipliée. Et certains hommes de la Tarîqa disent que : « Les raisons de la profondeur de notre spiritualité viennent du fait que nous sommes rétribués dans nos actes comme nous le sommes pour les obligations. Celui qui n'est rétribué ici, se verra rétribué pour ses actes surérogatoires ».

4) Ne jamais se laisser emporter par son cœur au point d'insulter son Cheikh ou de lui garder une animosité ou encore d'être hostile à son égard, ou bien même tenter de ternir sa sainteté ; alors là, on lui refusera la Tarîqa. Et parmi les signes montrant que l'on tente de toucher à sa sainteté, le fait de ne pas donner de l'importance à ses recommandations et à ses interdits, comme l'a montré le Cheikh dans « *Al-Jawâhir* » الجواهر .

5) Afficher une affection permanente à l'endroit du Cheikh. Par conséquent, celui dont l'affection pour son Cheikh venait à disparaître, il sera un laissé pour compte et même s'il ne nourrissait pas de l'inimitié ou de la haine ou encore de la nocivité envers son Cheikh.

31

6) Etre quitte avec le fait de critiquer le Cheikh et si on ne lui connaît pas un aspect de ses faits, il serait crédible qu'il ait envers lui des choses concrètes et véridiques que l'on ne pouvait pas percevoir. Et le Cheikh sait mieux la Charia et en reste plus avide que le disciple. Donc, c'est à ce dernier de chercher cet aspect caché par le biais de moyens légitimes.

7) Croire fermement le Cheikh et le confirmer dans tous ses propos qui sont en adéquation avec le Coran et la Sunna. De là, confirmer tous les Saints, que Dieu soit content d'eux. En revanche, le sceptique qui ne critique ni ne croit, doit se fixer comme objectif de ne pas traiter de mensonge les Véridiques. De plus, il ne sera plus considéré comme un novice, car le lien spirituel sera suspendu, en raison du doute qui l'animait.

Celui qui est en désaccord avec une de ces conditions, a rompu le lien existant entre lui et son Cheikh et du coup il ne jouira d'aucune permission et il ne pourra plus entrer en contact avec son Cheikh sauf s'il venait à se repentir afin de renouveler la permission et confirmer son vouloir de s'y attacher. Car, il n'est pas souhaitable de traiter de mensonge ce qui a un caractère juste et sincère.

Quant à nous, on nous a ordonné d'être affectueux avec les Saints voire le reste des musulmans et de ne pas les injurier, leur causer du tord et de chercher à les dénigrer tant qu'ils sont sur la vérité.

Une précision de taille

Il est fort obligatoire de faire preuve d'assiduité quant à la pratique constante de l'Islam. C'est dans ce cadre que les cinq prières quotidiennes soient accomplies, à leurs heures prescrites, et de manière individuelle ou collective. Il convient alors de remplir toutes les conditions, les principes de base et en restant constant dans la déférence lors de la prière. Lire la *Basmala* suivi de la *Fatiha* à basse voix ou à haute voix selon la prière en cours tout en gardant la sérénité lors du *Ruk'u* (génuflexion) et du *Sujûd* (prosternation).

Faire 3 fois, au minimum, l'invocation recommandée pour la circonstance et de ne pas être trop rapide ni trop lent suivant les dires du Prophète (PSL) : « *Si quelqu'un marque la génuflexion, qu'il récite 3 fois, au minimum : « Sub-hâna Rabbiyal-'Azîm » et s'il marque la prosternation qu'il récite 3 fois, au minimum : « Sub-hâna Rabbiyal-A'alâ ».* Et s'il imite quelqu'un, il doit être parmi ceux qui complètent la prière et ne doit pas diminuer ce nombre et doit figurer parmi ceux qui suivent la voie des gens de la Sunna. En réalité, les Savants ont notifié la répugnance d'imiter aussi bien l'innovateur, le pervers que celui qui affiche de l'hostilité envers les Saints. Alors, imiter ces derniers est synonyme d'immoralité.

En voilà quelques points qui mériteraient d'être mentionnés :

1- Ne pas être à l'abri du stratagème de Dieu, allant jusqu'à le désobéir en espérant Sa Miséricorde ou en comptant sur l'intercession du Prophète (PSL) ou encore sur l'intervention d'un Saint ; alors que Dieu dit : « **... Seuls les gens perdus se sentent à l'abri du stratagème d'Allah** »[9].

2- La bonté envers les deux parents comme le recommande Dieu : « **Et ton Seigneur a décrété : N'adorez que Lui et** (marquez) **de la bonté envers les père et mère** »[10]. Sur ce, les savants en Dieu démontrèrent que l'acte de celui qui désobéit à ses parents ne sera pas élevé et qu'on ne lui facilitera pas l'accès à la Tarîqa.

3- Ne pas donner publiquement le *wird* sans autorisation. On rapporte que certains Saints ont montré que le fait de traiter les Cheikhs de menteurs fait partie des signes du malheur. Que Dieu nous en préserve !

4- Ne pas être négligeant dans la pratique du *wird* (lâzim) en retardant l'heure arrêtée pour son exécution sans aucun motif légal, car il doit s'engager de manière personnelle.

5- Être respectueux à l'égard de tout disciple ou compagnon du Cheikh et surtout les notables parmi les hommes réservés.

6- S'éloigner de ceux qui critiquent, bénévolement, le Cheikh, car les fréquenter peut traduire la désobéissance.

---

[9] Sourate : Al-A'arâf ; verset : 99.
[10] Sourate : Al-Isrâ' ; verset : 23.

7- Ne pas rompre les liens existants entre lui et son prochain sans aucune preuve légale et surtout s'il s'agit d'un frère avec qui on partage la même Tarîqa.

8- Célébrer, en groupe, la *Wazîfa* et la *Haylala*. Il convient même d'y accepter les frères qui n'ont pas encore reçu la permission d'y assister.

Et quiconque va dans le sens d'enfreindre une des conditions précitées qu'il revienne, immédiatement, sur sa contradiction et qu'il se repente à Dieu et qu'il s'aggripe à ces conditions jusqu'à ce que son comportement et sa conduite soient des réalités qui perdurent.

Conditions primordiales pour
la pratique des awrâd

Les conditions permettant de montrer la véracité et la validité des *awrâd* :

- L'intention, car ces *awrâd* ont le caractère d'une obligation selon les limites de la légalité.
- La pureté du corps, des habits et de l'endroit selon les limites de la légalité, et ce, surtout durant la prière.
- La pureté du sol.
- Cacher les parties intimes comme pour la prière. En fait, la pureté du corps, du sol et le fait de cacher les parties intimes ressort d'une obligation impérative. La condition exigée pour les *awrâd* à caractère électique est identique à celle posée pour ceux à caractère impératif.
- Ne pas parler durant l'exécution du *wird,* du début à la fin, sauf en cas de force majeur comme l'indication par des signes. Là, on indique qu'à défaut de comprendre le langage du signe, on peut prononcer un ou deux mots. **{Parmi les Savants, il y'a ceux qui n'exigent pas à celui qui pratique le zikr de rendre le salut, car il est très occupé par Dieu, le Très Haut, de la même manière qu'il n'est pas tenu de manger…}.**

Le vénéré Sayyidî 'Iyâd dit que voici l'un des exemplaires (an-nazâ'ir) qui invite celui qui pratique le *wird* de ne pas saluer ni à rendre le salut au moment où il l'accompli.

Et d'autres ajoutèrent :

« Rendre le salut est une obligation sauf pour
Celui qui prie, celui qui mange,
Celui qui boit, celui qui lit, celui qui est en oraison,
Celui qui fait le zikr, celui qui sermonne, ou autre chose de similaire,
Celui qui est entrain de satisfaire les besoins d'autrui,
Celui qui jure, celui qui appel à la prière.
Ne pas saluer l'impubère, celui qui est ivre,
La jeune fille dont on craint la tentation,
Le pervers, le somnolant, le dormeur,
Celui qui pratique le coït, celui qui est entrain de juger,
Celui qui est dans les toilettes et le possédé
Vingt et un cas où le salut n'est point obligatoire »

Quant à la femme, elle peut répondre à l'appel de son père, de sa mère et de son époux, car ils ont tous droit sur elle. Et il ne faut ni manger ni boire. Le *wird* peut perdre peu ou beaucoup de sa valeur ; alors que la *wazîfa* perd beaucoup de sa valeur pour cas de nécessité comme le fait de prendre une gorgée ou comme le fait de vouloir prendre ce qui s'était accroché entre les dents de ce qu'on mangeait. Et celui qui manque de considérer une de ces conditions verra son *wird* annuler et il devra, impérativement, le refaire.

- La pureté de l'eau pour effectuer la « *Jawharatul Kamâl* »,
- prévoir un endroit pouvant contenir 6 personnes même si on devait le réciter 01 fois.
- On ne doit pas la lire sur une monture ou sur un bateau. Et celui qui se trouve en état d'impureté ou qu'il constate une souillure au niveau de sa peau ou de ses habits qu'il n'a pas pu enlever à temps, on lui demande de remplacer la « *Zahwaratul Kamâl* » par 21 fois la « *Salâtul Fâtih* » durant la *Wazîfa.* De même, celui qui ne remplit pas toutes les conditions doit remplacer la « *Zawharatul Kamâl* » par la « *Salâtul Fâtih* ».

Et quiconque ne respecte pas ces conditions propres à la « *Zawharatul Kamâl* » durant la *Wazîfa* doit le refaire. Tout ceci retourne au niveau des conduites à adopter pour faire ce *Zikr*.

Mesures à prendre pour la pratique des awrâd

Nous faisons état des conditions bien posées ainsi que des lignes de conduites qui ne s'annulent pas du coup s'elles sont négligées ; mais celui qui agit ainsi verra sa lumière du *Wird* s'assombrir en lui. Parmi elles, nous citons :

1. Il faut être assis et non couché ni debout sauf en cas de force majeur. Il lui est permis de le faire tout en marchant à condition d'être vigilant des souillures dans la mesure du possible.

2. S'orienter vers la *Qibla* sauf pour le voyageur qui ne peut pas s'y tourner même s'il effectue un court voyage.

3. Faire silencieusement le *Wird* si on est solitaire de telle sorte que l'on entend ce que l'on dit pour pouvoir écouter les termes du *Zikr* ; tandis que pour la *Wazîfa* et la *Haylala* on élève la voix si on est en groupe.

4. Evoquer les sens.

5. Avoir à l'esprit l'image du Cheikh tout en le glorifiant. Cependant, la chose la plus souhaitée est le fait de sentir la présence du Prophète (PSL), cela permettrait de dissiper l'imagination qui donne de fausse image. Et de plus, il faut regrouper le *Zikr* et ne pas émietter ce qui ne profite pas. Et, mentionner ce qui est connu en exhaustivité implique, du coup, le fait de s'en suffire comme chose à imiter. Nous y notons, également, le fait de se dompter afin d'être courtois avec eux deux – le Prophète et Cheikh Tijjâne – au point de leur être contemporain et être en permanence à leur côté. De même, connecter son cœur avec les leurs pour être en mesure d'entrer en contact avec eux au point de faire valoir une rencontre d'ordre spirituelle. C'est là, le but visé et cette représentation de l'image se fera au début et que le novice ne cessera de l'escalader jusqu'à l'atteindre.

Condition pour avoir
la permission d'adhérer à la Voie

1. La crédibilité de la permission de l'initié : Il doit disposer de compétences requises pour pouvoir se présenter. Et qu'il soit autorisé à donner les *Awrâd* à celui qui bénéficie de la permission du Cheikh. Et même si les voies sont multiples, il faut que la hiérarchisation soit intacte, empêchant ainsi toute déconnection.

2. La crédibilité de l'initiation : celui qui aspire à l'initiation doit être un musulman jouissant d'une foi sincère, un doué de raison, capable de distinguer et n'avoir aucun engagement à l'endroit d'autres Tarîqa ni de pratiquer d'autres *Awrâd* excepté les obligations de cette Tarîqa-ci durant toute sa vie et en étant consentant aux conditions dont il respecte et qu'il comprenne. Alors, il sera en mesure de l'autoriser à l'initié sincère avec toutes les exigences. Il serait souhaitable que celui qui aspire à la Tarîqa de demander la permission de ses deux parents ou à l'un d'eux. De même, l'épouse demandera la permission de son époux. Les *Azkârs* obligatoires de la Tarîqa sont ceux qui sont autorisés au novice après qu'il soit engagé à les pratiquer conformément aux conditions posées :
   - Le *Wird* du matin
   - Le *Wird* du soir
   - La *Wazîfa*
   - La *Haylala*[11]

Le *Wird* du matin se passe comme suit :

- 100 fois « *Astaghfirulâh* » et cette formule sera précisée au niveau du *Wird*, et celui qui la récite par une formule différente de la formule initiale doit le refaire.
- 100 fois la « *Salât alan-Nabiyyi* », en la récitant selon la formule adaptée de la « *Salâtul Fâtih* », car elle renferme l'ensemble des lettres composant le Nom le Plus Grand ainsi que d'autres secrets. Et voici le texte intégral de la

---

[11] Le fait de dire : « Lâ ilâha illa Lâhu ».

Salâtul Fâtih : « Allahumma salli 'alâ Sayyidinâ Muhammadine, al-Fâtihi limâ ukh-liqa wal Khâtimi limâ sabaqa ; Nâsiril haqqi bil-Haqqi ; wal Hâdî ilâ sirâtikal mustaqîm ; wa 'alâ âlihî ; haqqa qadrihî wa miqdârihil 'azîm ».

اللهم صل على سيدنا محمد الفاتح لـما أغلق والـخاتم لـما سبق ناصر الحق بالحق والـهادي إلى صراطك الـمستقيم وعلى آله حق قدره ومقداره العظيم.

Et la traduction donne :

« Mon Dieu ! Accorde Ta bénédiction à notre Seigneur Muhammad qui a ouvert ce qui était clos, qui a clos ce qui a précédé, le Défenseur de la vérité par la Vérité, le Guide du droit chemin ainsi qu'à sa famille suivant sa valeur et l'estimation de son ultime dignité ».

- 100 fois « *Lâ illâ ha-illa lâhu* » en la récitant dans le canevas de la « *Salâtul Fâtih* » du début à la fin. Et l'heure obligatoire choisie (*Al-lâzima al-mukhtâr*) pour son exécution est arrêtée juste après la prière du *Subh* (du matin) ou même au moment de la venue du *Fajr* (l'aube) jusqu'à un peu avant midi ; mais elle n'est pas de rigueur si le *Subh* voire le *Fajr* ne se pointe pas. Par contre, le temps subsidiaire (*Ad-darûriyyi*) va de l'aube jusqu'au crépuscule (*al-maghrib*). Mais au-delà de cette heure impartie, ce sera un acquittement. On l'a désigné par *Darûriyyi* car il ne convient pas de retarder le *Wird* de son temps choisi sauf pour cas de force majeure.

En revanche, le *Wird* que l'on doit faire le soir renferme des piliers (*Arkân*), qui sont prévus pour le *Wird* du matin. Son intervalle temporel choisi débute juste après la prière de l'après-midi (*Al-'Asr*) et peut continuer jusqu'à la prière du soir (*Al-'Ichâ'i*) ; mais jamais avant cette heure. Tandis que l'heure subsidiaire (*ad-darûriyyi*) pour son exécution va de la prière du soir (*Al-'Ichâ'i*) à celle de l'aube (*Al-Fajr*). On peut le faire après ; mais en guise d'acquittement.

Il serait, en plus, légal d'anticiper le *Wird* du matin pour le faire la nuit, juste après la prière du soir (*Al-'Ichâ'i*) même sans motif justifiable et selon qu'il parvient à lire 5 sous-sections (*Al-Ahzâb*) du Coran au moment où les gens dorment. Et si durant le *Wird*, il n'a pu terminer jusqu'à ce que l'aube se pointe et qu'il lui restait une seule *Haylala*, il la terminera ici, puis il la reprendra à son heure précise. Par conséquent, le premier qu'il a eu à faire sera compté pour un acte surérogatoire (*nâflan*). Mais il ne convient pas d'anticiper le *Wird* prévu pour le soir pour le faire la journée, et même s'il en a des excuses. Par contre, s'il a regroupé la prière du midi et celle de l'après-midi, il lui est permis, dans ce cas de l'anticiper. Et il est possible qu'il le fasse la nuit pour cause avérée telle et qui est susceptible de consommer le temps choisi. C'est dire qu'il est fort impératif d'anticiper le Wird du matin pour respecter l'ordre exigé au sein de la Voie.

La nuit est un moment exclusif réservé pour tout acte, car les œuvres faites la nuit voient leurs rétributions doublées voire multipliées que celles faites le jour. Dieu dit : « **La prière pendant la nuit est plus efficace et plus propice pour la récitation** »[12].

Les piliers (*ar-kân*) de la *Wazîfa* sont :
- Faire 30 fois le « *Istikḫfâr al-Hayyu al-Qayyûm* » [13].
- Faire 50 fois la « *Salâtul Fâtih* ».
- Faire 100 fois « *Lâ ilâha illa Lâhu* » en prononçant bien la formule.
- Faire 12 fois la « *Jawharatul Kamâl* » pour quiconque le mémorise et connaît à fond ses conditions ; et si tel n'est pas le cas il la remplacera par 12 fois la « *Salâtul Fâtih* ».

Nous présentons ici le texte intégral de la ***Jawharatul Kamâl*** :

" **Allâhumma** salli wa sallim 'alâ 'aïni Rahmati Rabbâniyya, wal-Yâqûtatil mutahaq-qiqatil hâ'ita, bimarkazil fuhûmi wal-ma'ânî, wa nûril akwânil mutakaw-winatil adamiyyi, sâhibil haqq ar-Rabbânî, al-barqil as-ta'i bimuzûnil arbâhil mâli'ati likulli muta-'arridin minal buhûri wal awânî, wa nûrika lâmi 'il-lazî mala'ata bihi kaw-nakal hâ'ita bi'amkinatil makânî.

Allâhumma salli wa sallim 'alâ 'aïnil haqqil-latî tatajallâ min-hâ 'urûchul haqâ-'iq, 'aïnil ma'ârifil aqwam, sirâtikat-tâmil asqam.

Allâhumma salli wa sallim 'alâ tal 'atil haqqi bil-haqqi kanzil a-'azam, ifâdatika min-ka ilaïka, ihâtati nûril mutalsam, salla Lâhu 'alaïhi wa 'alâ âlihî salâtan tu 'arrifunâ biha iyyâhu ".

---

[12] Sourate : Al-Muzzammil ; verset : 6.
[13] C'est le fait de dire : « astaghfirulâhal 'Azîm al-lazî lâ ilâha illa huwal Hayyul Qayyûm ».

اللهم صل وسلم على عين الرحمة الربانية، والياقوتة المتحققة الحائطة بمركز الفهوم والمعاني، ونور الأكوان المتكونة الآدمي صاحب الحق الرباني، البرق الأسطع بمزون الأرباح المالئة لكل متعرض من البحور والأواني، ونورك اللامع الذي ملأت به كونك الحائط بأمكنة المكاني.

اللهم صل وسلم على عين الحق التي تتجلى منها عروش الحقائق، عين المعارف الأقوم، صراطك التام الأسقم.

اللهم صل وسلم على طلعة الحق بالحق الكنز الأعظم، إفاضتك منك إليك إحاطة نور المطلسم. صلى الله عليه وعلى آله، صلاة تعرفنا بها إياه.

En voici la traduction :

" **Mon Dieu** ! Répands Tes grâces et accorde le salut à la source de la miséricorde divine, brillante comme le diamant, certaine dans sa vérité en montrant le centre des intelligences et des pensées ; à la lumière des existences qui a formé l'homme ; à celui qui possède la vérité divine ; à l'éclair immense traversant les nuages précurseurs de la pluie bienfaisante des miséricordes divines ; à celui qui illumine le coeur de tous ceux qui dont la science a la profondeur de la mer et qui recherchent l'union avec Dieu ; à Ta lumière brillante, remplissant Ton Etre qui renferme tous les lieux.

Mon Dieu ! Répands Tes grâces et accorde le Salut à la source de la vérité qui pénètre les tabernacles des réalités ; à la source des connaissances ; au seul véritable sentier, le plus droit, le plus complet.

Mon Dieu ! Répands Tes grâces et accorde le salut à la connaissance de la vérité par la vérité ; au trésor le plus sublime – la largesse provient de Toi et retourne à Toi ; au cercle de la lumière sans couleur. Que Dieu répande Ses grâces sur lui et sur sa famille, grâces par lesquelles, Ô Dieu ! Tu nous le fera connaître ". (Fin de la traduction)

La *Wazîfa* est faite une seule fois le jour et une seule fois la nuit. Et si les deux moments se rapprochent ce serait excellent et l'un des moments sera compté pour un acte surérogatoire. Le meilleur des moments pour l'effectuer c'est celui compris entre la prière du crépuscule (*Al-Maghrib*) et celle du soir (*Al-Ichâ'i*). Et celui qui la classe pour le soir, alors elle sera comptée pour un *Wird* du soir et les deux moments se croiseront au niveau du temps choisi (*al-ikhtiyâr*) et subsidiaire (*ad-darûriyyi*). De même, elle peut être compté pour le matin pour celui qui la classe pour le matin.

Le Connaisseur des ouvertures divines (*Sâhib al-futû-hât ar-Rabbâniyya*) a dit : « La *Wazifa* du matin ne peut se regrouper avec celle du soir qu'au moment choisi (*al-mukhtâr*), et après cette heure, ce sera un acquittement. Celui qui est devancé au niveau de la *Wazîfa* réagira comme s'il était devancé au niveau de la prière. C'est-à-dire s'il rattrape un groupe, il lira ce qui l'a échappé suivant l'ordre sans pour autant y marquer des interruptions. Il ne comptera pas celle (c'est-à-dire le tour) qu'il a partagée avec eux si toutefois il arrive au moment où ils la récitent. Il ne doit revenir ni sur la *Isti 'âza*, ni sur la Basmala, ni sur la Fâtiha ni sur la Salâtul Fâtih, car c'est là des choses qui sont comptées pour souhaitables pour celui qui assiste à l'entame de la *Wazîfa* et elles ne figurent pas non plus parmi ses piliers (*ar-kân*). Il ne doit pas lire ce qui l'a échappé ; mais doivent refaire ce qui était lu dans le brouillage.

Celui qui fait la *Wazîfa* alors qu'il est en voyage, dès qu'il entame la *Jawharatul Kamâl* doit descendre de sa monture et s'enquérir, si possible, avant de poser les pieds sur une éventuelle impureté. Et s'il arrive au niveau de la septième fois, il doit s'asseoir jusqu'à la terminer. Et parmi les conditions de la *Jawharatul Kamâl*, le fait d'étaler un vêtement pur lors de la septième fois, bien que ce ne soit pas une nécessité. Car, le Prophète (PSL) y prend place. Pour mieux faire le *Zikr*, il faut tenir la meilleure position. On a démontré que prendre place dans un lieu purifié et bien vaste tout en tentant de perfectionner l'état de pureté figure parmi les raisons permettant d'acquérir la lucidité. Celui qui se trouve dans un lieu retiré qui ne peut contenir qu'une seule personne, il peut lire la *Jawharatul Kamâl* autant qu'il peut.

41

Pour ce qui est de la *Haylala* pour le jour du Vendredi, il s'agit de réciter la noble expression : « *Lâ ilâha illa lâhu* », juste après la prière de l'après-midi (*Al-'Asr*) et de la terminer avant le crépuscule suivant l'heure astronomique (*sâ'atul falakiyya*) et un peu après cette heure. Et s'il veut, il peut s'imposer de faire un nombre de son choix comme 1000 à 1600. S'il veut il peut augmenter ce nombre. Qu'il fasse ce *Zikr* à partir d'un nombre ou sans un nombre arrêté, au préalable ; l'essentiel c'est qu'il doit tout faire pour que le crépuscule l'y trouve. Et pour celui qui a des excuses au point de ne pas pouvoir le continuer jusqu'au crépuscule, il lui est permis d'en faire selon un nombre déjà arrêté. Il peut, en plus, terminer l'œuvre de la semaine en commençant par la mention de Dieu et le prolonger jusqu'au coucher du soleil. Il ne peut réaliser qu'une partie la nuit. Par ailleurs, faire tout pour que le *Zikr* puisse coïncider avec le moment où les invocations sont exaucées le jour du Vendredi. Effectivement, le Prophète (PSL) a montré qu'il s'agit de la dernière heure où toute invocation est exaucée et les compagnons ont confirmé ce propos.

Concernant le *Wird* et la *Wazîfa,* ils sont toujours acquittés. Et si le délaissement se répète soit de manière volontaire ou par oubli, l'acquittement devient une rigueur, car le *Wird* aura la teneur d'une obligation à l'image du *Nizar* (vœu). De même que l'acquittement de la *Wazîfa* n'est pas vu comme une compensation de ce qui a pu échapper en fait d'actes surérogatoires.

Pour faire le *Zikr* de tous ces *Awrâd*, on procède comme suit :
- Faire la Sourate « *Al-Fâtiha* »
- Faire la « *Salâtul Fâtih* »
- Lire les derniers versets de la sourate « *as-Sâfât* » : « **Sub'hâna Rabbika Rabbil 'izzati 'ammâ yasifûn wa salâmun 'alal Mursalîn wal Hamdul-li'lâhi Rabbil 'âlamîn** » (*Gloire à Ton Seigneur, le Seigneur de la puissance. Il est au-dessus de ce qu'ils décrivent ! Et paix sur les Messagers et louange à Allah, Seigneur de l'univers*)[14].

Après avoir fait la *Salât 'alan-Nabiyyi* aussi bien pour le *Wird* que pour la *Wazîfa,* on devra réciter ces derniers versets de la sourate « *as-Sâfât* ». Et à la fin de la 100ème « *Lâ ilâha illa lâhu* », on y ajoute la formule « *Muhammadu Rasûlulâh,*

---

[14] Sourate : As-Sâfât ; versets : 180-182.

'alayhi salâmul-Lâh ». Et si on dit aussi : « *Sayyidunâ Muhammadur- Rasûlulâh* », c'est bien aussi.

Et l'on termine tous ces *Awrâd* par cette invocation : « **Inna Lâha wa Malâ'ikatahu yusallûna 'alan-Nabiyyi ! Yâ 'ayyuhal-lazîna 'âmanû sallû 'alayhi wa sallimû taslîman** » (*Certes, Allah et Ses Anges prient sur le Prophète ; ô vous qui croyez priez sur lui et adressez [lui] vos salutations* »[15] « *Salla Lâhu 'alayhi wa 'alâ 'Alihî wa Sahbihî wa sallim taslîman* », « *Âmîn* » « *Sub'hâna Rabbika Rabbil 'izzati 'ammâ yasifûn wa salâmun 'alal Mursalîn wal Hamdul-li'lâhi Rabbil 'âlamîn* ».

Puis, on demande Dieu ce que l'on désire tout en cherchant appui sur le Prophète (PSL), sur les autres Prophètes (PSE), sur ses Compagnons (que Dieu les agrée tous), sur notre guide spirituel Ahmad Tijjâni et sur les membres de la Tarîqa (à eux la satisfaction de Dieu). Ensuite, on termine le tout par la « *Salâtul Fâtih* » et par les trois derniers versets de la sourate « *as-Sâfât* ».

Parmi les disciples, certains entament par la formule de la *Haylala* suivie de la sourate « *Al-Fâtiha* », ils disent 3 fois : « *Astaghfiru Lâhal-'Azîma al-lazî lâ ilâha illâ Huwa al-Hayyu al-Qayyûm* ».
Parmi les conditions de la *Wazîfa* et de la *Haylala* applicables aux hommes, le fait de se regrouper, d'élever la voix et de s'asseoir en cercle s'il y a des fidèles qui n'ont pas reçus d'excuses. Quant aux femmes, elles ne doivent pas élever la voix aussi bien pour la *Haylala*, pour la *Wazîfa* que pour le *Wird*. A noter que toute contrée qui délaisse la pratique de la *wazîfa* en groupe est entrain de dévaloriser, de rabaisser voire d'humilier la Voie.

Cependant, notre guide spirituel a montré qu'un tel agissement fera sortir l'auteur de la Tarîqa et qu'il contractera une rupture avec lui. Que Dieu nous en préserve !

Celui qui fait l'ablution sèche ou pulvérale (*tayammum*) pour accomplir une prière obligatoire et que par la suite il envisage d'exécuter la *Wazîfa*, il peut la faire avec cette ablution. Par contre, s'il désire faire le *Wird*, il doit, impérativement, lui réserver une autre ablution sèche exclusive. Et s'il le fait avec l'ablution sèche

---

[15] Sourate : Al-Ahzâb ; verset : 56.

prévue pour la prière obligatoire, il est obligé de reprendre ce *Wird*. C'est pour montrer que le *Wird* est plus constant que la *Wazîfa*.

Celui qui fait cette ablution pour accomplir le *Wird*, et que par la suite, il désire faire la *Wazîfa*, il doit faire d'abord une autre ablution. Et si toutefois, il se trouve qu'il l'a fait avec l'ablution faite pour le *Wird*, il doit reprendre l'ablution et la *Wazîfa*.

Et celui qui fait l'ablution sèche pour le *Wird*, il lui est permis d'en faire suivre touts les autres *Awrâd* choisies hormis la Sourate « *Al-Fâtiha* » avec l'intention de réciter le Nom le plus Grand. Car réciter cette sourate en rapport avec ce Nom ne peut se faire qu'avec une purification faite à base d'eau. Et si on s'apprête à faire la prière en commun, alors que le fidèle fait son *Wird* ou sa *Wazîfa*, il doit l'interrompre et faire la prière et rien ne l'en empêche, puis il fait l'ablution sèche juste après la prière sans interruption. En fait, il doit se préoccuper à terminer le *Wird* et non de faire les invocations après prière.

Quant au malade ou celle qui a ses menstrues ou encore la parturiente (celle qui a accouchée), ils ont le choix de faire ou non les *Awrâd* et ne sont pas tenus de s'en acquitter. Et si on dit malade, il ne s'agit pas d'une maladie passagère. Car dans ce cas, le fidèle doit faire le *Wird* et s'il le délaisse, il doit s'en acquitter.

Et celui qui doute s'il a fait plus ou moins de fois le *Wird*, il doit considérer qu'il a fait moins et qu'il implore le pardon de Dieu juste après le *Wird*. Il doit faire alors 100 fois « *Astakhfirulâh* » avec l'intention de parfaire son *Wird*. Par ailleurs, celui qui est certain d'avoir fait plus ou moins et ce, par oubli doit agir de même si toutefois, il complète ce qu'il a diminué. Et pour celui qui inverse l'ordre des Piliers (Arkân), comme le fait de commencer d'abord par le « *Istikhfâr* » suivi de la formule « *Lâ ilâha illa Lâhu* » et la prière sur le Prophète (PSL). Mais, il doit plutôt respecter l'ordre des piliers tel que défini par la Tarîqa. Cet ordre consiste à faire d'abord le « *Istighfâr* », ensuite prier sur le Prophète (PSL), puis réciter la formule « *Lâ ilâha illa Lâhu* » suivant l'ordre et par la suite, il refait le tout en récitant 100 fois le « *Istikhfâr* ».

Il convient de savoir que le fait de restaurer l'ordre (al-jabr) est une obligation et que quiconque se permet de le négliger de son propre gré, qu'il sache que son *Wird* est annulé.

Celui qui fait la *Wazîfa* en groupe, qu'il sache que l'imam se charge de son oubli à condition qu'il reprenne ce qu'il a diminué ou ce avec quoi il a joué. De même s'il néglige une des conditions permettant de rendre légal sa *Wazîfa* ou bien s'il fait une faute de langage en modifiant le sens ; alors qu'il était possible de bien prononcer les termes.

Celui qui anticipe le *Wird* prévu pour le matin et le fait la nuit, puis il se rappelle qu'il n'avait pas fait celui du soir, il doit rompre celui-là s'il était entrain de le faire. De même, il ne peut pas se suffire du wird du matin. Si toutefois il l'a déjà fait et qu'il fasse le *Wird* du soir, car cette heure-ci c'est l'heure propre au *Wird* du soir. Et s'il termine et que le temps reste pour faire celui du matin, il lui est permis de l'anticiper.

Et quiconque entame le *Wird* du soir juste après la prière de l'après-midi (*salâtul 'asr*), puis il se rend compte qu'il a oublié de faire celui du matin, il doit l'arrêter et faire celui du matin. Et c'est après, qu'il fera celui du soir. Il ne doit pas le segmenter s'il l'a déjà fait. En fait, l'ordre ici est une condition autorisant de les regrouper à son heure. Et, par la suite, il s'acquitte de celui du matin.

Par ailleurs, celui qui se rappelle, après la prière du matin (*salât subh*) qu'il a en dette le *Wird* du soir, il doit faire d'abord celui du matin car c'est son heure. Mais, si le temps d'exécution est écoulé, il n'est plus exigé de suivre l'ordre.

Celui qui fait bien ses *Awrâds* aux premières heures de leurs temps d'exécution et qu'il s'inscrit sur la liste de ceux qui concourent aux bonnes actions, il est, certes, sur la voie la plus rapide pour accéder au Bien et à la Transcendance. Sur ce, il doit remplir toutes les conditions du *Wird*, s'asseoir face à la Qibla, se préparer mentalement à ne pas s'occuper des choses mondaines durant le *Wird*, qu'il se dit qu'il mourra. Et durant le *Wird* qu'il sache qu'il se trouve devant Dieu, le Tout-Puissant. Et qu'il soit convaincu que c'est Lui la Vérité qui contrôle ce bas monde et l'au-delà. Il doit avoir à l'esprit cette magnificence et cette grandeur. Et qu'il mentionne Son Nom conformément à Son commandement. Et qu'il réalise qu'il peut faire parti des gens du Feu, car c'est cela qui lui permettra d'être obéissant tout en respectant tous les droits relatifs à cette circonstance. En outre, s'il réalise qu'il figure parmi les gens du Paradis tout en se disant qu'il était parmi les combattants

45

de Badr, il doit amener son cœur à se rappeler du premier discours à caractère éternel qui recommandait : « **Implorez le pardon de votre Seigneur, car Il est grand Pardonneur. Ô mes Esclaves, demandez-moi pardon et je vous pardonne** ». Il faut se dire que ce discours n'est pas pour une époque bien déterminée ; mais c'est un discours universel, valable pour tout temps et tout lieu. Avoir à l'idée ce discours divin permettra de L'implorer à tout instant aussi bien en obligation qu'en acte bénévole.

Il doit se contrôler car il se trouve en la présence de Dieu qui l'entend et le voit. Qu'il sache qu'il répond à l'appel de Dieu qui l'a honoré en l'interpellant par ce discours et qu'il lui a fait grâce de Ses bienfaits et qu'Il lui a fait suivre une réponse positive de ce discours éternel. Et il est conscient de son incapacité à pouvoir Lui rendre les louanges conformément à Ses bienfaits-ci ainsi que Ses autres bienfaits.

Par ailleurs, en faisant la « *Salât 'alan-Nabiyyi* », qu'il garde à l'esprit qu'il répond à l'interpellation éternelle qui précisait : « **Certes, Allah et Ses Anges prient sur le Prophète ; ô vous qui croyez priez sur lui et adressez [lui] vos salutations** », qu'il fait la « *Salâtul Fâtihi* » et lorsqu'il fait le *Zikr*, il doit bien écouter cette interpellation : « **Souvenez-vous de Moi donc, Je Me souviendrai de vous … »**[16]. Qu'il dit la formule : « *Lâ ilâha illa Lâhu* » ; alors qu'il se trouve en permanence devant le Souverain, le Proche, l'Observateur attentif, le Pur de toute forme d'anthropomorphisme et le Détenteur du Nom Glorieux. Et qu'il se garde de dissiper cette présence sanctifiée et de se détourner de ce cadre magnifié. Il doit combattre l'âme (*an-nafs*) et Satan (*Chaytân*), s'il sent une éventuelle déviation et qu'il se hâte de revenir vers Dieu, le Très Haut. Qu'il fait goûter son esprit de la saveur de la compagnie de Dieu. Ce sera alors le début d'une préparation pour se rendre auprès des lieux de rencontre attestés.

La lignée du cheikh

---

[16] Sourate : Al-Baqara ; verset : 152.

46

Sa lignée remonte au Messager de Dieu (PSL). Nous allons faire état de cette noble lignée qui fait partie des lignées les plus considérées, car le Cheikh est une partie de cet arbre généalogique pur.

Il se nommait Abûl-Abbas sîd Ahmad Ibn Muhammad al-makani Ibn Abî 'Umar Ibn Mukhtâr Ibn Ahmad Ibn Muhammad Ibn Sâlim Ibn 'Ubayd Ibn Sâlim Ibn Ahmad, surnommé 'Alwânî, Ibn Ahmad Ibn Ali Ibn Abdallah Ibn Abbas Ibn Abd Jabbâr Idrîsa Ibn Idrîsa Ibn Ishâq Ibn Zaynil 'Abidîn Ibn Ahmad Ibn Muhammad Ibn Hasan Musnî Ibn Hasan Sabtî Ibn Ali Ibn Abî Tâlib, que Dieu honore son visage, et fils de Sayyidatu Fatima Az-Zahrâ', la chef des femmes du paradis et fille du Meilleur des créatures et leurs chefs, en l'occurrence, notre Chef Muhammad, Messager de Dieu (PSL).

Nous allons évoquer sa descendance spirituelle, après avoir éclairé sa descendance généalogique. En fait, le Cheikh a tenu compagnie, au début, à plusieurs érudits et il ne s'est pas contenté du bénéfice qu'il a tiré de leurs compagnies ; mais il s'est consacré à adorer Dieu, le Très Haut ; à multiplier la prière sur le Prophète (*Salât 'alan-Nabiyyi*) tout en sachant qu'au niveau de ceux qui pratiquent régulièrement cette prière, que la « *Salât 'alan-Nabiyyi* » constitue à elle seule un moyen de se connecter au Messager de Dieu (PSL) sans passer par un Cheikh. Et l'indicateur d'une telle assertion est qu'il est reconnu authentique que le Prophète (PSL) a dit : « *Quiconque prie sur moi 1 fois, Dieu priera sur lui 10 fois* »[17].

Il est rapporté, de façon authentique que les Anges prient sur celui qui prie sur Muhammad (PSL). Dieu dit : « **C'est Lui qui prie sur vous, – ainsi que Ses Anges, – afin qu'Il vous fasse sortir des ténèbres à la lumière** »[18]. C'est-à-dire des ténèbres de la désobéissance vers la lumière de l'obéissance, des ténèbres du voile vers la lumière du succès. Beaucoup d'Elus de Dieu ont atteint la voie menant à cette prière et parmi eux le Cheikh Nûr Dîn Ach-Chanûbî, Al-'Arif Mutabawlî, Sayyidî Abd Rahîm Al-Qanânî et d'autres.

---

[17] Rapporté par Muslim dans son Sahîh, d'après Abdallah Ibn 'Amrû Ibn al-As et Abî Hurayra.
[18] Sourate : Al-Ahzâb ; verset : 43.

Cette situation n'a cessé de se manifester à lui. Fait émanant du Messager de Dieu (PSL) qui l'a choisi et qui s'est chargé de lui apporter une éducation particulière. Il l'enseigna ce qu'il l'a enseigné. Ensuite, le Cheikh s'adonna à ceci en pratiquant la « *Salât 'alan-Nabiyyi* », puis il la laissa pour s'adonner à celle-ci :

« Allâhumma salli 'alâ Sayyidinâ Muhammadine wa 'alâ âlihî salâtan ta'adilu jamî 'a salawâti ahli mahabbatika ; wa sallim 'alâ Sayyidinâ Muhammadine wa 'alâ âlihî salâman ya 'adilu salâma hum ».

C'est par la suite que le Prophète (PSL) lui a recommandé de faire la « *Salâtul Fâtih* ». Il lui recommanda la pratique constante et régulière de cette « *Salâtul Fâtihi* ». Il lui ordonna de transférer le « *istighfâr* » et la « *Salât alan-Nabiyyi* ». En ce moment, notre Cheikh était à Abî Chamghûne (nom de lieu en Algérie) près de Chalâla (nom de lieu) dans le désert plus connu sous le nom de Maghrib. Ensuite, le Prophète (PSL) lui compléta le *Wird* par la *Haylala*. Son noble esprit n'a cessé de s'abreuver de ce *Wird* en prenant l'engagement de s'y attacher au point d'atteindre la station exclusive que la Vérité, par excellence, lui a réservée grâce à la pureté de sa condescendance et de son agrément. Et cette formation (*tarbiyya*) est désignée chez les gens de la droiture par formation spirituelle (*at-tarbiyya ar-rûhâniyya*) ou par formation Uwîsiyya (*at-tarbiyya al-uwîsiyya*)[19]. En fait, le Noble Esprit (*ar-rûh ach-charîfa*), c'est-à-dire le Messager de Dieu (PSL), a éduqué et a façonné ce Saint qui est Uways Qarnî.

Il faut noter que le Prophète (PSL) n'a pas vécu avec lui. Mais, ce sont leurs esprits qui se sont connectés et celui du Prophète (PSL) a initié, façonné et éduqué spirituellement celui d'Uways Qarni. C'est pour dire que deux esprits peuvent se connecter ici-bas comme dans l'au-delà ou encore séparément : l'un ici-bas et l'autre dans l'au-delà et vice versa. Par conséquent, ceux qui soutiennent qu'il n'est point possible qu'un esprit de l'au-delà se connecte avec un esprit d'ici-bas se trompent. Il faut reconnaître que le Royaume de Dieu est unique et l'âme du mort ne peut en aucun cas quitter ce Royaume ni retourner au néant. Mais, cet esprit se déplace d'une demeure vers une autre. Et dans toutes les façons, cet esprit est toujours dans l'univers de Dieu qu'il contrôle minutieusement.

Il est démontré que l'esprit vivant se regroupe avec les esprits morts au moment du sommeil, et celui qui se retrouve en état de sommeil les retrouve au niveau du réveil

---

[19] Il s'agit de Ouways Qarnî, un Saint dont le Prophète avait évoqué et qui est apparu au temps du second khalif, Oumar Ibn al-Khattâb.

et le tout se regroupe dans le monde sous Son autorité. Il est démontré que le mort entend la salutation que lui adresse le vivant et que lui-même, il rend le salut. Il est démontré que le mort souffre de ce que souffre le vivant. Et ceux-là, sont des gens qui verront un voile s'interposer entre eux et le monde des réalités sensibles (*al-haqâ'iq*). Ils statuent leurs conjectures sans pour autant revoir leurs prétentions qui restent enracinés dans la frivolité.

Nous vivons avec les Anges que nous n'apercevons pas, même cas pour les Jinns, sauf si on envisage de sortir du cadre habituel. De la même façon, vouloir tenir compagnie avec les gens de l'au-delà, c'est vouloir rompre d'avec l'habitude. Notre Cheikh dit : « Nous tenons notre savoir d'un grand nombre de Cheikhs, que Dieu soit content d'eux, et que Dieu ne les a pas permis d'accéder au but convoité. Seulement, notre appui dans cette Voie Spirituelle provient de l'Envoyé de Dieu (PSL) qui reste notre guide et maître. De fait, par son intermédiaire, Dieu nous a garanti le succès et nous rassure que nous nous connecterons avec lui. Donc, cette garantie nous suffit ».

Parmi les vertus de cette Voie, c'est que tout novice peut hériter du guide spirituel (*cheikh*), et qu'il bénéficie d'un palier de ses rangs. Rappelons ici les propos de certains qui ne sont pas de sa Voie et qui ont eu à écrire sa biographie. Ils y montrèrent que lorsque notre guide spirituel à savoir Sulaymân rencontra cheikh Tijjâne et qu'il vit son expression du visage ainsi que sa contribution au niveau des savoirs, il se tourna favorablement vers lui, le crut et lui donna une demeure conformément à son rang et à sa tâche. Et durant toute sa vie, il ne dépensa que la valeur approximative de 20 000 en valeur d'atomes. Et il a mené une vie saine et modérée en ne mangeant que le produit de sa sueur et en pratiquant régulièrement la retraite spirituelle. Et c'est à Fez, au Maroc, qu'il a connu sa célébrité, lui le Cheikh de la Voie Tijjâniyya. Que Dieu le fasse miséricordieux et qu'il nous couvre de ses bienfaits. L'érudit cheikh et imam Abul Abbas Ahmad Tijjân, que Dieu soit content de lui, rendit l'âme à Fez.

Les épîtres du cheikh

Parmi ce qu'a écrit notre guide spirituel à l'endroit de certains frères, nous notons cette recommandation : « Sache qu'en mentionnant la Sourate « *Al-Fâtiha* » avec l'intention de réciter le Nom Sublime de Dieu, tu as accompli toutes les autres formes d'adoration. Et si ces dernières sont regroupées, elles seront comme une goutte d'eau dans l'océan. Et plus encore, si tu parvenais à ressembler les actes cultuels de tous les savants en Dieu, ils n'atteindront même pas une lecture de cette Sourate « *Al-Fâtiha* ».

Notre guide spirituel dit : « Il n'y a pas nécessité de demander l'autorisation de vouloir réciter la Sourate « *Al-Fâtiha* » en accord avec l'intention de lire le Nom le plus Grand ». Il a tenu ses propos au dernier moment de sa vie. Puis il ajouta, tout en montrant le degré de la valeur de la Sourate « *Al-Fâtiha* » que celle-ci renferme 3 degrés : un degré à caractère égal pour tous au niveau de la rétribution, un degré réservé à des individus particuliers qui ont reçu la permission et un degré logé au-delà du cadre du Nom le plus Grand et ce degré revient exclusivement au Prophète (PSL). Et on rapporte du Cheikh que : « Dieu m'a fait don des sept versets que l'on répète (*as-sab'a minal masânî*) qu'il n'a donné qu'aux Prophètes (PSE) ». Concernant le degré manifeste du *Zikr* qu'il fait de la Sourate « *Al-Fâtiha* » en accord avec l'intention de faire mention du Nom le plus Grand, ce degré revient exclusivement à sa propre personne, lorsqu'il fait mention dans son for intérieur 4000 fois ou plus la « *Salâtul Fâtih* ». Et quand tous les Anges du globe font avec lui ce zikr, le zikr de chaque Ange lui procure la récompense de milliers de fois la récitation de la « *Salâtul Fâtih* ». Aussi, on considère que chaque *Salât*, partant de son caractère concret et abstrait, fait l'objet d'une rétribution. Et celui qui fait mention en corrélation avec la langue de chaque Ange, c'est comme s'il voyait la récompense réservée au Pôle (*al-qutb*). Il faut reconnaître que la récompense réservée au Pôle est plus constante que celle réservée aux autres dans la pratique du Nom Sublime. Car, la méditation qu'en fait le Pôle est plus profonde que la méditation des autres Saints. C'est dire que la récompense réservée au Pôle par rapport à celle réservée aux autres est comme la goûte d'eau comparée à la masse d'eau océanique.

Le Cheikh dit : « Celui qui lit la Sourate « *Al-Fâtiha* » avec l'intention de réciter le Nom le plus Grand, on lui inscrira pour chaque fois 70 000 fois le rang de chaque créature logée au Paradis. Lors de la prononciation du vocable « Allâh », quatre Nobles Anges diront, et Dieu seul sait, qu'« un tel a fait mention de Ton nom ». Et Dieu leur dira : « Inscrivez-le parmi les gens de la félicité (*ahl as-sa'âda*) à côté de Muhammad (PSL) ». Et les Anges mentionneront avec lui cette invocation dans leurs totalités. A noter que le rappel de chaque Ange sera multiplié par 10 et tous ces points seront inscrits pour le compte de celui qui lit la Sourate « *Al-Fâtiha* » avec l'intention en vigueur. Puis, on lui inscrira avec cela la récompense de la Sourate « *Al-Fâtiha* » qui consiste à ce que, pour chaque lettre prononcée, on lui notifie 200 bonnes actions, et aucune mauvaise action ne sera notée. Il sera parmi les favoris (*mah-bûbîn*). Et ceci figure parmi les profonds secrets cachés (*al-asrâr al-'ulyâ al-maktûma*) ».

Le Cheikh démontre, également, que la Sourate « *Al-Fâtiha* » comprend trois paliers (*marâtib*) : le palier manifeste ; le palier caché et le palier occulte. Et tous ces paliers sont inclus dans la rétribution relative à la lecture de la Sourate « *Al-Fâtiha* ».

Concernant le palier manifeste, elle consiste à lire une fois la Sourate « *Al-Fâtiha* ». Et la récompense réside dans ce qu'a rappelé notre Seigneur depuis la création de la Réalité Muhammédienne jusqu'au moment où le fidèle répète la Sourate « *Al-Fâtiha* ». Et tout ce que notre Seigneur a mentionné dans les mondes dont Sa science cerne, à partir du moment où Il fit exister les Existants (*al-mawjûdât*) et de tout ce qu'Il a créé après la révélation de la Sourate « *Al-Fâtiha* » ; de même toute forme de glorification faite durant toute cette période, la rétribution de tous les bienfaits notés durant cette période sera remis à celui qui récite une fois la Sourate « *Al-Fâtiha* » par rapport à tout autre rappel hormis le Nom le plus Grand. Par ailleurs, cette rétribution ne s'appuie pas sur la simple lecture de la Sourate « *Al-Fâtiha* » sauf s'il la récite avec l'intention de lire le Nom le plus grand. Et s'il le fait, la récompense prévue pour ce Nom sera pour quiconque la récite. Parmi ses degrés manifestes, aussi, la récompense octroyée à la lecture de la dernière partie du Coran sous forme d'invocation. Il doit être convaincu que l'ensemble des lettres de cette partie et l'ensemble des lettres du Coran lui seront inscrits selon ce procédé : pour chaque lettre, on lui donnera 7 vierges parmi les Femmes Paradisiaques aux grands yeux et 7 palais du Paradis. Et c'est pour l'éternité.

Sache que la Sourate « *Al-Fâtiha* » en corrélation avec l'intention de faire le Nom Sublime ne signifie autrement qu'adoration (*ta'abbud*), donc il faut la réciter avec cette intention à savoir adorer. Le degré le plus élevé sur le plan de l'adoration, c'est le fait de lire comme si l'on prenait la place du Cheikh Sîd Ahmad Tijjâni, que Dieu soit content de lui. Et on entend par le remplacer, le fait de la réciter tout ayant l'intention qu'on le fait avec la langue du Cheikh de telle sorte que nous avons l'impression que c'est lui même qui fait ce *Zikr*.

Et pour être à la hauteur, il convient de noter ces conditions de validation :

1- L'autorisation reconnue pour spécifier l'intention de le remplacer. C'est une autorisation exclusive qui ne prend pas en compte celle propre aux *Awrâd*. Sache que l'autorisation à caractère complet des *Awrâd* particuliers ne peut pas être valable pour ces 4 *Awrâd* que sont : la Sourate « *Al-Fâtiha* » avec l'intention de faire le Nom Sublime, le « *Hizb al-Bahr* », les « *al-Asmâ' al-Idrîsiyya* » et la « *Yâqûtati al-haqâ'iq* ». Car pour chacun de ces *Awrâd*, il faut lui réserver une autorisation particulière.

2- L'intention, c'est-à-dire garder à l'esprit le Nom Sublime lors de la lecture.

3- Le fait de suppléer le Cheikh, notre guide spirituel Ahmad Tijjâni.

4- La pureté à base d'eau. Sache que tous les *Awrâd* à caractère exclusif exigent la pureté soit à base d'eau soit à base de sable excepté la Sourate « *Al-Fâtiha* » avec l'intention de faire le Nom Sublime et la « *Jawharatul Kamâl* » qui demande une purification à base d'eau.

5- La pureté du lieu.

6- La pureté du corps et des vêtements.

7- Lire la Sourate « *Al-Fâtiha* » entre la prière du matin et lorsque le soleil est au-dessus de l'horizon. Par contre, quand le soleil se trouve bien au-dessus de l'horizon, on le fera entre la prière de l'après-midi et celle du coucher du soleil.

9- S'engager à faire les nombres 7 fois, ou 9 fois, ou 33 fois, ou 77 fois, ou encore 99 fois.

Il faut savoir que la lecture de la Sourate « *Al-Fâtiha* » avec le Nom Sublime ne se fait pas la nuit en raison de la splendeur de la lumière que ne pourra pas supporter l'opérant. Et s'il dépasse le nombre 99, par oubli, il doit le réparer par 1000 fois la « *Salâtul Fâtihi* », sinon il sera éprouvé par la pauvreté.

Pour le voyageur ou celle qui a ses menstrues, ils répareront la lecture de la Sourate « *Al-Fâtiha* » en corrélation avec le Nom Sublime par 1000 fois la « *Salâtul Fâtihi* » par jour, c'est ce qui est souhaité et recommandé.

Les conditions exhaustives sont :

      1- Dédier ses récompenses à la présence spirituelle du Messager de Dieu (PSL).

      2-S'asseoir par terre et non sur une chaise, sur un lit ou sur une monture.

      3- S'orienter vers la Qibla.

      4- Faire le *Wird* obligatoire du matin 50 fois.

      5- Ne pas se retourner même un moment.

      6- Connecter le « **mîm** » (مـ) qui termine la *Basmala* avec le « **lâm** » (لـ) de *Al-Hamdullilâhi* et dire « **Rahîmil-Hamdullilâhi** ».

      7- Lire la Sourate « *Al-Fâtiha* » entière sans couper le souffle. Et si toutefois, le souffle est coupé au beau milieu de la Sourate, on la termine sans pour autant la reprendre.

      8- entamer le zikr du début à la fin en lisant l'oraison qui colle avec ce zikr.

Sache que le soutènement de la ligne de conduite de la Tarîqa Ahmadiyya Tijjâniyya s'appuie sur quatre piliers, à savoir :

      1- La Sourate « *Al-Fâtiha* » avec le Nom Sublime

      2- La « *Salâtul Fâtih* » avec le Nom Sublime

      3- Le caractère mystérieux de ces deux jours : Lundi et Vendredi.

      4- La confidentialité de la *ziara* : la Sourate « *Al-Fâtiha* » avec le Nom Sublime qui est le Nom réservé en question et la « *Salâtul Fâtihi* » avec le Nom qui est, également, un grand Nom par ordre. La confidentialité de la *ziara* qui renferme le Nom Sublime est détenue par notre guide Ahmad Tijjâni.

Et voici le caractère mystique (*sirr*) de cette *ziara* :

- « Assalâmu 'alayka ayuhan-Nabiyyu wa rahmatulâhi wa barakâtuhû » 100

fois.

السلام عليك أيها النبي ورحمة الله وبركاته.

- « Assalâmu 'alayka yâ khalîfata Rasûlilâhi, salla lâhu alayhi wa sallam, wa sâhibuhu, wa wazîruhu, wa rafîquhu fis-safar, wa sâniyatun fil-Ghâr. Yâ sayyidanâ wa mawlânâ ABA BAKR SIDDIQ, wa rahmatulâhi, wa barakâtuhu.

« Assalâmu 'alayka yâ khalîfata Rasûlilâhi, salla lâhu 'alayhi wa sallam wa sâhibuhu wa wazîruhu, yâ man az'hara Lâhu bihî ad-Dîn wa a'azza bihî al-Islâm. Yâ man izâ ra'âhu Chaytânu sâlikan fajjan, salaka fajjan ghayra fajjihi, yâ Sayyidanâ wa mawlâna 'UMAR Ibn KHATTAB, wa rahmatul-Lâhi wa barakâtuhu.

« Assalâmu 'alayka, yâ khalîfata rasûlilâhi, salla lâhu 'alayhi wa sallam, wa sâhibuhu wa wazîruhu. Yâ Zan-Nûrayni, yâ man tas-tah'yi minhu Malâ'ikatu Rahmâni, yâ sayyidanâ wa mawlâna 'UTHMAN Ibn AFFAN, wa rahmatulâhi wa barakâtuhu.

« Assalâmu 'alayka, yâ khalîfata rasûlilâhi, salla lâhu 'alayhi wa sallam, wa sâhibuhu wa wazîruhu, wa akhâhu, wa Ibn ammihi, wa zawju Ibnatihi al-Batûl, wa abâs-Sib'tayni : Hasan wa Husayn. Yâ fah'lal fuhûli, yâ laysal-katâ'ib, yâ bâb madînatil-'ilm, yâ Sayyidanâ wa mawlâna ALI Ibn ABI TALIB, wa rahmatulâhi wa barakâtuhu.

« Assalâmu 'alaykum yâ kâfata Ashâbi Rasûlilâhi, salla lâhu âlayhi wa sallam : al-MUHAJIRIN wal- ANSAR, wa rahmatulâhi wa barakâtuhu.

« Assalâmu 'alaykum yâ Ahla Badrin al-Kirâm, MALA'IKATAN wa SAHABAN, wa rahamatulâhi wa barakâtuhu.

« Assalâmu 'alaykum AHLA BAÏTI RASULILAH, salla lâhu alayhi wa sallam at-Tâhirîn al-Mutahhirîn, wa rahmatulâhi wa barakâtuhu.

« Assalâmu 'alayka yâ Chay'khanâ wa ustâzanâ wa wasîlatanâ ilâ Rabbinâ al-Qutb al-Maktûm, wal-Khâtim al-Muhammadiyyi al-Ma'alûm, yâ Sayyidanâ Ibn Muhammad Mawlânâ AHMAD TIJJANI, radiyal-Lâhu 'ane'hu wa rahmatu Lâhi ta'âlâ wa barakâtuhu.

« Assalâmu 'alayka, yâ khalîfata Chaykhi as-Saiddîq al-Akbar mawlâna ALI HIRAZAM, radiyallâhu 'ane'hu wa rahmatulâhi wa barakâtuhu.

« Assalâmu 'alaykum, yâ kâfata Ashâb Ach-Chaykh haysu mâz kun'tum min Qâf ilâ Qâf, Ahyâ'ane wa Am'wâtane, wa rahmatulâhi wa barakâtuhu.

« Jazâl-Lâhu Nabiyyanâ wa Rasûlanâ MUHAMMADINE, salla lâhu 'alayhi wa sallam, afdala mâ Huwa ah'luhu.

« Jazâl-Lâhu annâ Chaykhanâ, wa Ustâzanâ, wa Wasîlatanâ ilâ Rabbinâ al-Qutb al-Maktûm wal-Khâtim al-Muhammadiyyi al-Ma-'alûm Mawlânâ AHMAD TIJJANI, radiyal-Lâhu 'ane'hu.

« Jazâl-Lâhu 'annâ khalîfata Chaykhi Mawlâna ALI HIRAZAM, radiyal-Lâhu 'ane'hu.

« Jazâl-Lâhu 'annâ jamî-'a Sâdatinâ al-Mujîzîn lanâ, wal-Mufîdîna lanâ, wal-Murchidîna lanâ, wal-Muqirrîna lanâ, warasatu Sayyidinâ wa Mawlânâ MUHAMMADINE, salla lâhu 'alayhi wa sallam ».

السلام عليك يا خليفة رسول الله، صلى الله عليه وسلم، وصاحبه ووزيره ورفيقه في السفر، وثانية في الغار، يا سيدنا ومولانا أبا بكر الصديق، ورحمة الله وبركاته.

السلام عليك يا خليفة رسول الله، صلى الله عليه وسلم، وصاحبه ووزيره، يا من أظهر الله به الدين وأعز به الإسلام، يا من إذا رآه الشيطان سالكا فجا سلك فجا غير فجه، يا سيدنا ومولانا عمر ابن الخطاب ورحمة الله وبركاته.

السلام عليك يا خليفة رسول الله، صلى الله عليه وسلم، وصاحبه ووزيره، يا ذا النورين، يا من تستحيي منه ملائكة الرحمان، يا سيدنا ومولانا عثمان ابن عفان ورحمة الله وبركاته.

السلام عليك يا خليفة رسول الله، صلى الله عليه وسلم، وصاحبه ووزيره وأخاه وابن عمه وزوج ابنته البتول وأبا السبطين : الحسن والحسين، يا فحل الفحول، يا ليث الكتائب، يا باب مدينة العلم، يا سيدنا ومولانا عليا ابن أبي طالب ورحمة الله وبركاته.

السلام عليكم يا كافة أصحاب رسول الله، صلى الله عليه وسلم، مهاجرين وأنصارا ورحمة الله وبركاته.

السلام عليكم يا أهل بدر الكرام ملائكة وصحابا ورحمة الله وبركاته.

السلام عليكم أهل بيت رسول الله، صلى الله عليه وسلم، الطاهرين المطهرين ورحمة الله وبركاته.

السلام عليك يا شيخنا وأستاذنا ووسيلتنا إلى ربنا القطب المكتوم والخاتم المحمدي المعلوم يا سيدنا ابن محمد مولانا أحمد التجاني، رضي الله عنه ورحمة الله تعالى وبركاته.

السلام عليك يا خليفة الشيخ الصديق الأكبر مولانا علي حرازم، رضي الله عنه ورحمة الله وبركاته.

السلام عليكم يا كافة أصحاب الشيخ حيث ما كنتم من قاف إلى قاف أحياء وأمواتا ورحمة الله تعالى وبركاته.

جزى الله نبينا ورسولنا محمد، صلى الله عليه وسلم، أفضل ما هو أهله. جزى الله عنا شيخنا وأستاذنا ووسيلتنا إلى ربنا القطب المكتوم والخاتم المحمدي المعلوم مولانا أحمد التجاني، رضي الله. جزى الله عنا خليفة الشيخ مولانا علي حرازم، رضي الله عنه. جزى الله عنا جميع سادتنا المجيزين لنا والمفيدين لنا والمرشدين لنا والمقربين لنا ورثة سيدنا ومولانا محمد، صلى الله عليه وسلم.

On lit, cette oraison, après le *Wird Lâzim*, matin et soir, en se purifiant avec de l'eau ou du sable. On peut la lire assise, en marchant ou debout, quelque soit la situation où se trouve le pratiquant. Mais, il ne doit pas la faire avant le *Wird Lâzim*. Ce qui est autorisé de lire avec l'intention de faire le Nom sublime, c'est ceci :

1. La Sourate « *Al-Fâtiha* » avec l'intention de réciter ce Nom Sublime

2. Faire la suivre avec n'importe quelle autre sourate et quelques soit le nombre usité

3. Faire la « *Salâtul Fâtihi* » avec l'intention de réciter ce Nom, après chaque prière obligatoire, il lui est permis de la réciter soit 3 fois, soit 100 fois, soit 1000 fois, soit 21 fois, soit 111 fois, soit 1111 fois ou n'importe quel nombre que l'on peut appliquer à la « *Salâtul Fâtihi* ». De même, il peut faire ceci s'il est en état d'adoration individuelle. Par contre, s'il remplace le Cheikh, il la fera 1000 fois la nuit et 1000 fois le jour.

4. Réciter le verset de Muhammad (*âyatu Muhammad*) jusqu'à la fin de la sourate, 92 fois par jour. Il s'agit de ce verset qui débute par : « *Muhammadu rasûlulâh wallazîna âmanû ma'ahu ...* » محمد رسول الله والذين آمنوا معه...[20].

5. Lire 6 fois la Sourate « *Al-Qadr* » par jour, ou bien la réciter après chaque prière obligatoire 01 fois ou 11 fois.

6. Lire, après chaque prière obligatoire, 3 ou neuf 9 fois la sourate « *Alam Nach'rah* ».

---

[20] Sourate : Al-Fath ; verset : 29.

7. Lire la sourate « *Al-Ikhlâs* » 11 fois après chaque prière obligatoire, ou bien 11 000 fois répartis selon un nombre de jours équitables.

8. Répéter le Nom singulier « *Allah* » 66 fois par jour.

Cette invocation est extraite des cahiers du Cheikh Sîd Ahmad Tijjânî, que Dieu soit content de lui. Celui-ci lisait la Sourate « *Al-Fâtiha* » avec l'intention de faire le Nom sublime. Et nous proposons ici le texte intégral de cette invocation que l'on doit faire 3 fois :

« Allâhumma innî as'aluka, walâ chay'a a'azamu mine'ka ilayka, yâ Allah, yâ Allah. Wa as'aluka yâ Allah bil Fâtiha wa bi sirril-Fâtiha wa bi âyâtil-Fâtiha, wa bi kalimâtil-Fâtiha, wa bi hurûfil-Fâtiha, wa sirri hurûfihâ, wa bi imtizâji ba 'adihâ bi ba 'ad, wa bi âhâdi a'adâ'ihâ, wa bi mi'âti a'adâ'ihâ wa bi ulûfi a'adâ'ihâ, wa bi sababi ine'zâlihâ, wa bi sirri mane ane'zalat bihâ, wa bi sirri mane nazalat alayhi Sayyidinâ Muhammadine salla lâhu alayhi wa sallam. As'aluka Allâhumma ane tusakhira lî khudâmahâ wa rûhâniyyatihâ yuj'llibû lî wa li'ahli dârî wa awlâdî al-manâfi'i wal-'arzâqi wa yudfi'û 'annî wa 'ane ahlî dârî wa awlâdî wa mâlî al'adrâr wal-'achrâr, wa bi sirri iyyâka na 'abudu wa iyyâka nasta –înu, wa ane tuh'risanî wa iyyâhum mimmâ nakhâfu wa nuh-ziru innaka 'alâ kulli chay'ine qadîr, birahmatika yâ Ar'hama Râhimîn. Wa salla lâhu 'alâ Sayyidinâ Muhammadine wa 'alâ âlihî wa sah'bihî, wa sallim taslîman ».

اللهم إني أسألك ولا شيء أعظم منك إليك يا الله يا الله يا الله بالفاتحة وبسر الفاتحة وبآيات الفاتحة وبكلمات الفاتحة وبحروف الفاتحة وسر حروفها وبامتزاج بعضها ببعض وبآحاد أعدادها وبمآت أعدادها وبألوف أعدادها وبسبب إنزالها وبسر إنزالها وبسر من أنزلت بها وبسر من نزلت عليه سيدنا محمد صلى الله عليه وسلم. أسألك اللهم أن تسخر لي خدامها وروحانيتها يجلبوا لي ولأهل داري وأولادي المنافع والأرزاق ويدفعوا عني وعن أهل داري وأولادي ومالي الأضرار والأشرار وبسر إياك نعبد وإياك نستعين وأن تحرسني وإياهم مما نخاف

ونحذر إنك على كل شيء قدير برحمتك يا أرحم الراحمين وصلى الله على سيدنا محمد وآله وصحبه وسلم تسليما.

Implorer Dieu par l'intermédiaire du cheikh et du Prophète

(PSL)

Pour satisfaire un besoin ici-bas ou l'au-delà, réciter 100 fois la « *Salâtul Fâtihi* » en dédiant la récompense au Messager de Dieu (PSL), en formulant l'intention du besoin que l'on a envie de résoudre. Ensuite, faire 100 fois :

« Yâ Rabbi tawassal'tu ilayka bi Habîbika wa Rasûlika wa 'azîmil qadr 'indaka Sayyidinâ Muhammadine salla lâhu 'alyhi wa sallam fî qa dâ'il hâjati allatî urîduhâ ».

يا رب توسلت إليك بحبيبك ورسولك وعظيم القدر عندك سيدنا محمد صلى الله عليه وسلم في قضاء الحاجة التي أريدها.

Puis on dit, 10 fois :

« Allâhumma innî as'aluka wa atawajjahu ilayka bijâhil Qutbil Kâmil Sayyidî Ahmad Ibn Muhammad Tijjâni wa jâhi'hi indaka ane tu 'utiyanî kajâ »

اللهم إني أسألك وأتوجه إليك بجاه القطب الكامل سيدي أحمد أبن محمد التجاني وجاهه عندك أن تعطيني كذا.

(Préciser, ici le besoin qui nous habite). Et par la suite, clore le tout par 3 fois la « *Salâtul Fâtih* ».

Le fait de lui rendre visite et

d'invoquer Dieu pour lui (en son absence)

Il consiste de faire deux rak'a, durant lesquelles, on ne récite que la Sourate « *Al-Fâtiha* ». On peut les faire à n'importe quel moment, jour comme nuit, pendant les heures prévues pour accomplir les actes surérogatoires (*nâfila*). Au terme de la prière, se dire que l'on fait face au Cheikh. Etre convaincu et sans douter qu'il est toujours vivant et qu'il moue à travers l'univers, par la permission de Dieu.

Ensuite, dire 3 fois : « Assalâmu alayka, yâ chaykhanâ, wa yâ ustâzanâ wa yâ wasîlatanâ ilâ Rabbinâ wa rahmatulâhi wa barakâtuhu ».

السلام عليك يا شيخنا ويا أستاذنا ويا وسيلتنا إلى رينا ورحمة الله وبركاته.

Puis, lire avec une présence effective du corps et de l'esprit, 01 fois le *ta'awwuz*[21] et la *Basmala* suivi de la Sourate « *Al-Fâtiha* », faire cela 7 fois. Après, soulever les mains vers le ciel en disant : « Allâhumma innî as'aluka bi jâhi nabiyyika sayyidinâ Muhammadine, salla lâhu alayhi wa sallam ane tataqabbala minnî mâ talaw'tuhu mine hâzihi sûrati, wa hâzihi salâti, wa tuballi'ghuhu bimah'di fad'lika li'hadrati chaykhinâ hadiyyatan minnî ilayhi ».

اللهم إني أسألك بجاه نبيك سيدنا محمد صلى الله عليه وسلم أن تتقبل مني ما تلوته من هذه السورة وهذه الصلاة وتبلغه بمحض فضلك لحضرة شيخنا هدية مني إليه.

Et faire passer les mains au visage.

Après, élever les mains, une seconde fois en récitant la Sourate « *Al-Fâtiha* » après avoir fait le *ta'awwuz*, 01 fois, la « *Salâtul Fâtihi* » 01 fois. Et tu invoques en disant :

« Allâhumma innî as'aluka yâ Mawlâya, bijâhi ibâdikal-azîna izâ nazarta ilayhim sakana ghadabuka, bihurmati chaykhinâ, wal hâf-fîna mine hawlil 'arch, wa bihurmati nabiyyika wa rasûlika sayyidinâ Muhammadine, salla lâhu alyhi wa sallam, wa bihurmati chaykhinâ hâzâ (on dit son nom) wa bihur'mati khalîfatihi sayyidî al-Hâj Ali Hirâzam, radiyal-lâhu 'ane'hu ane

---

[21] C'est le fait de dire : « a'ûzu billâhi minach-chaytâni rajîm »

tusalliya 'alâ Sayyidinâ Muhammadine wa 'alâ âlihî wa sah'bihî wa sallim. Wa ane tagh'fira lî wali wâlidayya wa li'ikhwânî wa wâlidîhim, wa jamî'iul muslimîna, wal muslimâti : al-'ahyâ' min'hum wal amwât. Wa ane tufîda alayya madada chaykhî hâzâ mâ ta'ûdu bi barakatihî 'alayya fî dînî wa dun'yâya, wa âkhiratî, wa ane tu'utiyanî kazâ (on précise, ici le besoin) ».

اللهم إني أسألك يا مولاي بجاه عبادك الذين إذا نظرت إليهم سكن غضبك بحرمة شيخنا والحافين من حول العرش وبحرمة نبيك ورسولك سيدنا محمد صلى الله عليه وسلم وبحرمة شيخنا هذا on cite de son nom وبحرمة خليفته سيدي الحاج علي حرازم رضي الله عنه أن تصلي على سيدنا محمد وعلى آله وصحبه وسلم وأن تغفر لي ولوالدي ولإخواني ووالديهم وجميع المسلمين والمسلمات الأحياء منهم والأموات وأن تفيض علي مدد شيخي هذا ما تعود بركته علي في ديني ودنياي وآخرتي وأن تعطيني. là, aussi on précise le besoin.

Ensuite, on récite 01 fois la « Salâtul Fâtihi » avant de poursuivre : « Sub'hâna Rabbika Rabbil 'izzati 'ammâ yasifûn. Wa salâmun 'alal Mursalîn. Wal-hamdulilâhi Rabbil 'âlamîn ».

سبحان ربك رب العزة عما يصفون وسلام على المرسلين والحمد لله رب العالمين.

On doit faire preuve d'assiduité et de régularité dans la pratique constante de cette invocation, même si c'est 01 fois par jour, ou chaque Vendredi, ou chaque mois, ou bien chaque année. Cependant, la faire quotidiennement est plus bénéfique.

Attitude à adopter pour se rendre au mausolée du cheikh

Il consiste à lire 6 fois :

« At-tahiyâtu lillâhi, at-tayyibâtu salawâtu lillâhi. As-salâmu alayka ayyu'han-nabiyyu, wa rahmatu lâhi wa barakâtu. As-salâmu alaynâ wa 'alâ 'ibâdi lâhi Sâlihîn »

التحيات لله الطيبات الصلوات لله. السلام عليك أيها النبي ورحمة الله وبركاته. السلام علينا وعلى عباد الله الصالحين.

et à la 7ème fois, on dit : « As-salâmu 'alayka yâ khalîfatu lâhi, as-salâmu 'alayka yâ khalîfatu rasûlilâhi, as-salâmu 'alayka yâ ayuhal qutb al-maktûm. Yâ mawlânâ Ahmad Ibn Muhammad TIJJÂNÎ ».

السلام عليك يا خليفة الله، السلام عليك يا خليفة رسول الله، السلام عليك يا أيها القطب المكتوم، يا مولانا أحمد ابن محمد التجاني.

Puis, on répète 7 fois la « *Fâtihatul Kitâb* » et 7 fois la « *Salâtul Fâtih* ». Et ensuite, on récite :

« Allâhumma bihaqqi 'ibâdika Sâlihîn mine as'hâb Sayyidinâ al-lazîna izâ nazarta ilay'him sakana ghadabuka ; wa bihaqqi malâ'ikatika al-hâffîna mine hawlil 'Arch ; wa bihaqqi Sayyidinâ Muhammadine, salla lâhu alayhi wa sallam, wa bihaqqi chay'khinâ hâzâ ; a'atinî kazâ, a'anî mâ nawaytu ; waqdi hâjatî fî kazâ ». (On précise le besoin).

اللهم بحق عبادك الصالحين من أصحاب سيدنا الذين إذا نظرت إليهم سكن غضبك وبحق ملائكتك الحافين من حول العرش وبحق سيدنا محمد صلى الله عليه وسلم وبحق شيخنا هذا اعطني كذا أعني ما نويت واقض حاجتي في كذا.

Méthode d'invocation par le biais de la « jawharatul-kamal »

Il s'agit de faire deux rak'a dans un endroit retiré et pur ou dans une mosquée pour ne pas être perturbé. Et là, avoir l'intention de rendre visite au Prophète Bien-aimé Muhammad (PSL). Ensuite, entamer ses propos par le *Ta'awwuz* pour dire : « a'ûzu billâhi mina'chaytâni rajîm Bismilâhi Rahmâni Rahîm. Alhamdulillâhi Rabbil 'âlamîn … » jusqu'à la fin de la sourate. Faire par la suite 01 fois la « *Salâtul Fâtih* ». Puis, lire 7 fois la « *Jawharatul Kamâl* » et à la 7ème fois, dire : « Allahumma salli wa sallim 'alâ tal'atil haqqi bil haqqi », en s'orientant vers la Qibla et en s'imaginant que l'on fait face au noble jardin (ar-rawda ach-charîfa). Ensuite, prier sur le Prophète. Achever la 7ème fois en la terminant de la même manière que l'on termine la *Wazîfa*. Puis, tout en étant conscient de la présence effective du Prophète (PSL), dire 3 fois : « Assalâmu alayka yâ sayyidî yâ rasûlulâhi », suivie de : « Assalâmu alayka yâ khalîfata rasûlillâhi wa rafîqihî fil ghâr, sayyidanâ Abâ Bakrin as-siddîq », suivie de : « Assalâmu alayka yâ khalîfata rasûlilâhi sayyidanâ 'Umar al-fârûq » et poursuivre sans changer de position :
« A'ûzu billâhi minach-chaytâni rajîm Bismil-Lâhi Rahmân Rahîm. Inna Lâha wa Malâ'ikatahû yusallûna 'alan-Nabiyyi ; yâ ayyuhal-lazîna âmanû sallû 'alayhi wa sallimû taslîmane ».

Faire, par la suite, 100 fois : « Sallâ Lâhu 'alayka yâ Muhammad » et à la 100ème, dire : « Salla Lâhu 'alayka wa 'alâ âlika wa as'hâbika, yâ sayyidunâ Muhammad ».

Elever les mains vers le ciel en disant :

« Allâhumma innî as'aluka yâ Mawlâya bihâzan-Nabiyyi al-Mustafal-Karîm wa bimâ khassas'tahû bihî minal âyâtil-bayyinâti waz-zikril Hakîm ane tusalliya 'alay'hi wa 'alâ 'âlihi wa ane taq'diya lî kazâ wa kazâ (et on précise le besoin) mine khay'ril dun'yâ wal-âkhira wal-magh'fira wal-khatmi bikhayri khâtimatine ».

اللهم إني أسألك يا مولاي بهذا النبي المصصطفى الكريم وبما خصصته به من الآيات البينات والذكر الحكيم إن تصلي عليه وعلى آله وأن تقضي لي كذا préciser le besoin من خير الدنيا والآخرة والمغفرة والختم بخير خاتمة.

63

Ensuite, faire la « *Salâtul Fâtihi* » suivi de « Sub'hâna Rabbika Rabbil 'izzati 'ammâ yasifûn. Wa salâmun 'alal Mursalîn. Wal-hamdulilâhi Rabbil 'âlamîn ».

Cette invocation a une grande influence et constitue un raccourci efficace pour satisfaire les besoins, du fait qu'elle renferme des éléments fines, purs et reconsidérés. C'est dire qu'il n'y a rien à ajouter à cela. A Dieu dépend la réussite. Seigneur daigne répandre ton salut et ta grâce sur le Prophète Muhammad, sa famille et ses compagnons.

Notre Cheikh a dit : « le Messager de Dieu m'a fait don d'une prière dénommée « *Jawharatul Kamâl* ». Quiconque le récite 12 fois et dit : « hâzihî hadiyyatune minnî ilayka yâ rasûlulâhi », c'est comme s'il s'est rendu au niveau de la tombe du maître des Envoyés, c'est-à-dire au niveau de la rawda ach-charîfa. De même, c'est comme s'il a rendu visite à l'ensemble des Prophètes, des Saints et des Vertueux, et ce, depuis l'entame de la création jusqu'au moment où cette « *Jawharatul Kamâl* » est récitée.

Pour exprimer son amour vis-à-vis du Prophète (PSL)

Pour exprimer son amour à l'endroit du Prophète (PSL), réciter chaque jour 12 fois la « *Salâtul Fâtihi* » et 12 fois :

« Allâhumma innî as'aluka wa atawajjahu ilayka bi'habîbika wa rasûlika wa rafî'il qadri 'ine'daka, sayyidinâ Muhammadine, salla Lâhu alayhi wa sallam, ane turziqanî mahabbatane khâs-satane khâlisatane fîka wa fî habîbika, sayyidinâ Muhammadine, salla Lahu alayhi wa sallam. Wadj'alnî fid-dun'yâ wal-âkhira mine ah'li wilâyatika al-khâs-sa, al-kâmila, was-sarfa al-latî lâ châ'ibata fîhâ lighay'rika. Inna ka 'alâ kulli chay'ine qadîrune ».

اللهم إني أسألك وأتوجه إليك بحبيبك ورسولك ورفيع القدر عندك سيدنا محمد صلى الله عليه وسلم أن ترزقني محبة خاصة خالصة فيك وفي حبيبك سيدنا محمد صلى الله عليه وسلم واجعلني في الدنيا والآخرة من

أهل ولايتك الخاصة الكاملة والصرفة التي لا شائبة فيها لغيرك إنك على كل شيء قدير.

La retraite spirituelle et
ses conditionnalités

Sîd Hâj Bûghrâra a demandé à notre Cheikh de lui clarifier la manière de faire la retraite spirituelle en précisant ses conditions. Le Cheikh lui répondit : « Ce procédé consiste à faire une série de 5 fois de 40 jours, c'est à dire 40 jours par série, soit 200 jours en tout. Manger durant la première nuit comme d'habitude et de manière modérée. Et à partir de cette nuit, diminuer chaque nuit la valeur de deux dirhams. Prévoir 6 moments pour effectuer le zikr réparti comme suit : en fin de journée, après la prière du matin (*subh*), au moment de l'aurore (*duhâ*), avant la prière de midi (*zuhr*), après la prière de l'après-midi (*asr*) et après la prière du crépuscule (*maghrib*). Ce zikr ne doit pas peiner l'âme.

Au terme des 40 premières nuits, donner à son épouse ses droits conjugaux – un à deux rapports charnels – et agir ainsi après chaque 40 nuits de retraite spirituelle. Après la 1ère série de 40 fois de cette pratique, les penchants mondains quitteront le cœur ; après la 2nd série de 40 fois, les merveilles se manifesteront à l'opérant ; après la 3ème série de 40 fois, on entendra le cœur répéter avec un langage fluide : « **Allah ! Allah !** ». A la 4ème série de la 40ème fois, on verra, à l'entame du zikr, une lumière (*nûr*) sortir de la bouche en volant de travers la tête comme un oiseau. Et il se peut même que l'on aperçoive les esprits dans leurs totalités. Et après la 5ème série de 40 fois, le pratiquant sera convaincu de l'apparition manifeste du *tawhîd* en lui, il verra les Subtilités Occultes de Dieu via l'existence (*wujûd*) et il verra l'immobilité de l'univers qui reste sans mouvement et là, il verra la Main de la Puissance (*yadul-qudrati*) le faire bouger de manière convaincante et certaine. Il n'y a aura aucune supposition, tout est évident. Et lorsque le pratiquant se trouve à ce niveau, il peut venir nous trouver pour le renforcer, car en ce moment, il n'a pas la force d'évoluer dans cette voie ascendante sans l'assistance d'un cheikh complet.

Les retraites spirituelles du cheikh

1)- Il accomplissait sa retraite spirituelle à Abi Chamghûne dans un endroit secret. Certains de ses compagnons l'y trouvaient lorsqu'il s'adonnait à édifier sa noble demeure au niveau de Aïn Mâdî. A noter qu Sayyid Ahmad Sukayridj démontrait que Sayyid Muhammad Ibn Arabî Damrâwî assurait l'intermédiaire entre notre Cheikh et le Prophète (PSL) qui lui dévoilait tous les secrets qu'il devait à son tour communiquait à notre Cheikh. De même, Muhammad Ibn Misra, l'auteur de « al-djâmi'u », relatait le même récit. Il lui dit : « Si tu t'engages à construire la demeure, prévois en une chambre que tu désigneras par la maison secrète (baït sirri). Et tu exécutes tes *Awrâd* et tout ce que je t'ai recommandé dans cette maison secrète. Personne ne doit y entrer au point qu'il s'oppose à toi pour tirer profit des bienfaits et des bénédictions que tu devrais bénéficier. Alors, là, tu seras maître de tous tes vœux ».

2)- La retraite spirituelle médiane par l'entremise de Sayyid Muhammad Ibn Arabî Damrâwî. Cette retraite se faisait auprès d'un arbre qui incarne l'aparté et qui se trouvait auprès d'une vallée au bord de la mer. En fait, Sayyid Ibn Arabi disait à ses voisins : « Si, en mentionnant cet arbre, vous ne trouvez pas les fruits de votre cueillette ; alors prenez une poignée de terre à côté du lieu où s'effectuait cette retraite et utilisez cette terre en guise d'alternatif des zikrs que vous devriez faire. Et ceci vous procurera des résultats inattendus ».

En conséquence, ils appliquèrent ces conseils et trouvèrent gain de cause. On a écrit à notre guide spirituel pour l'informer – par voie de dévoilement – que parmi les spécificités de ce lieu mentionné, il constitue un endroit sûr pour les pieux et que personne d'entre eux ne pourra vider voire laver le cerveau de l'autre. Si notre Seigneur voulait que quelqu'un pratique la retraite spirituelle, il lui enverrait à cet endroit pour y effectuer la plus grande partie des retraites spirituelles.

3)- Nous y notons la retraite spirituelle du grand savant Sayyid Muhammad Tûnisî. Retraite qui a duré 14 ans sous la permission de notre Cheikh. Cette demeure est connue pour ses larges bénédictions que profitera quiconque y pratique cette retraite. On m'a informé que jusqu'à présent la peau sur laquelle il prenait place et le haillon qu'il portait sont toujours là.

4)- Nous y notons la retraite du Faqîh, l'éminent Chérif, Sayyid Muhammad Ibn Muchrî. Il écrivit à notre Cheikh, se plaignant du caractère rétrécissant de son âme et de son incapacité à accomplir, en ce moment, une bonne retraite agréée.

La dimension de la connaissance du Cheikh

Cette information démontre la large connaissance de notre Cheikh et son érudition en matière de sciences manifestes (*'ilm zâhir*) et la portée de son effort d'interprétation. On rapporte que notre guide Sulaymân voyait les Savants les plus érudits de son époque, se regrouper autour de lui pour faire mention des sciences, les étudier en faisant le commentaire. Et parmi les érudits qui s'y présentaient, l'Emir Cheikh Tabîb Ibn Kayrân (m. 14 Fatâh, 1227) ; Cheikh Sayyid Abdul Qâdir Ibn Ahmad Ibn Arabî Ibn Chaqrûnî (m.11 Cha'abân, 1219) ; Cheikh Sayyid Hamdûn Ibn Hâj ainsi que d'autres.

Sîd Sayyid Abbas Charâyibî figurait parmi ceux à qui les actes dévotionnels sont constants et continuels. Il est avéré unanime que lorsque notre Cheikh se présenta avec eux à Fez alors que ce jour là, il venait d'entamer le commentaire de la sourate « An-Nâs », Cheikh Tabîb Ibn Kayrân parlait de sa pratique habituelle chaque fois que l'Emir était présent dans cette noble assemblée du fait de son rang dans le monde concret (âlam az-zâhir) et de sa capacité d'user savamment de la raison. Il crut que ce qui s'est manifesté à lui n'est point un savoir émanant d'une science homologuée. Mais, ceux qui étaient présents obtempérèrent et l'Emir se tourna vers le Cheikh et lui demanda : « Que dit le Cheikh à propos d'un tel verset. C'est alors que notre Cheikh commença à parler de ce verset en question, ce qui laissa les esprits émerveillés. Notre Cheikh se prononça sur une autre affaire qui laissa le Cheikh Ibn Kayrân dans le délayage. Ce dernier finit par être fulminé et tonitrué. Il crut que son désir tant convoité ne peut pas s'incorporer avec ce qu'il a obtenu.

Le Cheikh Tabîb lui dit : « Protestes-tu contre nous ? Celui qui a dit ceci fait parti des commentateurs ». Notre Cheikh lui dit, dans cette auguste assemblée, que : « La parole ne te revient pas et ne sois comme celui qui porte un lourd fardeau auquel on ajoute un autre fardeau ; mais la parole est plutôt pour ces exégètes ». Ensuite, notre Cheikh commença par élucider ce que c'est le bon sens par des arguments rationnels au point que la vérité se manifesta devant le douteux. Alors la Vérité (al-Haqq) s'imposa et le Faux (al-Bâtil) finit par disparaître. Et chaque défenseur (*munâdil*) finit par admettre la réalité indiscutable. Et tous ceux qui étaient présents à cette assemblée dirent : « Par Dieu, ceci, en réalité, est la Vérité Evidente. Tout ceci est le reflet du miroir de l'Emir pour celui qui prête l'oreille.

Ensuite, on leva la séance accompagnée de mots de remerciements de la part des hommes justes à l'adresse de notre maître. Après, l'assemblée garda un silence remarquable. C'est alors que l'Emir parla avec le reste des assistants en leur signifiant : « Vous connaissez le rang de Sayyid Ahmad Tijjâni et sa magnificence en matière des sciences manifestes (`ilm az-zâhir). Quant aux sciences occultes, elles ont été conservées par ses deux parents. Par conséquent, qu'en dites-vous ? » Ils répondirent : « Par Dieu, son propos est exact et la vérité s'est manifestée ».

Par ailleurs, la grand érudit tunisien, Sayyid Cheikh Muhammad Ibn Sulaymân al-Manâ'î avait dit, après sa rencontre avec notre maître, que : « Le véritable conciliateur cherche des gages pour mieux pouvoir veiller sur les gens, à fortiori, sur cet imam. Car, il constitue une mer de connaissances des sciences manifestes, de manière incomparable, d'après ce que ma perception m'a donné. Il conserve parmi les écrits relatifs au Fiqh le *Mukhtasar* de Ibn al-Hâjib et le *Mukhtasar* de Cheikh Khalîl et il a, toujours, en mémoire l'éducation et la formation de Al-Barâzi'î. A titre d'exemple, on rapporte qu'il mémorise tout ce qu'il entend dès la première fois que cela pénètre ses oreilles.
Concernant les livres de Hadith, il a mémorisé le *Sahîh* al-Bukhârî, le *Sahîh* Muslim et le *Muwatta'* de Imam Mâlik. Et pour les livres de Théologie, il a lu, au moment où nous parlons, le Nazîr de Ghazâlî. A rappeler seulement que les cœurs sont entre les Mains de Dieu le Tout Puissant qui en fait ce qu'il veut.

La dimension spirituelle des awrads

Nous disons que tout le secret de la Tarîqa réside dans l'amour que l'on éprouve à l'endroit du Cheikh, que Dieu soit content de lui.
Il est question de se montrer assidu dans la pratique des *awrâds* de la Tarîqa, car ils renferment le secret du Cheikh. Et celui qui les possède tout en sachant leurs degrés

et leurs lumières, c'est qu'il a par devers lui toute la Tarîqa du début à la fin. Et celui qui effectue les deux rak'a suivant la prière du Maghreb, en récitant à la place 50 fois la « *Salâtul Fâtihi* », aura la même récompense que ces deux rak'a.

Sayyid Ahmad Tijjâni, que Dieu soit content de lui, recommandait la lecture de la sourate « Al-Ikhlâs » 11 fois le matin et 11 fois le soir, en guise de renforcement. Notre maître spirituel recommandait, par écrit, ses compagnons de faire 1000 fois le terme « *Latif* » après chaque prière obligatoire avec l'intention de se préserver de la pauvreté et d'acquérir la richesse. Et c'est une garantie acquise par la volonté de Dieu, le Très Haut.

On n'a même trouvé dans les écrits de notre maître spirituel que celui qui fait le Lundi et le Vendredi, après la prière du matin, avant de quitter les lieux et avant de parler avec quelqu'un, 10 fois la « *Salâtul Fâtihi* ». Puis il place la main droite sur ses yeux et dit :

« Ilâhî ij'al habîbî sayyidinâ Muhammadine salla lâhu 'alayhi wa sallam râdi'yan 'annî walâ taj'al'hu sâkhitan 'alayya, wa chaffi'ihu fiyya wa fî kulli mane yarânî fî hâzal yawm minal muslimîn ».

إلـهي اجعل حبيبي سيدنا محـمـد صلى الله عليه وسلم راضيا عني. ولا تجعله ساخطا علي وشفعه فِـيَّ وفي كل من يراني في هذا اليوم من المسلمين.

Ensuite, il soulève les mains et les ramène et il fait une seconde fois cette invocation, puis il élève les mains et les ramène et il lit une troisième fois cette invocation qu'il terminera par « Subhânal-Lâhi al-muhît bil-kulli lazî ya'alamu kulliyatal kulli ». Celui-là sera un être très distingué.

Et quiconque le verra durant ces deux jours, entrera au paradis et sera un des héritiers du patrimoine ahmadiyya. Notre maître spirituel faisait, avec 9 de ses compagnons ce zikr et ce, en vue de les renforcer. Il y avait également ceux qui lui sont très chers.

Nous allons faire mention d'eux et de leurs zikr pour en tirer profit. Il s'agit de :
- Al-Faqîh al-'Allâma Sayyidî Muhammad Ibn Muchrî. Il faisait le zikr de « <u>Hizbu Sayfiyya</u> » 7 fois entre nuit et jour.
- Al-Faqîh al-Jalîl Sayyid Abbâs Ach-Charqâwî. Il faisait 500 fois matin et soir « Bismilâ hillazî lâ yadurru ma'a ismihî chay'une fil 'ardi walâ fis samâ'i. Wa Huwa Samî'ul 'Alîm ».
- Ach-Charaf Al-Ajal Sayyidî 'Umar Dabbâgh. Il faisait, matin et soir, 10 000 fois « Hasbunal-Lâhu wa ni'imal wakîl ».
- Al-Faqîh As-Sayyid Abû Mas'ûd. Il faisait, matin et soir, 500 fois « Lâ hawla walâ quwwata illâ bil-lâhil 'Aliyyil 'Azîm ».
- Abû Hafsa Ibn Abd Rahmân qui faisait, matin et soir, 500 fois « Bismilâhi Rahmân Rahîm, yâ Hafîz, yâ Mâni'u, yâ Latîf, hasbunal-Lâhu wa ni'imal wakîl ».
- Al-Jalîl As-Sayyid Abû Samâha qui faisait, matin et soir, 1000 fois « *Yâ Latîf* ».
- Chérif Amjad Sayyid Abd Wâhid Bû Ghâlib qui faisait, quotidiennement, 100 fois la « *Jawharatul Kamâl* ».
- Al-Jalîl Sayyid Al-Hâj Ali Amlâsî qui faisait 50 fois, matin et soir le Verset du Trône ; 50 fois « Bismilâhi Ar-Rahmân Ar-Rahîm. Walâ hawla walâ quwwata illâ bil-lâhil 'Aliyyil 'Azîm. Hasbiya lâhu mine kulli chay'ine. Allâhu yagh'libu kulla chay'ine, walâ yaqifu li'amrilâhi chay'une » et 7 fois « Walâ hawla walâ quwwata illâ bil-lâhil 'Aliyyil 'Azîm. Hasbuna lâhu wa ni'imal wakîl ».

- Sayyid Al-Hâj Abd Rahmân Barrâda. Il répétait 21 fois cette invocation :

« Ihtadjabtu binûri waj'hilâhi al-qadîm al-kâmil. Wa tahassantu bihusnilâhi al-qawiyyi ach-châmil. Wa ramaytu mane baghiya alayya bisah'milâhi wa sayfihî al-qâtil. Allâhumma, yâ ghâllibane 'alâ amrihi ; wa yâ qâ'imane fawqa khalqihî ; wa yâ hâ'ilane baynal mar'i wa qalbihî, hule baynî wa bayna Chaytân wa naz'ghihî ; wa bayna mâla tâqata lî bihî mine ahadine mine khalqika. Kuffi alsinatihim, wagh'lul aydiyahum wa arjulahum. Waj'al baynî wa baynahum saddane mine nûri 'azamatika, wa hijâbane mine qudratika, wa jundane mine sultânika. Innaka Hayyune Qadpirune. Allâhumma i'ichî 'annî absâra nâzirîn hattâ aruddal mawârida. Wa agh'chi absâran- nûri wazzulumât hattâ lâ ubâlî absârahum yakâdu sinnî biriqqihî yaz'habu bil'absâr, yuqallibu Lâhu al-layla wan-nahâr ».

احتجبت بنور وجه الله القديم الكامل وتحصنت بحصن الله القوي الشامل ورميت من بغى علي بسهم الله وسيفه القاتل اللهم يا غالبا على أمره ويا قائما فوق خلقه ويا حائلا بين المرء وقلبه حل بيني وبين الشيطان ونزغه وبين ما لا طاقة لي به من أحد من خلقك كف ألسنتهم واغلل أيديهم وأرجلهم واجعل بيني وبينهم سدا من نور عظمتك وحجابا من قدرتك وجندا من سلطانك إنك حي قدير اللهم أغش عني أبصار الناظرين حتى أرد الموارد وأغش أبصار النور والظلمات حتى لا أبالي أبصارهم يكاد سني برقه يذهب بالأبصار يقلب الله الليل والنهار.

Et par la suite, il faisait, le matin, 11 fois la sourate « Al-Ikhlâs » et en faisait 21 fois le soir. Notre maître spirituel faisait régulièrement le « *Hizbul Bahri* », en leur compagnie, dans le but de les renforcer. Ensuite, il faisait le poème du savant en Dieu, le Cheikh al-Bakrî, que Dieu soit satisfait de lui. Il s'agit de ce poème qui débute par : « mâ arsala Ar-Rahmânu aw yarsilu mine rahmatine tas'adu aw tunazzilu … » ما أرسل الرحمان أو يرسل من رحمة تصعد أوتنزل.....

Selon Sayyid Muhammad Ibn Abî Nasr Ach-Chirîf Al-Alawiyyi, notre maître spirituel a dit que celui qui désire être sous la protection de Dieu contre l'épidémie, qu'il écrive au beau milieu de sa demeure ce verset coranique :

" فلولا كانت قرية ءامنت فنفعها إيمانها إلا قوم يونس لما ءامنوا كشفنا عنهم عذاب الخزي في الحياة الدنيا ومتعناهم إلى حين". [22]

---

[22] Sourate : Yûnus ; verset 98. « Si seulement il y avait, à part le peuple de Yûnus, une cité qui ait cru et à qui sa croyance eut ensuite profité ! Lorsqu'ils eurent cru, Nous leur enlevâmes le châtiment d'ignominie dans la vie présente et leur donnâmes jouissance pour un certain temps ».

Et il ne doit pas effacer les lettres du texte coranique. Ceci fait, jamais cet épidémie ou ce peste n'envahira sa demeure. Notre Cheikh recommandait de chercher la protection divine dès lors que l'épidémie se déclare en prenant l'invocation de l'imam Al-Falchânî Al-Mach'hûr que voici :

« Allâhumma sakine sud'mata qah'ramânil jabarût bi'altâfika al-khafiyya al-wârida mine bâbil malakûti, hattâ nata sabbata bi az'yâli lut'fika wa na'atasimu bika in'zâli qudratika, yâ Zal qudratil kâmila war-rahmatis-châmila, yâ Zal jalâli wal ikrâm ».

اللهم سكن صدمة قهرمان الجبروت بألطافك الخفية الواردة من باب الملكوت حتى نتثبت بأذيال لطفك ونعتصم بك إنزال قدرتك يا ذا القدرة الكاملة والرحمة الشاملة يا ذا الجلال والإكرام.

Et rester assidu à cette invocation permet d'être sous la protection divine. Celui qui ne peut pas faire ce zikr, qu'il l'écrive et le porte en lui, il aura le même résultat, s'il plaît à Dieu.

Parmi les actes bénéfiques selon Muhammad Al-Mâzirî : quiconque désire être quitte des méfaits du voleur et du brigand et contre toute nocivité de la part des animaux féroces, des vers, et des calandres, qu'il écrit les 8 vers contenus dans la 8ème section du poème intitulé « *al-burdu* », c'est-à-dire à partir de « ...**Humul jibâl fasal 'ane'hum musâdimahum** » jusqu'à « **Famâ tufarriqu baynal bahmi wal buhumi ...** ».

هم الجبال فسل عنهم مصادمهم.................فما تفرق بين البَهم والبُهم.

Et qu'il l'attache au niveau de la porte de la maison ou du magasin, au niveau de la porte d'entrée de la cité ou du jardin ou au niveau de n'importe quelle autre porte, jamais un voleur, un brigand ou un élément qui puisse nuire ne l'atteindra, par la permission de Dieu. Tu dois le savoir et connaître sa portée, car il constitue un authentique moyen de protection.

Le zikr bénéfique

Il est impératif de sans savoir la portée de la menace faite à l'endroit de celui qui lit le Coran sans le connaître. Aussi, après avoir fait la prière sur le Prophète (PSL) aux heures arrêtées pour la mention de Dieu (zikrul-Lâhi), il convient de faire et régulièrement 10 000 fois ou plus cette prière sur le Prophète (PSL), suivi de 100 fois la formule « lâ ilâha illa Lâhu » et 10 fois :

« Sub'hânal-Lâhi, wal-Hamdulil-Lâhi, wa lâ ilâha illa Lâhu, wal-Lâhu akbar, walâ hawla walâ quwwata illâ bil-Lâhi, mil'a mâ 'alima, wa 'adada mâ 'alima, wa zinata mâ 'alima » est meilleur aux Yeux de Dieu que le zikr fait toute la nuit et toute la journée.

سبحان الله والحمد لله ولا إله إلا الله والله أكبر ولا حول ولا قوة إلا بالله ملء ما علم وعدد ما علم وزنة ما علم.

Mais, celui qui y reste assidu et régulier aura forcément la grande protection de Dieu ici-bas et dans l'au-delà.

Toute cette invocation est condensée dans la répétition multiple de la *Salâtul Fâtihi*, car c'est là, le plus grand trésor que seule la partie heureuse peut obtenir.

Donc, vous devez, de prime abord, entrer en connaissance avec le livre intitulé : « al-jawâ'hirul ma'ânî ». Vous y cherchez le wird que vous ferez quotidiennement jusqu'à ce que vous acquériez l'amour du Cheikh au fond du cœur. Cela permettra de tirer profit du grand modèle que constitue la raison de l'assistance et du secours. Par ailleurs, vous devez prendre en compte les propos de Abî Madyan, que Dieu soit satisfait de lui, qui disait : « *Sois convaincu et ne critiques pas, car la conviction (al-i'itiqâd) ressort de la seigneurie (al-wilâya) ; alors que la critique (al-intiqâd) est un délit (jinâya)* ».

Creusets mystiques de la Salâtul Fâtihi

Nous allons faire état de cette noble invocation bénie relative au secret de la *Salâtul Fâtihî* de Sayyid Muhammad Ghâlî al-Akbar, imamul rabbâniyyîn. Cette invocation est désignée par : « **Nûruz- zât wasti'imâluhûs sughrâ** » (la lumière de l'Essence et son utilisation limitée).

Il s'agit de faire 92 ou 314 fois la *Salâtul Fâtihî*, puis 600 fois : « yâ Waliyyu ». Après, on récite l'invocation que voici :

« Allâhumma ifdi 'alaynâ bi fuyûdâti ane'wâri îmânika ; wa albis 'alaynâ bi libâsi ane'wâri tajalliyâti nûrâniyyati haybati zâtika ; wa kune lanâ bilisâni « kune fayakûnu » li'azamati jalâ Waj'hikal karîm. Wa ad'khilnâ fid-duyûnil aqtâb al-Muhibbîna minar-Rusuli wal Malâ'ikatil muqarrabîn al-akhyâr mine akhyârika. Wa nihâyatinâ bi'ajâ'ibi ahmatika; wa aziqnâ biraddi 'afwika, wa halâwati Rahmatika, wa lazîzatil khutûbi ane'wâri tajallil âyâti mine ane'wâri jannatika, wa mawâhibi dune'yatika. Wa saqânâ fî buhûri zâtika. War-zuqnâ châ'hida fî haqqi zâtika, fî kulli yawmine, wa waqtine, wa hînine. Wasqinâ fî bahrin-nûril kamâl, ghawsil warâ, sayyidil wujûd, salla Lâhu 'alayhi wa sallam ».

اللهم افض علينا بفيوضات أنوار إيمانك وألبس علينا بلباس أنوار تجليات نورانية هيبة ذاتك وكن لنا بلسان كن فيكون لعظمة جلال وجهك الكريم وأدخلنا في الديوان الأقطاب المحبين من الرسل والملائكة المقربين الأخيار من أخيارك ونهايتنا بعجائب رحمتك وأذقنا برد عفوك وحلاوة رحمتك ولذيذة الخطوب أنوار تجلي الآيات من أنوار جانتم ومواهب اللدنيتك وسقانا في بحور ذاتك وارزقنا شاهدة في حق ذاتك في كل يوم ووقت وحين واسقنا في بحر النور الكمال غوث الورى سيد الوجود صلى الله عليه وسلم.

Une telle invocation ouvrira les portes de la félicité à celui qui s'y attache et il sera inscrit parmi les bien-aimés.

Et cette autre invocation est désignée par : *Sirril mantawiyyi* (secret du contenu) et il s'agit de celle-ci :

« Bismil-Lâhil Malikil Quddûsis- Sârî'il 'Aliyyil 'Azîm, Zal jalâli wal'ikrâm. Tâ-sîn-mîm ; Tachtamîchane, tachtamîchane, barâhiyyatane, barâhiyyane, ach'jîmine, yanûnine, kayfacha'jamaka, iftaha lî fat'hane yazîlu rayni, wa yunawwirul qalba, wal fu'âda. War zuqnî rizqane wâsi'ane ; wagh'misnî fî bahril wahdati, yâ Jaliyyu, yâ Dâru jalîl, yâ Zal jalâli wal'ikrâm, yâ 'Azîmul kawni, yâ Kune, yâ Kâna, yâ mane lahû 'ilmul kâ'in baynal kâf wal nûn, yâ mane amruhû izâ arâda chay'ane, ane yaqûla lahû kune fayakûn ; kawwine lî baghiyyatî, wa anil'nî matlabî, wa nawwir'nî binûrikal-lazî mala'a arkâna 'archika, liqawlika lil 'achyâ'-i, kune fayakûn, bihaqqi salâmune qawlane mine Rabbine Rahîmine. Aghlayûb, aghlayûb, aghyalu, aghyalu, tâmune, tahûmu, ayûm, kayûm, dukwâne, wa qâ'ime, wa qayyûm, wa nahass, wa bar'ghâch ; bayyine lil umûra kullahâ, wakchif lî sirrane wâdihane. Wa kazâlika nuriya Ibrâhîma malakûtas-samâwât wal'-ard, wa liyakûna minal-mûqinîne ; yâ mane Huwa, yâ Huwa, wa lâ ilâha illâ Huwa, ikchif'lî, bayyine lî, yâ Hâdî, yâ Mubîn ».

بسم الله الملك القدوس السريع العلي العظيم ذا الجلال والإكرام طسم طشطميشا طشطميشا براهية أشَجِيم يَنُونِ كَيْفَشَجَمَكَ افتح لي فتحا يزيل الرين وينور القلب والفؤاد وارزقني رزقا واسعا واغمسني في بحر الوحدة يا جلي يا دار جليل يا ذا الجلال والإكرام يا عظيم الكون يا كن يا كان يا من له علم الكائن بين الكاف والنون يا من أمره إذا أراد شيئا أن يقول له كن فيكون كون لي بغيتي وأنلني مطلبي ونورني بنورك الذي ملأ أركان عرشك لقولك لـلأشياء كن فيكون بحق سلام قولا من رب رحيم أغليوب أغليوب أغيل أغيل تام تحوم أيوم كيوم كوان وقائم وقيوم ونـهش وبرغاش بين لـي الأمور كلها واكشف لـي سرا واضحا وكذلك نري إبراهيم ملكوت السماوات والأرض وليكون من الموقنين يا من هو يا هو ولا إله إلا هو اكشف لـي بين لي يا هادي يا مبين.

Par contre, s'il s'agit d'entamer la récitation de la « *Salâtul Fâtihi* », il est recommandé de faire cette entrée en matière :

« Allâhumma innî nawaytu ane ataqarraba ilayka bitilâwati Salâtil Fâtih limâ ugh'liqa, biniyyatil ismil-Lâhil 'A'azam ma'a khâs-sihâ bihî bimaqâmi Rasûlil-Lâhi, salla Lâhu alayhi wa sallam, niyâbatane ane Chaykhinâ wa Sayyidinâ Ahmad Ibn Muhammad Tijjânî, radiyal-Lâhu ane'hu wa ardâ'hu, wa annâ bihî, âmîn ».

اللهم إني نويت أن أتقرب إليك بتلاوة صلاة الفاتح لـما أغلق بنية اسم الله الأعظم مع خاصها به بمقام رسول الله صلى الله عليه ويلم نيابة عن شيخنا وسيدنا أحمد بن محمد التجاني رضي الله عنه وأرضاه وعنا به آمين[23].

Ensuite, on fait 100 fois la *Salâtul Fâtihi*, 1000 fois la formule « *lâ ilâha illa Lâhu* », suivi de ce nom **Tamas'qatîche**, طمثقطيش, 1668 fois. Et c'est après que l'on fera cette noble invocation :

« Hadiyyatu minnî ilayka yâ Rasûlu Lâhi, salla Lâhu Ta'âlâ alayhi wa sallam, yâ Rabbi ta'azîmane wa- ij'lâlane laka, wa lahû, salla Lâhu alayhi wa sallam ; summa lirûhi Sayyidinâ wa Mawlânâ Ahmad Ibn Muhammad Ibn Sâlim Tijjânî Charîf. Allâhumma saffi bihâ qalbî, wa tahhir bihâ jasadî, waqdi bihâ hawâ'ijî, wa sahhile lî bihâ arzâqî, wa sakhire lî bihâ jamî'a khal'qika, wachfi bihâ amrâdî, wam'hi bihâ awsâbî, wa tawwil bihâ hayâtî, wa habe lî bihâ husnal khitâmi, wagh'firlî bihâ, waliwâlidayya, wali ach'yâkhinâ, walimane lahû 'alayya haqqune wâjilune bihâ zakhrane fil âkhirati, innaka 'alâ kulli chay'ine qadîrune, birahmatika, yâ Arhama râhimîne, yâ Rabbal âlamîne ».

هدية مني إليك يا رسول الله صلى الله تعالى عليه وسلم يا رب تعظيما وإجلالك وله صلى الله عليه وسلم ثم لروح سيدنا ومولانا أحمد بن محمد بن سلم التجاني الشريف اللهم صف بها قلبي وطهر بها جسدي وافض بها حوائجي وسهل لي بها أرزاقي وسخر لي بها جميع خلقك واشف بها

---

[23] « Seigneur, j'ai l'intention de m'approcher de Toi par la lecture de la Salâtul Fâtihi, tout en ayant l'intention d'y associer le Nom Sublime avec toutes ses caractéristiques et en considérant le rang du Messager de Dieu que puisse remplacer notre Cheikh et maître Ahmad Ibn Muhammad Tijjânî, que Dieu soit content de lui ».

أمراضي وامح بها أوصابي وطول بها حياتي وهب لي بها حسن الختام واغفر لي بها ولوالدي ولأشياخنا ولمن له علي حق واجل بها ذخرا في الآخرة إنك على كل شيء قدير برحمتك يا أرحم الراحمين يا رب العالمين آمين.

Nous avons, dans ce qui suit, l'invocation concernant le Nom Sublime en corrélation avec la *Salâtul Fâtihi*. Il s'agit de dire :

« Allâhumma innî nawaytu ane ataqarraba ilayka bitilâwati Salâtil Fâtih limâ ugh'liqa, wa bismikal- Latîf [1000 fois], ta'abbudane laka, wa ta'azîmane, wab'ti-ghâ'i mardâtika, wa qasdane li Waj'hikal karîm mine adjelika mukhlisane minnî, mine awwalil amri, ilâ âkhirihî, râdjiyane mine mah'di fadlika, wa jûdika, wa karamika. Ane taj'ala lî faradjane 'âjilane ghayra âjilane ; wa ane tukhallisa dînî ; wa tuballighanî murâdî ; wa ane tufîda 'alayya buhûril khayrâti ; wal barakâti fî sâ'iril awqâti ; wa ane tufarrija 'alaynâ, wa 'alâ kâf-fati awlâdi Sayyidî Ahmad Tijjânî – radiyal-Lâhu ane'hu – wa kâf-fatal 'a-hibbâ'i. Wa ane tufîda alaynâ, wa 'alayhim buhûril, khayrâti wal barakâti fî sâ'iril awqâti ; mine kulli nâhiyatine wa makânine, hattâ nuchâ'hida zâlika mine khazâ'inikal wâsi'a, allatî lâ nafâda lahâ, ma'a salâma, wal 'âfiya lî, wa lahume, wali'awlâdihime, wa ahlî, wa ahlîhime, mine jamî'il masâ'ibi, wal amrâdi, minas-samâwâti wal aradîna, wa mine jamî'i jihâtis-sitta. Wa mine churûri kulli âdamiyyi, wa mine kulli makh'lûqine, wa mine kulli mâ siwâl-Lâhu Ta'âlâ ; wa mine kulli balâ'ine ; wa mine kulli maradine ; wa mine kulli musîbatine ; wa kulli tilfine ; wa kulli fitnatine ; wa kulli halkatine ; 'alâ aydil khalqi ; wa chiddatil halâki ; wa chiddati faqdil amâni ; mine jamî'i bilâdil-Lâhi, wa mulkihî ; minal âna ilâ tamâmi sanati ; aqûlu bi'im'dâdika, wa aw'nika, wa hawlika, wa quwwatika ».

اللهم إني نويت أن أتقرب إليك بتلاوة صلاة الفاتح لما أغلق وباسمك اللطيف تعبدا لك وتعظيما وابتغاء مرضاتك وقصدا لوجهك الكريم من أجلك مخلصا لك أول الأمر إلى آخره راجيا من محض فضلك وجودك وكرمك أن تجعل لي فرا عاجلا غير آجلا وأن تخلص ديني وتبلغني مرادي وأن تفيض علي بحور الخيرات والبركات في سائر الأوقات وأن

تفرج علينا وعلى كافة أولادي سيدي أحمد التجاني رضى الله عنه وكافة الأحباء وأن تفيض علينا وعليهم بحور الخيرات والبركات في سائر الأوقات من كل ناحية ومكان حتى نشاهد ذلك من خزائنك الواسعة التي لا نفاد لها مع السلامة والعافية لي ولهم ولأولادهم وأهلي وأهليهم من جميع المصائب والأمراض من السماوات والأرضين ومن جميع جهات الست ومن شرور كل آدمي ومن كل مخلوق ومن كل ما سوى الله تعالى ومن كل بلاء ومن كل مرض ومن كل مصيبة وكل تلف وكل فتنة وكل هلكة على أيدي الخلق وشدة الهلاك وشدة فقد الأمان من جميع بلاد الله وملكه من الآن 'لى تمام سنة أقول بإمدادك وعونك وحولك وقوتك.

Ensuite, on cherche le refuge auprès de Dieu en faisant 500 fois la *Salâtul Fâtihi*, suivi de 1000 fois « *YÂ LATÎF* ». Encore 50 fois la *Salâtul Fâtihi*, après avoir formulé l'intention. L'invocation faite après cela sera exaucée, s'il plaît à Dieu.

Procédé d'emploi de la Salatul Fatihi

Nous faisons ici état du procédé d'emploi de la *Salâtul Fâtihi*. Il s'agit de faire ce procédé 12 jours durant sans interruption. Avant d'entamer ce travail, faire d'abord deux rak'a, tout en respectant le schéma suivant :

- 1ère rak'a, faire 1 fois la sourate « *Al-Fâtiha* » ; 3 fois la « *Âyatul Kursiyyi* » et 100 fois la sourate « *Al-Ikhlâs* ».
- 2ème rak'a, faire 1 fois la sourate « *Al-Fâtiha* » ; 3 fois la « *Âyatul Kursiyyi* » et 100 fois la sourate « *Al-Ikhlâs* ».

A la fin de la prière, on fait le *ta'awwuz* suivi d'une fois la sourate « Al-Fâtiha », suivi de 73 fois la formule : « Astaghfirul-Lâhal 'Azîma al-lazî, lâ ilâha illâ Huwal Hayyul Qayyûm » et 173 fois la « *Jawharatul Kamâl* ».

Par la suite, on récite la « *Yâqûtatil Haqâ'iq* » selon un nombre de son choix et ce, jusqu'à ce que la lune se dévisage. Et là, on arrête pour dormir. Alors on verra des merveilles et des miracles indénombrables.

L'invocation par le biais de ces deux Beaux Noms

« Al-Bâsit » (Celui qui tend) et « Al-Wadûd » (le Doux).

Nous avons ici l'invocation de Dieu via Ses Nobles Noms « **Al-Bâsit** » (Celui qui tend) et « **Al-Wadûd** » (le Doux) الباسط الودود. Ils sont répétés 32 fois après chaque prière obligatoire et 1000 fois après la dernière prière du soir, suivi d'une fois cette invocation :

« Bismil-Lâhir-Rahmânir-Rahîm. Allâhumma innî as'aluka Yâ ALLAH [3 fois] , Yâ Bâsit, Yâ Wadûd, Yâ Hannân, Yâ Mannân, Yâ Sultân, Yâ Dâ'im, Yâ Hayyu, Yâ Qayyûm, Yâ Badî'us-samâwât wal ard, Yâ Zal jalâli wal'ikrâm, Yâ Man wasi'a 'ilmuhû bizâhiri kulli ma'alûmine, wa hâ'iti jabarûtihî ; bibâtini kulli maf'hûmine. As'aluka Yâ ALLAH [3 fois], Yâ Bâsit, Yâ Wadûd, bihaqqi ismikat-tâhir al-mutahhar al-makhzûn al-maknûn al-lazî huwa baynal Kaf wan-Nûn ; ane tusalliya wa tusallima 'alâ Sayyidinâ Muhammadine, wa 'alâ âlihî al-atqiyâ'i, wa As'hâbihî al-asfiyâ'i, wa 'alâ Ahli tâ'atika ajma'îne ; wa ane tajma'a baynî wa bayna khâdimil Ismayni YÂ BÂSIT – YÂ WADÛD. Wa tu'attifa qulûbahum 'alayya hattâ yumazzijû rûhâniyyatî bi rûhâniyyati awlâdi ADAMA ; wa banâti HAWA – zakarane wa un'sane ; hurrane wa 'abdane – wa yuq'dû hâjatî, innaka 'alâ kulli chay'ine qadîrune. YÂ ALLAH [3 fois], Yâ Khuddâmu hâzihil asmâ'i bihaqqi 'alaykum, wa tâ'atihâ ladaykulm ; walâ hawla walâ quwwata illâ bil-Lâhil 'Aliyyil 'Azîm ».

بسم الله الرحمان الرحيم اللهم إني أسألك يا الله (3 fois) باسط ودود يا حنان يا منان يا سلطان يا دائم يا حي يا قيوم يا بديع السماوات والأرض يا ذا الجلال والإكرام يا من وسع علمه بظاهر كل معلوم وحاط جبروته بباطن كل مفهوم أسألك يا الله (3 fois) يا باسط يا ودود بحق اسمك الطاهر المطهر المخزون المكنون الذي هو بين الكاف والنون أن تصلي وتسلم على سيدنا محمد وعلى آله الأتقياء وأصحابه الأصفياء وعلى أهل طاعتك أجمعين وأن تجمع بيني وبين خادم الإسمين يا باسط ودود وتعطف قلوبهم علي حتى يمزجوا روحانيتي بروحانية أولاد آدم وبنات

حوى ذكرا وأنثى حرا وعبدا ويقضوا حاجتي إنك على كل شيء قدير يا
الله (3 fois) أجيبوا يا خدام هذه الأسماء بحق عليكم وطاعتها لديكم ولا
حول ولا قوة إلا بالله العلي العظيم.

Certains points saillants de la Tarîqa

Nous évoquons ici les répliques de Cheikh Tidjâne à propos des questions qui lui ont été posées concernant les preuves légitimant le Zikr fait en groupe.

Tout d'abord, il convient de reconnaître que les doctrines des imams sont diversifiées. Il apporta comme réponse : « Affichez la crainte ! Pouvez-vous me dire quels sont les jardins du Paradis sur terre ? ». Les Savants dirent qu'il s'agit des lieux où les gens se sont retrouvés pour mentionner Dieu ou pour apprendre la connaissance. Il leur fit savoir, alors, que le Prophète (PSL) a dit : « *Un groupe de gens ne se regroupera pas pour faire mention de Dieu sans que les Anges ne leur couvrent de leurs ailes* ». On fait allusion ici au zikr, soutient-il. Mais Malik le transposa au niveau du savoir et montre qu'il ne s'agit pas, ici, du Zikr. Car les Gens de Médine ne le faisaient pas vu que leurs actes ressortent des sources d'une doctrine, comme cela est connu. Alors que pour les autres imams, cela est permis. Et ce n'est point une négation des textes authentiques et explicites qui se trouvent à leurs niveaux. C'est à la suite que Cheikh Abû Abbas Tidjânî, que Dieu soit content de lui, dit que cela ressort de la Vérité et que le Prophète (PSL) nous a incités à faire le Zikr en groupe.

Après réflexion, les Gens de Médine ont considéré, seulement, ce qui est plus raisonnable à leurs yeux. Le Zikr en groupe se fait à haute voix et toute autre forme de Zikr se fait à basse voix. Effectivement, ce zikr collectif fait à haute voix dépasse celui qui est fait à basse voix de 70 récompenses qui sont doublées. Et les gens de Médine ont préféré le plus constant. L'argument patent et tangible reste ce qu'a rappelé notre Guide Spirituel à propos du Messager de Dieu (PSL). En fait, il démontre que le Prophète (PSL) a incité et a insisté à la pratique du zikr collectif qui se fait à voix haute. En fait, le Prophète (PSL) ne recommande que la vérité et l'admissible.

81

La question de la wasila

Ce chapitre fait état de la question de la wasîla (être intermédiaire) contracté avec Abul Abbâs. Il est l'unique qui peut prétendre être bien versé dans la science et qu'il constitue, à cet effet, le sommet de la science, le cœur de la science ainsi que ses ailes. Quiconque reconnaît ceci, consolide du coup le lien qui le relie à cet intermédiaire. Et celui qui se trouve en mesure de briser son cadenas et de là, rompre la chaîne qui les liait est en entrain de s'éloigner de la science véritable.

Par contre, tourner le dos pour suivre une voie ; après que l'on soit certain de la droiture et du salut que nous propose cette Voie-ci, est synonyme d'inconvenance vis-à-vis de la religion. Par conséquent, il ne sied pas de partager son assise dans ces conditions. Dieu dit : « **C'est une grande abomination auprès d'Allah de dire ce que vous ne faites pas** »[24]. Et, il dit par ailleurs : « **Malheur, donc, à ceux qui de leurs propres mains composent un livre puis le présentent comme venant d'Allah pour en tirer un vil profit...** »[25] ; ainsi que d'autres types d'adversités. L'autre prodrome, c'est lorsque quelqu'un prétend secourir la Charia par des propos loin des actes, qu'il sache que c'est un grand menteur (kazzâb). Mais en réalité, il est entrain de se secourir en personne. Dieu a, en effet, dit : « **Commanderez-vous aux gens de faire le bien et vous oubliez vous-mêmes de le faire ; alors que vous récitez le Livre ? Etes-vous donc dépourvus de raison ?** »[26]. Quiconque prétend que cette description ne le concerne pas, qu'il sache qu'il est un ignorant (jâhil) ; parce que la science ('ilm) se trouve logée dans l'enceinte de l'appréhension (khasiyya) comme le précise Dieu : « **... Parmi Ses serviteurs, seuls les savants craignent Allah ...** »[27]. Et celui qui ne craint pas Dieu, alors son savoir plaidera contre lui, le Jour Dernier, comme cela est rapporté dans un Hadith.

---

[24] Sourate : As-Saff ; verset : 3.
[25] Sourate : Al-Baqara ; verset : 79.
[26] Sourate : Al-Baqara ; verset : 44.
[27] Sourate : Fâtir ; verset : 28.

Il y a deux sortes de sciences : la science verbale (celle qui se limite au niveau de la langue) et il s'agit de l'argument de Dieu contre les Fils d'Adam ; et la science du cœur et c'est la science utile ou profitable ('ilm nâfi'i).

Sufyân dit : « Si je met en pratique ce que je sais, alors je suis le plus savant parmi les hommes. En revanche, si je ne met pas en pratique ce que je sais, alors personne n'est plus ignorant que moi ». De là, il ne lui reste plus qu'à plonger dans les eaux du savoir pour se purifier de ses malpropretés (adrânihi) et recueillir de ses perles (durar) afin d'être gagnant dans cette vie ici-bas et dans l'au-delà. Celui qui comprend un tel fait et se détourne des distinctions, il n'a plus rien à dire. En effet, il se trouve submergé par les eaux de sa passion. Et il demeure un esclave de sa propre personne.

Notre Cheikh démontre que : « Le sommet du savoir, selon les hommes de la vérité (ahlul haqq), c'est de mettre son cerveau, ses actes et toutes ses préoccupations au service de Dieu et de ne négliger aucun moment pour être à son service ». Ce fut là, la volonté du Cheikh, Abd Salâm Ibn Machîch lorsqu'il dit : « Je suis submergé par les eaux de 'aïnul wahda au point que je ne vois, je n'entends, je ne sens et je ne trouve que par le biais de cette source ».

Il faut être directement en contact permanant avec Dieu en rejetant tout ce qui n'est pas Lui. Ceci constitue la quintessence et le sommet des actes de la Charia. Quant au cœur du savoir, il s'agit de l'adoration que voue le serviteur à l'endroit de l'Essence même de Dieu sans tenir compte de rien. Dieu dit dans certains Livres célestes : « *Qui est plus injuste que celui qui m'adore pour entrer au Paradis ou pour échapper l'Enfer. Donc, si Je n'avais pas créé le Paradis ou l'Enfer, je ne serai pas adoré et personne n'espèrerait une récompense de ma part et personne n'aurait crainte de sanction* ».

En conséquence, on l'adore par amour et pour rechercher Son agrément afin d'être un esclave digne. Il faut être consentant des décrets divins sans pour autant avoir un démêlé avec celui qui détient une disposition notoire de Son royaume et qui décide de son propre gré pour poser une alternative. C'est une attitude sincère pour celui qui est animé d'un esprit dynamique et qui est détenteur du savoir.

Concernant ses accessoires, c'est le fait que le serviteur laisse toute initiative allant dans le sens de prendre des dispositions et de faire son propre choix en vue d'empêcher le mal ou d'attirer vers soi les bonnes choses. Et il doit agréer la décision de celui qui détient le droit de disposer de toute chose. Ibn Abbas dit : « Rien n'a occulté la vie des Serviteurs si ce n'est la disposition qu'ils font sur leurs propres personnes ; alors que s'ils étaient quittes avec une telle attitude, ils verraient Dieu, de manière manifeste ».

Abd Salâm Ibn Machîch a dit : « N'opères pas un choix personnel, et optes de ne plus faire le choix ; maix confies-toi à Celui qui fait le bon choix. Et places ton choix, ton salut et toute chose te concernant devant la Face de Dieu, car ton Seigneur créé ce qu'Il veut et c'est à lui qu'appartient le bon choix ».

Par conséquent, celui qui entre en connaissance avec ces données et œuvre en conséquence, c'est qu'il a, en réalité, mis la main sur la véritable science et que son contact avec cette science est chose réelle et concrète. Les louanges de ce dernier sont mentionnées dans le Livre et dans la Sunna, à en croire les propos du Prophète (PSL).

Quiconque n'adopte pas cette attitude est, certes, gagné par l'ignorance. Ainsi, ce qui le nuit sera plus constant que ce qui lui profite.

Que la paix et le salut de Dieu soient sur Notre Maître Muhammad, sur sa noble famille et sur ses illustres compagnons !

Différence notoire entre Haqîqa,
Tarîqa et Chari'a

On posa la question à notre maître spirituel sur la différence entre la Haqîqa (science occulte) et la Charia (science manifeste).

Il répondit : « La Haqîqa c'est le fait de lever le voile pour connaître mieux la Présence Divine Sanctifiée. Elle permet d'exprimer le témoignage manifeste. Et ces connaissances sont en corrélation avec la Présence Divine Sanctifiée. Parfois, elle se prononce sur tout ce qui met en évidence devant le panorama de Présence Divine Sanctifiée, des sciences (*'ulûm*), des connaissances (*ma'ârif*), des arcanes (*asrâr*), des flux (*fuyûd*), des modalités (*hukm*), des états de la certitude (*ahwâl al-yaqîn*), etc …

Parfois, elle se prononce sur les sciences de la Haqîqa (*'ulûm al-haqîqa*) permettant au fidèle de s'engager à être prompt afin de rendre pragmatique la déontologie et l'art de l'éloquence au moment opportun.

La Haqîqa légale ou la *Haqîqa Char'iyya* concerne les éléments que le Grand Législateur nous a donnés en guise de recommandation, d'interdiction et de permission comme l'a élucidé le Prophète (PSL) et comme l'a notifié Dieu dans Son Livre qui n'a rien omis. Il convient de prendre, également, en compte tout les dires des Mujtahidîn. Et c'est là, la Charî'a et de ses composantes en matière de sciences.

Quant à la Tarîqa, elle joue le rôle de pont entre la Charî'a et la Haqîqa. Elle constitue la Charî'a incontournable pour accéder à Dieu et entrer en contact direct avec les hommes de la Haqîqa. Mais elle n'est pas cette Charî'a sur laquelle se base le commun des mortels. Leurs propos se limitent à faire savoir que : les mérites des pieux constituent les manquements des rapprochés.

Seulement, les composantes de la Tarîqa constituent toute science qui amène le fidèle à se dépouiller de ses plaisirs mondains et de ses concupiscences ; à se démarquer de tout ce qui entraîne vers l'intéressement de sa propre personne ; à combattre les penchants maléfiques de son âme qu'il doit placer auprès de Dieu, le Réel. Il convient de prendre en compte et de considérer le stationnement du fidèle auprès de Dieu, le Très Haut, en se canalisant dans la ligne trajectoire du *tawhid* (unicité divine). De même, il convient de se libérer et de se dépouiller de toute forme de haine et de jalousie. Il est plutôt question de s'enraciner dans les eaux boueuses de la satisfaction et du salut en acceptant de se noyer dans les lumières des flux divins et de l'acceptation de la soumission totale devant la Face de Dieu. C'est là, la véritable nature de la Voie et des sciences qu'elle englobe. Paix sur toi, ô lecteur !

« Soleil » projetant des lumières étincelantes

Question importante relative à la théologie. On demanda à Notre maître spirituel au sujet de la Hadra At-Talmasâniyya partant du propos de Sâhib al-Ibrîz, extrait de la fin du second chapitre et dont voici le texte : « *Notre maître spirituel m'a appris la théologie des Sûfîs, ceux qui ont la connaissance en Dieu. Il me dit que c'est cette théologie dont avaient les Compagnons du Prophète (PSL) et les Pieux prédécesseurs* ». Je dis, après avoir su l'indication du Cheikh : « Mon maître, si les gens savaient cette vérité sur la théologie, la communauté ne se serait pas divisée en 73 sectes ».

Ailleurs, il ajouta : « Mon cœur s'est tranquillisé ». Il dit : « Effectivement, ce fut la volonté du Prophète (PSL) à l'écrire au moment de sa mort afin que sa communauté ne prenne pas la voie de la perdition après lui ».

Le demandeur poursuit : « Ô notre guide, que veut-il dire par ce *tawhîd* ? Est-ce que l'unicité de l'existence comme nous l'avons entendu de vous est contenu dans le *tawhîd* des gnostiques (*ârifîn*) ; ou peut-on voir par là, le *tawhîd* des théologiens scolastiques (*mutakallimîn*) ?

Par contre, s'il n'est pas le tawhîd incarné par les théologiens scolastiques que n'ignore pas Ibn Mubârak, donc que leur importe s'ils ne le mentionnent pas dans les ouvrages et les recueils au point que ses bienfaits couvrent l'intérêt de la communauté et par laquelle elle se guide jusqu'à le considérer comme une chose secrète qui doit rester confidentielle ?

Est-ce que rendre discret le tawhîd véritable qui sert de délivrance peut se justifier dans les deux mondes de manière explicite et implicite ? »

Là aussi, il apporta sa réponse : « Concernant le *tawhîd* des théologiens scolastiques, c'est le fait d'écarter ce qui paraît fulgurant et qui présente un caractère d'imperfection ou une négation du caractère d'intégrité, ou encore faisant état de l'ignorance de l'attribut divin : «Al-Bâri'u/البارئ » (<u>Celui qui donne un commencement a toute chose</u>) que son nom soit exalté. Autrement dit, il s'agit d'écarter toutes ces « impuretés » de ce qui pourra rendre crédible le *tawhîd*. Et un tel écart se fait par des arguments logiques et rationnels reposant sur des faits certains et concrets. Mais, ses adeptes se trouvent dans une situation de grande fatigue due, en partie, par ce qui entraîne la similitude, ainsi que ce qui permet de tomber sur cette similitude, à savoir l'insinuation (*wiswâs*) et l'hallucination (*takhlît*).

Quant au *tawhîd* des savants en Dieu, il consiste à vouer un culte sincère à l'endroit d'un Dieu Unique tout en étant consentant de ses décisions. Ne confier ses affaires qu'à Dieu, l'Unique ; orienter son cœur vers Dieu l'Unique ; implorer l'assistance de Dieu l'Unique pour attirer ce qui profite et écarter ce qui nuit ; ignorer ses propres ruses et ses propres forces pour compter sur celles de ce Dieu Unique ; aimer que ce Dieu l'Unique aime ; avoir une grande envie de réaliser tous ses souhaits en comptant sur l'aide de Dieu, l'Unique au point qu'il y inscrit tous ses vœux et revendications et faire que l'intermédiaire qui permettra de relier la norme et l'objectif visé soit ce Dieu Unique. Et on doit considérer tout ceci avec l'intention d'être quitte avec la passion et les ruses de Satan. Mais, si la passion, quelque soit son degré, se manifestait chez l'individu, ce dernier doit revoir sa distance avec cette unicité divine, car il ne doit pas y avoir d'écart. Aussi, il ne bénéficiera pas des qualités réservées à celui qui voue un culte sincère au seul Dieu Unique.
Et s'il parvient à prouver qu'il détient ce genre de *tawhîd* et qu'il parvient à y ériger une bonne action dans la constance et la régularité et qu'il soit prêt à être submergé par les eaux de la satisfaction et du salut, qu'il sache qu'il doit rester soumis et résigné à Son arrêté et à Son jugement qu'il soit plaisant ou non, qu'il soit bon ou

mauvais. En aucun cas, il ne lui est donné le droit d'y émettre ses choix, car s'il choisit avec lui, c'est dire qu'il a un autre dieu à ses côtés.

Aussi, celui qui authentifie ces qualités mentionnées, sera quitte avec les péripéties pénibles de la vie. Et il prendra place sur le tapis de la béatitude que partage le Pourvoyeur (Dieu) et le pourvoyé (l'esclave). Et là, il prendra place au côté de Dieu sur le tapis de la proximité et de la convivialité. Il ne faut pas lui demander sur ce qu'il a trouvé en fait de donation et de disposition ; ainsi que la concrétisation des espoirs et l'acquisition des désirs accompagnés d'estime et de gloire ainsi que l'acquisition d'actions généreuses illimitées et incalculables. C'est cela, le *tawhîd* des savants en Dieu (*tawhîdul Ârifîn*).

Lorsque Notre maître spirituel, Abdul 'Azîz Dabbâgh, en parla à son compagnon, Sayyid Ahmad Ibn Mubârak, ce dernier se sentit soulagé du mal qui accablait les théologiens scolastiques. Pour ce qui est du *tawhîd* des savants en Dieu, jamais, ne leur atteindra le doute encore moins l'incertitude. Notre guide spirituel montre qu'il est comparable à deux personnes.

Pour l'un, les remèdes de la spiritualité pénètrent profondément et chaque fois que quelque chose disparaît, une chose de plus grand se manifeste. C'est pour cela que nous nous sommes empressés de mener des recherches sur la médecine et pour en connaître les causes afin de savoir d'où elles se sont développées et ce qui nous permettra de savoir les remèdes dissipant ces causes ; de même il convient de savoir la manière de les posséder en quantité et en qualité tout en considérant le côté temporel, individuel et constitutif. Et chaque fois qu'une erreur est décelée ; ipso facto, la déprédation se déclarera.

Et pour l'autre, il s'est épanoui dans un environnement de santé et de force et Dieu l'a préservé de tout ce qui découlerait des adversités, des entraves et des contingences ; alors qu'auparavant aucune calamité ne s'est abattue sur lui et qu'il ne l'a jamais vu à l'œil nu. Et il ferma les yeux sur tous les domaines de connaissance en matière de médecine, ainsi que sur tous ses exigences et ses corollaires. Et si le premier le blâme en le signifiant : « Ton ignorance en matière de médecine présente un inconvénient ». Mais l'autre lui signifie encore davantage : « Certes, tes semblables ont besoin de la médecine leur permettant d'explorer profondément les raisons. Par contre, en ce qui me concerne, puisque je ne connais pas le mal, je n'ai pas besoin de médicament ».

Quant à son propos-ci, à savoir s'il ne figure pas parmi les théologiens scolastiques que connaît parfaitement Ibn Mubârak et ses semblables, peu importe qu'il ne l'ait manifesté dans les ouvrages et les recueils afin que ses bienfaits se répandent au sein de la communauté. La réponse est simple. C'est qu'ils l'ont dissimulé.

Et c'est cette forme de *tawhîd* qu'ont apportée tous les Messagers (PSE) qui l'ont, par la suite, fait savoir à toute la créature.

En conséquence, il est impératif de mener des investigations en vue de voir clair ses normes, ses sources partant d'arguments rationnels et évidents. Ceci constitue la dernière limite extrême permettant de se rapprocher de Dieu avec une connaissance sûre et certaine. Alors qu'agir autrement ne fait qu'éloigner de Dieu pour se retrouver dans la voie de la perdition.

En fait, la raison qui a amené la masse à tomber dans cette erreur, c'est le fait de confondre les théologiens scolastiques aux philosophes. Ils les trouvèrent et disposèrent de leurs savoirs en soutenant que la science théologique véridique consiste à s'intéresser à la science relative au Théisme par des normes rationnelles et logiques. Alors, Dieu les détourna, par ce fait, de la connaissance de la vérité, de bénéficier de tout ce qui facilite le rapprochement vers Dieu et le fait de connaître Sa majesté. Il faut se dire que même les compagnons du Prophète (PSL) ne sont pas entrer en connaissance avec cette science. Mais, ils étaient plutôt préoccupés à faire valoir l'unicité des Messagers (PSE). Unicité qui traduit la cueillette des fruits, le fait de goûter sa saveur partant des messages divins formels contenus dans les Livres Célestes que Dieu a envoyés aux créatures par le biais de Ses Envoyés (PSE) qui ont invité vers un enseignement global de la science en rapport avec l'Essence Divine et de là, connaître Sa grandeur et Sa majesté. En fait, au moment de la 3ème génération après celle du Prophète (PSL), la philosophie fit son apparition et considéra la théologie comme étant une science étrange. Les hommes de la passion commencèrent à se détourner de Dieu. Et, quiconque s'intéresse à cette philosophie se retrouvera dans le rang des ignorants.

A propos de l'imamat

On demanda notre guide spirituel sur la récompense réservée aux prières obligatoires, à propos de l'imamat et des hadiths rapportés à ce sujet.

Parmi ces hadiths, nous avons celui-ci : « *Celui qui dirige un peuple et qu'il l'accomplit, alors à eux tous, on leur inscrira de bonnes actions faites à la perfection. Et si l'imam ne parvient pas à l'achever ; alors, un péché lui reviendra* »[28].

Selon une autre version : « *Quiconque dirige les gens et fait parfaitement la prière, on inscrira pour eux tous de bonnes actions. Par contre, s'il en diminue un élément, seul l'imam écopera d'un péché et non ceux qui prient derrière lui* ».

Selon Abdallâh Ibn 'Umar, le Messager de Dieu (PSL) a dit : « *Celui qui dirige la prière doit craindre Dieu et doit savoir qu'il joue le rôle de répondant responsable de ce sur quoi il s'est porté garant. Donc, s'il le fait à la perfection, lui et ceux qu'il dirige seront récompensés sans que cela ne diminue en rien sur leurs dus ; mais s'il en omet un élément, il sera le seul à écoper d'un péché* »[29].

D'après Abû Hurayra (RA), le Prophète (PSL) a dit : « *S'ils dirigent les prières de la bonne manière et avec perfection, alors les dirigeants et les dirigés ont tous une récompense. Mais s'ils accomplissent les prières avec des manquements, alors ceux qui ont dirigé auront un péché et ceux qui sont dirigés partiront avec leurs*

---

[28] Hadith rapporté par Ahmad, Abû Dâûd, Ibn Habbân et d'autres.
[29] Hadith rapporté par Tabarânî dans « Al-Awsat. »

récompenses »[30]. C'est-à-dire, il joue le rôle de répondant responsable de ce sur quoi il s'est porté garant.

Certes, les propos des Savants et leurs nombreuses interprétations nous subdivisent. Et nous avons demandé à notre guide spirituel de nous clarifier le véritable aspect de la vérité. C'est dire que nous nous contenterons de la réponse donnée par notre Cheikh. Il a tenu à nous clarifier ce qui est meilleur aussi bien dans notre religion, dans notre vie d'ici-bas que dans l'au-delà. Il convient de savoir que seuls vos propos peuvent tranquilliser nos consciences. Que Dieu déverse sur vous Sa miséricorde et Sa bénédiction !

En voici la réponse qu'il a apportée : « Par Dieu qui fait manifester la vérité en toute chose. A propos de l'accomplissement parfait de l'imamat, il s'agit de se diriger avec dévouement vers Dieu afin de contempler Son Noble Visage, soit par amour pour lui, soit pour proclamer Sa Grandeur ou Sa Majesté, ou encore en vue de se conformer à Son Ordre, sans pour autant rien lui associer comme le fait de se laisser berner par la passion. Partant de ces faits, il sera alors possible que les informations divines et celles des Messagers se succèdent. C'est ce que vient confirmer le propos prophétique suivant : « *Les actions ne valent que selon les intentions et à chacun selon son intention. Celui qui a émigré pour Dieu et son Messager, son émigration est pour Dieu et son Messager. Par contre, celui qui a émigré pour obtenir un bien de ce monde ou pour épouser une femme, son émigration est pour ce qu'il convoitait* ».

Nous avons, en plus, le propos de Dieu relatant les dires d'Abraham : « **Je tourne mon visage exclusivement vers Celui qui a créé** (à partir du néant) **les cieux et la terre ; et je ne suis point de ceux qui Lui donnent des associés** »[31]. Et ce verset aussi : « **Qui est meilleur en religion que celui qui soumet à Allah son être, tout en se conformant à la Loi révélée et suivant la religion d'Abraham, homme de droiture ? Et Allah avait pris Abraham pour un ami privilégié** »[32]. Alors veuillez considérer ces données, ayez l'intention de prier pour Dieu et soyez en contact permanant avec Lui. Mais ne le faites pas par ambition personnelle ou

---

[30] Hadith rapporté par Bukhârî et compagnies.
[31] Sourate : Al-'An'âm ; verset : 79.
[32] Sourate : An-Nisâ' ; verset : 125.

par passion. En fait, si tu diriges la prière avec l'intention d'être attentif aux cadeaux tout en étant en déclivité avec cette attente ; alors sache que tu ne pries pas pour Dieu, mais pour la passion. En revanche, si durant la prière, tu n'es pas préoccupé par les dons, alors ta prière est pour Dieu. Et si tu te laisses emporter par les invites de l'âme en vue de rechercher le rang ou chercher à se montrer et à faire parler de soi ou même pour des raisons t'amenant à rester maître de tes affaires, sache que ta prière n'est pas considérée ».

Le Prophète (PSL) dit : « *Il n'y a pas une divinité adorée sur terre*[33] *plus constante que l'esclave de la passion* ». C'est ce point qui est en rapport avec une sincère orientation vers Dieu, le Très-Haut. Pour remplir les conditions de l'imamat, il faut faire un sincère repentir en décidant de ne consommer que du licite au détriment de tout ce qui présente des obscurités ; combattre l'animosité et la rancœur ; ne pas développer la calomnie entre les musulmans et ne point considérer les nantis de ce monde pour leurs richesses.

Il convient de méditer sur ce hadith prophétique : « *Celui qui se fait petit face à un riche verra le tiers de sa religion le quitter* ». Et parmi les choses permettant de perfectionner sa religiosité, figure le fait que le repentir puisse couvrir tout ce qui reste légalement prohibé. Et parmi les conditions d'acquittement parfaite de l'imamat, le fait d'être convaincu, lors de la prière, de la présence effective de son « Moi » à la fois intérieur et extérieur devant son Seigneur ; et ce, dans la mesure du possible. Et si toutefois, celui qui dirige cette prière n'a pas eu une nette concentration, il portera son péché et le péché de celui qui priait derrière lui. C'est là, le perfectionnement de la prière pour ce qui est de l'imam. Mais, si l'imam va jusqu'à ce qu'il attend une récompense ou un don pour diriger la prière, il a pris la fausse route, car dans ce cas, s'il ne reçoit rien, il ne dirige pas la prière. Donc, il est comparable à celui qui adore les idoles. Ce hadith du Prophète vient corroborer cet engagement : « *Promettez-moi de ne jamais associer à Dieu rien que ce soit* ». Ce hadith est en relation étroite avec les conditions rendant valide la prière et l'imamat.

On rapporta qu'il y avait un érudit qui dirigeait la prière là où il vivait. Lorsqu'il mourut, certains vertueux le virent dans une situation enviable. Puis on l'interrogea sur cet état. Ils leur répondirent : « Bien, seulement j'ai due trembler de peur lors de

---

[33] Excepté Dieu, le Très Haut.

l'interrogation des deux Anges. Ils me questionnèrent et je fus indécis. Je ne savais pas quoi dire ni quoi répondre et l'épreuve fut longue. Après cela, un grand homme d'une beauté exceptionnelle sortit de la tombe et me dicta ce que je dois répondre et lorsque je répondis aux deux Anges, ils s'en allèrent. Après je me tournai vers cet homme en l'interpellant : « Qui es-tu pour venir me sortir de cette épreuve, par la grâce de Dieu ? » Il me signifia : « Je représente ton œuvre agréé par Dieu ». Je lui dis : « Alors, pourquoi t'es-tu absenté ; alors que je traversais cette pénible épreuve ? » Il me précisa : « C'est en raison du prime que tu recevais lors du sermon ». Mais je lui dis : « Je n'en ai pas mangé même un dirham ». Il me dit : « Si tu en avais mangé, jamais tu ne me verrais. Cependant, je me suis attardé à cause des primes et des récompenses que tu prenais, quand tu dirigeais la prière ». Nous avons, ici, une indication pertinente interdisant de compter sur la paie lorsqu'on dirige la prière.

Recommandations du cheikh

Saches, mon frère en la foi, que la dureté du cœur constitue le plus grand des fléaux. Et au-delà de la mécréance, elle reste la seule par laquelle Dieu éprouve son esclave. Les causes de cette dureté du cœur peuvent être résumées sur ces points à venir. Celui qui s'en esquive, c'est que son cœur est sous tendue par l'assistance de Dieu et il peut, alors, s'élancer vers la félicité.

Ces causes sont : l'obstination à habiter dans le péché, quelque soit sa teneur ; compter longtemps sur l'espoir ; se fâcher pour d'autres raisons que pour Dieu ; avoir de la haine pour les musulmans ; aimer avidement les choses mondaines ; aimer toujours être au devant de la scène ; faire des choses vaines que ce soit en propos ou en actes, même si c'est insignifiant ; aimer beaucoup rire et plaisanter ; afficher son contentement face au bonheur ; s'affliger dès qu'on le perde ; être insouciant au zikr ; ne pas méditer sur les événements du Jour Dernier, ainsi que sur les types de délices et d'allégresses de ce jour comme les Houris (vierges du paradis) et les palais du Paradis. Donc, l'insouciance affichée face à ces données reste la cause de la dureté du cœur. De même, parmi ces causes : le fait de patauger avec ceux qui tiennent des conversations futiles et qui oeuvrent vainement ; leur prêter l'oreille ; partager leurs assises sans cas de nécessité légale ; tenir compagnie aux sots comme les jeunes âgés dépourvus d'un esprit développé et qui possèdent une religion de niveau bas ; manger ce qui est interdit ; manger à satiété, boire abondamment ; dormir profondément ; méditer sur tant de choses qui n'ont aucun rapport avec le rappel de Dieu ni avec les réalités du Grand Jour partant des phases événementielles de la tombe jusqu'au finish du Jugement ; se rappeler peu de Dieu et enfin se suffire de son « moi » en appréciant l'état de son âme. Nous avons là, en tout, 24 comportements dont chacun est apte à causer la dureté du cœur.

Donc, celui qui désire mollir son cœur, doit rompre d'avec ces comportements non désirés et épouser ces qualités que sont : penser beaucoup à la mort ; faire un repentir sincère ; écourter la longueur des espoirs afin de pouvoir toujours penser à la mort ; tenir compte du contrôle permanent de Dieu dans les actes et les mouvements en y associant le cœur, la langue et les membres externes du corps ; être quitte pour de bon avec l'irritation sauf si ce n'est pour Dieu ; rompre d'avec la rancune à l'endroit des musulmans qu'ils soient des ennemis ou des amis ; leur exhorter ; renoncer aux plaisirs du monde ; fuir tout ce qui incite à chercher à occuper des postes de responsabilité ; laisser ce qui ne profite pas ; garder longtemps le silence si ce n'est la pratique du Zikr ; s'attrister beaucoup en pensant au Jour Dernier ; s' éloigner de la plaisanterie et de la médisance ; prendre garde de s'asseoir avec celui qui ne pense qu'à médire les autres ; ne pas être joyeux face aux chances acquises promptement ; ne pas se laisser chagriner par leurs pertes ; être attentif et toujours en éveil face à l'insouciance de pratiquer le Zikr ; beaucoup méditer sur la mort, sur les supplices de la tombe et sur les événements effrayants du Jour Dernier ; penser à ses différents phases et endroits, aux différents escaliers de Jahannam et aux différentes sortes de supplices ; méditer sur le Paradis avec tous ses délices ; éviter de fréquenter les gens et être à l'écoute de celui qui fait des efforts sur sa religion ; assister celui-ci en lui montrant les lois divines et la méthode de pratique du Zikr en l'exhortant et en l'inculquant le bon comportement ; ne pas tendre l'oreille aux propos des gens ; ne pas s'asseoir à leurs côtés ; être constamment avec les vertueux qui aident à retrouver la voie qui mène vers l'au-delà et qui incitent à l'emprunter, sinon, l'isolement devient priorité ; manger le licite selon le besoin ; s'habituer à la faim et à la soif ; délaisser tout ce qui est jouissance sauf en cas de nécessité majeur dans quel cas il devient impératif d'en assouvir son désir ; veiller constamment la nuit en adoration, tout en gardant la faim et la soif aussi longtemps que possible ; ne pas exagérer ; ne pas gaspiller ; ne faire parler le cœur que des affaires concernant le rappel de Dieu et des événements de l'au-delà ; multiplier le Zikr ; combattre l'âme contre ses désirs mondains ; ne jamais répondre à ses appels ; ne pas se venger contre elle (l'âme). C'est de telles attitudes qui pourraient aider à adoucir le cœur et le rendre moelleux.

Saches que quiconque désire bénéficier de la guidée de Dieu en empruntant sa Noble Voie, doit considérer ses 5 points :

1- avoir une foi sincère en Dieu, le Très Haut qui dit : « … **Allah guide certes vers le droit chemin ceux qui croient** »[34]. Il confirme ailleurs : « … **Et quiconque croit en Allah, [Allah] guide son cœur** … »[35].

2- revenir à Dieu en lui donnant toute sa disponibilité et en faisant preuve de franchise à son égard, comme il le précise dans ce verset : « … **et guide vers Lui celui qui se repent** »[36].

3- combattre l'âme par l'obéissance des ordres de Dieu et par l'abandon de ses interdits, dompter l'âme en l'amenant à rompre d'avec ses défauts au point de répondre aux nobles qualités louées que l'on revivifie à l'endroit de Dieu qui les octroiera à qui Il voudra. Effectivement, il précise : « **Et quant à ceux qui luttent pour Notre cause, Nous les guiderons certes sur Nos sentiers** … »[37].

4- suivre à la lettre le Prophète (PSL) en se conformant à ses propos, ses actes et ses agissements. Dieu oriente : « … **Et suivez-le afin que vous soyez bien guidés** »[38].

5- s'attacher fermement à Dieu comme il le dit : « … **Quiconque s'attache fortement à Allah, il est certes guidé vers un droit chemin** »[39].

En fait, la crainte de Dieu octroie 5 faveurs, à savoir : face à chaque difficulté, retrouver l'aisance ; retrouver une issue favorable face à tout gêne ; bénéficier du soutien et de l'assistance de Dieu devant toute demande ; bénéficier de l'esprit de discernement (entre le bien et le mal).

---

[34] Sourate : Al-Hajj ; verset : 54.
[35] Sourate : At-Taghâbun ; verset : 11.
[36] Sourate : Ach-Chûrâ ; verset : 13.
[37] Sourate : Al-Ankabût ; verset : 69.
[38] Sourate : Al-A'arâf ; verset : 158.
[39] Sourate : Al-Imrân ; verset : 101.

C'est dire que cette crainte constitue une lumière émanant du fond du cœur et permet de départager entre la vrai et le faux, entre la science et l'ignorance. De fait, Dieu invite : « … **Et quiconque craint Allah, Il lui donnera une issue favorable** »[40]. Il démontre que : « **Certes, Allah est avec ceux qui [L'] ont craint avec piété** … »[41]. Là, il pose une condition : « **Ô vous qui croyez ! Si vous craignez Allah, Il vous accordera la faculté de discerner** (entre le bien et le mal) … »[42]. Et il met en garde : « … **Et craignez Allah. Alors, Allah vous enseigne et Allah est Omniscient** »[43].

Celui qui ne désire pas être la proie de Satan doit parfaire et perfectionner son adoration à l'endroit de Dieu, lui vouer un monothéisme pur tout en cherchant refuge auprès de Lui contre Satan, le Diable banni ; et ce, chaque fois que l'on pressent ses méfaits. De même, il doit faire preuve de sincérité et de confiance en Dieu qui dit : « **Il (Satan) n'a aucun pouvoir sur ceux qui croient et qui placent leur confiance en leur Seigneur** »[44]. Par ailleurs, il dit : « **Sur Mes serviteurs, tu (Satan) n'auras aucune autorité, excepté sur celui qui te suivra parmi les dévoyés** »[45]. Et il donne des principes à adopter : « **Et si jamais le Diable t'incite (à agir autrement), alors cherche refuge auprès d'Allah** … »[46]. Là, Satan reconnaît la valeur des serviteurs élus lorsqu'il les écarte de son lot : « **à l'exception, parmi eux, de Tes serviteurs élus** »[47].

Celui qui désire bénéficier de l'amour de Dieu, il lui revient de prendre en compte ces trois éléments que sont :

1-) faire part de son affection à Dieu, le Très-Haut qui fait état de cet amour réciproque : « … **qu'Il aime et qui L'aime** … »[48] ;

---

[40] Sourate : At-Talâq ; verset : 2.
[41] Sourate : An-Nahl ; verset : 128.
[42] Sourate : Al-Anfâl ; verset : 29.
[43] Sourate : Al-Baqara ; verset : 282.
[44] Sourate : An-Nahl ; verset : 99.
[45] Sourate : Al-Hijr ; verset : 42.
[46] Sourate : Fussilat ; verset : 36.
[47] Sourate : Al-Hijr ; verset : 40.
[48] Sourate : Al-Mâ'ida ; verset : 54.

2-) être conforme aux propos, actes et agissements du Prophète (PSL). Dieu lui ordonne d'informer les fidèles : « **Dis : « Si vous aimez vraiment Allah, suivez-moi ; Allah vous aimera alors ... »**[49] ;

3-) être parfaitement pur et être de ceux qui se repentent régulièrement. Dieu démontre que : « **... car Allah aime ceux qui se repentent et Il aime ceux qui se purifient »**[50]. Il s'agit, là de bannir Satan par le biais de la faim.

En réalité, le Prophète (PSL) a dit : « *Certes, Satan circule dans le corps humain en empruntant les voies sanguines ; alors, rendez cette voie impraticable par la faim* ». Par ailleurs, quiconque désire parfaire ses actes et être sur la voie droite, il doit avoir une crainte permanente envers Dieu, ne parler que si c'est nécessaire et ne parler que de ce qui le concerne. Car Dieu invite : « **Ô vous qui croyez ! Craignez Allah et parlez avec droiture, afin qu'Il améliore vos actions ... »**[51].

Alors, renoncer aux plaisirs de ce monde favorise l'acquisition du savoir sans pour autant apprendre, l'acquisition de la guidée sans un guide, l'acquisition de la dignité sans l'aide d'un clan donné et l'acquisition de la richesse sans biens visibles. Le Prophète (PSL) dit : « *Celui qui veut que Dieu lui fait don d'un savoir sans apprendre et d'une guidée sans guide, qu'il renonce aux jouissances de ce monde* ». Il dit, également : « *Si le serviteur opte pour le renoncement des biens de ce monde, Dieu lui fera hériter trois qualités à savoir : la dignité sans l'assistance d'un clan donné, une richesse sans biens visibles et une science sans apprendre* ».

Et le cinquième point relatif à ce renoncement, c'est l'affection que Dieu exprime à l'endroit de l'ascète. Le Prophète (PSL) répondait à celui qui l'interrogeait au sujet d'un acte qui fera que Dieu amènera les gens à manifester une affection à son égard. En effet, il lui précisait : « *Renonce à ce monde et Dieu t'aimera, ne convoites pas ce que possède les gens et ils t'aimeront* ».

Celui qui veut que Dieu soit toujours avec lui quelque soit la situation, qu'il s'arme de la crainte révérencielle. Dieu dit : « **... Et sachez qu'Allah est avec les**

---

[49] Sourate : Al-Imrân ; verset : 31.
[50] Sourate : Al-Baqara ; verset : 222.
[51] Sourate : Al-Ahzâb ; versets : 70-71.

pieux »[52]. Dieu précise son camp : « **Certes, Allah est avec ceux qui [L'] on craint avec piété et ceux qui sont bienfaisants** »[53]. Il montre : « ... **Car Allah est avec ceux qui sont endurants** »[54].

On demanda à notre Cheikh le sens de ce verset : « ... **Et Nous avons fait de l'eau toute chose vivante** »[55]. Il répondit qu'il veut dire que tout élément vivant provient de l'eau et c'est le sens de ce verset : « **Et Allah a créé d'eau tout animal ...** »[56]. C'est-à-dire d'un liquide spermatique. Il n'y a aucune créature qui ne soit créée de cette eau à base de sperme. Seulement, certains des insectes ou bestioles ne sont pas créés à partir de sperme comme ce fut le cas lors de leur première création, c'est-à-dire qu'ils sont extraits des restes de l'argile qui a servi à créer Adam. Par contre, le reste des créatures se sont toutes reproduites par le biais du sperme comme d'ailleurs le reste des animaux.

Des questions relatives à certains versets

Certains des disciples de notre Cheikh lui demandèrent à propos de ce verset coranique : « **Qui n'invoquent pas d'autre dieu avec Allah et ne tuent pas la vie qu'Allah a rendu sacrée, sauf à bon droit ; et qui ne commettent pas de fornication. Car quiconque fait cela encourra une punition** *(68)* **et le châtiment lui sera doublé, au Jour de la Résurrection et il y demeurera éternellement couvert d'ignominie** *(69)* **sauf celui qui se repent, croit et accomplit une bonne œuvre, ceux-là Allah changera leurs mauvaises actions en bonnes et Allah est Pardonneur et Miséricordieux** *(70)*, **et quiconque se repent et accomplit une bonne œuvre ; c'est vers Allah qu'aboutira son retour** *(71)* »[57]. Est-ce que le verset 71 vient appuyer le contenu des versets 68-69 ou non ?

---

[52] Sourate : At-Tawba ; verset : 36.
[53] Sourate : An-Nahl ; verset : 128.
[54] Sourate : Al-Baqara ; verset : 153.
[55] Sourate : Al-Anbiyâ, verset : 30.
[56] Sourate : An-Nûr ; verset : 45.
[57] Sourate : Al-Furqân ; versets ; 68 – 71.

Il dit : « Dieu et son Messager (PSL) savent mieux que quiconque ». Seulement celui qui a demandé montre que le Cheikh lui a signifié que les versets 68, 69 et 70 expriment la véritable identité de la foi évidente ; alors que le verset 71 fait état de la position de l'Islam montrant le caractère constant du repentir et de celui qui se repent ; même s'il commet parfois des actes contradictoires à la Volonté Divine.

On demanda, également, notre Cheikh à propos de ce verset : « [C'est Lui] **qui connaît le mystère. Il ne dévoile son mystère à personne** »[58], et de ce verset qui fait savoir que : « **La connaissance de l'Heure est auprès d'Allah ...** »[59]. Il est question, en plus d'élucider le propos prophétique au sujet des 5 choses que seul Dieu connaît avec certitude.

Comment compte-t-il considérer ces versets si certaines connaissances se manifestent aux Elus de Dieu, notamment les Savants en Dieu en fait de dévoilement des sciences cachées et des sciences de l'Invisible qui se trouvent mentionnées dans les Tablettes Gardées ? En fait, c'est là une affaire courante et fréquente relative aux prodiges des Elus (karâmâtul awliyâ'i).

Notre Cheikh répondit : « La précision assortie des propos divin et prophétique a pour objectif d'écarter la sacerdoce et les devins qui prétendent se prononcer sur l'avenir. Et ceux qui suivent les Jinn sont des ignorants arabes. Nous sommes amenés même à croire qu'ils sont capables de communiquer l'Invisible au point que les gens renvoient vers eux leurs litiges et prennent référence de leurs dires.

Alors, Dieu a voulu mettre un terme à ce fait et, du coup, il a disposé dans le ciel des gardiens durs, ainsi que de bolides. L'objectif recherché, ici, c'est de ramener tous les serviteurs vers Dieu, la Vérité ; et de les éloigner du Faux. Aussi, les Elus sont sur la Vérité et non sur le Faux. Donc, cette nette précision des versets ne vient pas mettre un trait sur ces Elus. C'est ce que je voudrais mettre au clair, de manière concise.

On lui demanda, également, la quantité des bonnes actions réservées pour chaque lettre lue dans le Coran. Est-ce que ces bonnes actions ont la même teneur en ce qui concerne le nombre proposé. Sinon, le terme employé fait-il allusion à l'essence

---

[58] Sourate : Al-Jinn ; verset : 26.
[59] Sourate : Luqmân ; verset : 34.

même de la vérité ou à la constitution physique (à l'essence du fond ou de la forme) ? Ou peut-on y noter une certaine disparité à considérer l'indication ?

Là, aussi, il démontra que le nombre en question qui va de 10 à 100 pour chaque lettre (*harf*) reste valable et égal pour toutes les lettres et point de disparité comme le suggèrent certains. Car, le mérite mentionné procède de l'Essence Sanctifié et de l'indication d'un Propos Sempiternel, c'est-à-dire d'un propos éternel. De ce point de vue, il est à noter que point d'inégalité sur les indications des termes employés comme cela se manifeste pour le faible d'esprit.

Seulement, il ne faut pas fermer l'œil sur certaines sourates et versets qui font l'objet de bienfaits cachés et dont il est impossible de dévoiler comme c'est le cas pour les théologiens.

On lui demanda, en plus, les actes habituels qui se répètent fréquemment afin de savoir si leur pratique cultuelle répondent de l'Essence (liz-zâti) ou ressortent-elles d'une recommandation ? Mais personnellement, j'ai soutenu qu'il s'agit d'une recommandation.

Notre Cheikh précisa que : « Exprimer la révérence (al-ijlâl) à Dieu, faire état de Sa grandeur, faire preuve de soumission et d'humilité devant Sa Force Incontestable d'attrape et de saisi sont une obligation (*wâjib*) incombant à toute la créature qu'elle soit humain, animal ou chose et qu'elle soit douée ou non de raison, car considérée comme étant des adorateurs de Dieu ».

Mais, s'agissant de l'adoration exécutée par des actes comme les génuflexions et les prosternations ainsi que d'autres pratiques louées constituent un ordre, une injonction. C'est comme si Dieu disait : « *Votre valeur et effort ne peuvent pas être à la hauteur ; mais je vous ai fait grâce en élevant votre mérite à ce point. Cependant, vous ne pouvez y arriver sauf par voie de recommandation et c'est ce qui fait que je vous l'ai ordonné* ».

Je disais à notre Cheikh que les fidèles qui ont l'obligation de faire ces actes loués, récolteront d'un honneur indiscutable leur permettant de surpasser en degré les animaux et les choses inanimées qui adorent leur Seigneur à leur manière sans méthodologies ou principes à suivre. Il me signifia qu'apparemment, ceux qui sont aveuglés par le voile divin ne perçoivent pas la manière dont les animaux et les choses adorent leur Seigneur. En revanche, ceux à qui ce voile a été levé, les voient tous prosterner et glorifier leur Seigneur à leur manière. Que la Paix et le Salut de Dieu soient sur Muhammad, sa famille et ses compagnons.

Dimension de la « Salatu alan-Nabiyyi »

J'y fait état des mérites relatifs aux prières adressées au Prophète (PSL) en montrant ses spécificités, en s'attirant les bénédictions, en se donnant l'envie de s'y adonner et en incitant à multiplier cette prière pour quiconque désire bénéficier de la félicité des deux mondes. L'ensemble des prières ésotériques en rapport avec la prière sur le Prophète (PSL) sont toutes intériorisées dans le giron de la « *Salâtul Fâtihi* ». Et si tel est le cas, il nous revient de mentionner tout ce que nous possédons en fait d'informations sur la question partant des propos de Notre Cheikh. Et ce, en vue d'en tirer profit pour celui qui veut en faire un acte quotidien si toutefois l'intention est sincère et que toutes les conditions sont remplies comme en a fait allusion notre guide spirituel lorsqu'il parlait de la « *Jawharatul Kamâl* ». Tout revient à Dieu dont le secours est constamment imploré.

C'est là, le début de ce que nous voulons écrire sur ce sujet. En fait, selon une source sûre, Dieu a fait savoir à Son Prophète (PSL) que : « *Quiconque t'adresse ses prières, Je ferai de même à son égard et quiconque t'implore le salut de Dieu, Je lui octroierai ce salut* ». Selon une autre version : « *Dieu m'a fait faveur en octroyant dix bonnes actions à celui qui, parmi ma communauté, aura prié sur moi. Celui qui prie sur moi une fois, Dieu priera sur lui 100 fois et l'élèvera en 100 degrés* ».

Et selon une autre version : « *Celui qui fait sur moi une seule prière, Dieu donnera l'ordre à ses Anges gardiens de ne pas tenir compte de ses péchés durant 3 jours. Celui qui prie sur moi 3 fois par journée et 3 fois par nuit par amour et convoitise à mon égard, alors il incombera à Dieu de lui pardonner ses péchés commis durant cette journée et ceux commis durant cette nuit* ». Selon cette autre version, le Prophète (PSL) dit : « *Vous devez être en désaccord avec la pratique des Romains, le jour du Dimanche. On lui demanda : « Par quoi et en quoi devons-nous être en désaccord ? ». Il dit : Ils entrent dans leurs églises en me lançant des injures. Alors, celui qui accomplit la prière du matin le jour du Dimanche, puis prend place pour glorifier Dieu jusqu'au lever du soleil, et qu'il fait deux rak'a et que par la suite, il prie sur moi 7 fois, ensuite il implore la pardon de Dieu pour ses deux parents, pour lui-même et pour le reste des croyants ; alors Dieu le pardonnera, lui, ses deux parents et le reste des croyants. Et s'il l'invoque, Dieu lui répondra par le positif et s'il lui demande de bonnes choses, Dieu les lui octroiera, sans retard* ».

Pour cette version : « *Celui qui prie sur moi 10 fois en début de journée et 10 fois en fin de journée, je lui garantie mon intercession auprès de Dieu, le Jour de la Résurrection* ».

Concernant cette version : « *L'Ange Jibril m'a dit : Ô Muhammad, sache que Dieu t'informe que quiconque aura prié sur toi 10 fois, l'immunité lui sera garantie loin de Sa colère* ».

Et cette version qui montre que : « *Moïse (Mûsâ) a demandé à Dieu en ces termes : Ô mon Seigneur, es-Tu proche pour que je puisse m'adresser à Toi confidentiellement. Dieu lui signifia que : « Veux-tu que Je sois encore plus proche de toi que le zikr que tu fais par le biais de ta langue » ? Moïse (Mûsâ) dit : « Effectivement, mon Seigneur ». Il lui dit : « Donc, tu dois prier sur Muhammad, le meilleur de la créature ». Lorsque Moïse (Mûsâ) frappa de son bâton la mer, Dieu le Très Haut lui ordonna de prier 10 fois sur le Prophète Muhammad et c'est ce qu'il fit. Et dès qu'il frappa la mer une seconde fois, celle-ci se fendit sur le champ* ».

Et selon cette version : « *Celui qui prie sur moi 80 fois dans la journée ou dans la nuit, on lui pardonnera ses péchés, même s'ils sont comme l'écume de la mer. Et celui qui aura prié sur moi, 80 fois, après la prière de l'après-midi (salâtul-asr) le*

102

jour du Vendredi en disant sans se lever : « <u>Allâhumma salli 'alâ Sayyidinâ Muhammadine An-Nabiyyi Al-Ummiyyi wa 'alâ âlihî wa sahbihî wa sallim taslîman</u> » on lui pardonnera les péchés commis pendant 80 ans ».

Par ailleurs : « *Celui qui prie sur moi 100 fois, Dieu lui exaucera 100 besoins dont les trente sur ce bas monde et le reste sera réservé pour l'au-delà* ».

Parmi ses caractéristiques, le fait d'être délivré du cambriolage pour celui qui répète cette prière 100 fois par jour.

Par ailleurs, selon cette version : « *Celui qui prie sur moi le matin, verra ses péchés épongés avant le soir. Certes, le meilleur jour c'est le Vendredi, car c'est en ce jour qu'Adam fut créé et c'est en ce jour qu'il mourut. Et c'est en ce jour qu'aura lieu le premier souffle de la Trompe et c'est en ce jour que le monde connaîtra le foudroiement. Alors, multiplier la prière sur moi durant ce grand jour. Parce que la prière faite sur moi ce jour sera placée devant moi. Et celui qui aura prié sur moi, 01 fois, le jour du Vendredi, Dieu et les Anges lui adresseront 1000 prières, on lui inscrira 1000 bonnes actions et on lui effacera 1000 fautes et on l'élèvera en mille 1000 degrés* ».

Et vu cette version : « *Celui qui prie sur moi, le jour du Vendredi, 1000 fois en ces termes : « <u>Allâhumma salli 'alâ Sayyidinâ Muhammadine An-Nabiyyil Ummiyyi</u> », il est fort probable qu'il voit, durant la nuit, son Seigneur en rêve ou à défaut qu'il voit son Prophète (PSL) ou encore, on lui montrera sa dernière demeure. Cependant, s'il ne voit rien en cette nuit qu'il répète cette prière pendant 2 Vendredi successifs ou 3 ou même 5 Vendredi, alors il verra ces merveilles* ». Et pour cette version : « *Multipliez la prière sur moi lors des nuits non sombres ; mais claires* ».

Pour cette version-ci, la chère fille du Prophète (PSL), Fatima, rapporta de son Saint Père, Muhammad (PSL), qui faisait savoir : « *Sachez que vos prières sur moi me sont exposées* ». Le Prophète (PSL) dit : « *Multipliez la prière sur moi le jour du Vendredi, car les Anges qui vous assistent me feront part de vos prières* ». Il dit, ailleurs : « *Celui qui prie sur moi la nuit du Vendredi ou encore la journée 100 fois, alors Dieu lui exaucera 100 besoins dont les 70 auront un rapport direct avec l'au-*

delà et les 30 en rapport avec les besoins mondains. De même, Dieu chargera un Ange de venir au niveau de ma tombe comme les cadeaux entrent dans vos demeures. Et cet Ange m'informera de celui qui aura prié sur moi en me déclinant son identité en me remettant une feuille blanche ».

Il dit, en plus : « *Multipliez, également, vos prières sur moi le jour du Samedi. Car les Juifs me lancent des injures incalculables en ce jour. Par conséquent, celui qui prie 100 fois sur moi durant ce jour, qu'il sache qu'il s'est racheté du Feu, mon intercession lui est garantie et qu'en plus il aura le privilège d'intercéder en faveur de celui qu'il aime ».* Et pour cette version : « *Celui qui prie sur moi le jour du Jeudi, les Anges lui serreront la main ».*

D'après Ibn Mas'ûd, que Dieu l'agréé, le Messager de Dieu (PSL) a dit : « *Celui qui se lève au cœur de la nuit, fait parfaitement ses ablutions, loue et glorifie Dieu, il fait la prière sur moi, puis ouvre le Coran pour le lire ; alors Dieu sera tellement joyeux qu'Il finira par sourire ».* Toujours d'après Ibn Mas'ûd, il dit : « *Si vous prenez place quelque part ou que vous envisagez de la quitter, dites : « Bismilâhir-Rahmânir-Rahîm. Wa sallal-Lâhu 'alâ Sayyidinâ Muhammadine*

بسم الله الرحمــن الرحــيم. وصلــى الله على سيدنا محمـد.

Alors Dieu vous envoyera un Ange qui vous épargnera des diffamations et des calomnies des autres ». Il dit : « *Par conséquent, si vous êtes assis pour accomplir vos prières obligatoires ; ne négligez pas de faire la prière sur moi, et adressez vos salutations sur l'ensemble des Prophètes et Messagers, ainsi que sur les pieux serviteurs de Dieu ».* Il précise, en fait, que : « *Pas de prière pour celui qui ne prie pas sur moi ».* Et selon cette version : « *Pas de prière pour celui qui ne fait pas ses ablutions, ne fait pas le Zikr et ne prie pas sur moi ».* C'es à cet effet que le Prophète précise que : « *La prière n'est acceptée que si elle est faite avec pureté et que si la prière sur moi est faite ».* Le Prophète (PSL) ajoute : « *Sans me vanter, je suis le plus noble des Fils d'Adam. Il n'y aucun fidèle qui invoque Dieu sans qu'il y ait entre lui et Son Seigneur un voile. Et s'il fait la prière sur moi, alors ce voile se dissipe et l'invocation pourra accéder à sa destination ».* Il montre qu' : « *Une invocation faite entre deux prières faites sur moi n'est jamais rejetée ».* Il met en garde : « *Ne me prenez pas comme une charge insignifiante. Mais placez cette prière sur moi en début, en milieu et en fin d'invocation. Car, cette prière constitue une satisfaction de vos besoins, une garantie de satisfaction de la part de votre*

104

Seigneur et une purification de vos corps ». Il dit, également : « *Si vous entendez l'appel du muezzin, répétez ce qu'il dit, puis priez sur moi* ». Ensuite, il dit : « *Celui qui écrit quelque chose en prenant la précaution d'y prier sur moi, la rétribution d'une telle prière lui sera accordée tant que l'écrit sur lequel est mentionnée cette Salât n'est pas détruit* ».

Il dit : « *Celui qui veut susciter une nouveauté qu'il fasse la prière sur moi* ». De son côté, Chakwâl montre que « *Celui qui lit le Coran, puis prie sur Muhammad et ensuite fait son invocation, qu'il sache qu'il est entré en possession du bien là où il l'espérait trouver* ».

Le Messager de Dieu (PSL) dit : « *Il n'y a pas deux fidèles qui s'aiment en Dieu, qui se croisent et font la prière sur le Prophète (PSL) sans que Dieu leur ait pardonné leurs péchés, passés et futurs, au moment où ils se quittent* ».

Le Prophète (PSL) dit : « *Si quelqu'un d'entre vous entend mentionner mon nom, qu'il pense à moi en priant sur moi. Qu'il rattache la mention de Dieu à la prière sur moi* ».

Il dit, en plus : « *Si quelqu'un éternue et qu'il dit par la suite :*« *Al-Hamdulilâhi 'alâ kulli hâlin* » (الحمد لله على كل حال) *et qu'il fait la prière sur Muhammad et sur sa famille ; Dieu fera sortir de sa fosse nasale gauche un insecte plus grand que la mouche et plus petit que le criquet et qui bat ses ailes sous le Trône (Al-Arch) en disant :* « *Seigneur accorde Ton pardon à celui qui a dit ceci* ».

Un jour, un homme s'est plaint au Messager de Dieu (PSL) de sa pauvreté. Alors, ce dernier lui dit : « *Si tu retournes chez toi, prie sur moi et récite la sourate* « *Al-mukallâ* ». Il dit, en plus : « *Priez sur moi, car vos prières-ci constituent une expiation de votre part* ».

Il est rapporté que la prière sur le Prophète (PSL) consume les péchés plus que l'eau fraîche déversée sur du feu ; alors que le fait de lui adresser le salut est meilleur qu'affranchir des esclaves.

Le Prophète (PSL) fit savoir que : « *Chaque élément renferme une pureté et que la pureté du cœur du croyant l'empêchant de se rouiller réside dans la prière sur le Prophète (PSL). En fait, elle lui profitera dans la tombe, lui servira de lumière. Il n'entrera pas dans le Feu. Celui qui prie sur moi, cette prière lui servira de compagnon sur la route menant vers le Paradis, car elle est la raison phare qui accorde le salut et la satisfaction des besoins formulés. De même, elle permet de donner raison aux bonnes actions sur les mauvaises, lorsqu'elles seront placées sur la Balance* ». Ainsi, il dit : « *Certes, Dieu passe de vos péchés lorsque vous lui implorez son pardon (al-istighfâr), alors quiconque sollicite son pardon avec une sincère intention, Dieu lui pardonnera* ». Il fait savoir que : « *Celui qui dit : « Lâ ilâha illa Lâhu* », *la Balance se penchera du côté des bonnes actions. Et celui qui aura prié sur moi, je lui garantie mon intercession le Jour de la Résurrection.*

Effectivement, cette prière permet au pratiquant de jouir d'une grande mention et d'un rang honorable, de même l'endroit où il pratique cette Salât dégagera toujours une bonne haleine. Cette prière joue aussi le rôle de connexion entre le fidèle et son Seigneur. Elle empêche le pratiquant de commettre le vice et de tomber dans l'erreur. Elle est meilleure que les actes surérogatoires (*nâfila*), que la guerre sainte (conquête islamique ou *ghazwa*) et le pèlerinage (*al-hajj*). C'est un moyen pratique pour suivre la sunna du Prophète (PSL) et de gagner son affection. En fait, elle regroupe, à la fois, la mention de Dieu (*zikrul-lâhi*) et la mention du Messager de Dieu (*zikru rasûlilâhi*).

Le Prophète (PSL) dit : « *Celui qui désire entamer une chose et qu'il l'oublie par la suite, qu'il prie sur moi, car elle permettra de planifier le propos qui fut entamer par la louange qui consiste à dire : « Al-Hamdulilâhi* ». Toujours le Prophète (PSL) d'ajouter : « *Il n'y a pas une assemblée qui prie sur moi sans que s'y dégage une excellente odeur qui atteint les confins du ciel ; et là, les Anges diront : « c'est là, une assemblée au sein de laquelle la prière sur le Prophète (PSL) Muhammad est faite* ».

D'après Huzayfa, le Prophète (PSL) a dit : « *La prière sur le Messager de Dieu (PSL) permet à l'homme de se connecter avec son fils et avec son petit fils. Cette prière est une délivrance contre les fléaux comme la peste. Si ces fléaux gagnent du terrain, alors Dieu l'en préservera* ». Et selon certain propos des Compagnons, il est dit que : « Pour être parmi les protégés de Dieu, dire, au moment de prendre le Livre, ceci : « *Bismil-lâhi ; wa Sub'hânal-lâhi ; wa lâ ilâha illa lâhu ; wa lâ hawla walâ quawwata illâ bil-lâhil ‘Aliyyil ‘Azîm adada kulli harfine, wa kitâbine yaktubu ilâ abadil abadi. Wa salli lâhumma ‘alâ Sayyidinâ Muhammadine, wa ‘alâ âlihî, wa Sah'bihî, wa sallim taslîmane* ». Et si on craint d'oublier une lettre, dire avant la lecture : « *Allâhumma iftahe lanâ abwâba fad'lika ; wane chur ‘alaynâ mine khazâ'ini Rahmatika ; Yâ Zal jalâli wal-Ikrâmi* ».

Par contre, celui qui ne prie pas sur le Saint Prophète (PSL) s'expose au blâme comme l'a démontrait le Saint Prophète (PSL) : « *Celui qui ne prie pas sur moi, qu'il sache qu'il n'est plus avec moi et je me désavoue de lui* ». Ensuite, il dit : « *Seigneur, prie sur quiconque se connecte avec moi et rompe les liens de celui qui se déconnecte de moi* ». Il précisa, encore que : « *Le fidèle avare, c'est celui dont mon nom est mentionné devant lui et qu'il ne prie pas sur moi* ». Et selon cette version : « *Le plus avare des gens, c'est celui qui ne prie pas sur moi lorsque mon nom est mentionné en sa présence. Ne vais-je pas vous informer du plus diminué des gens. Alors, c'est celui qui ne prie pas sur moi lorsque mon nom est mentionné en sa présence* ». Il dit à ‘Â'icha : « *Malheur à celui qui ne me verra pas le Jour de la Résurrection* ». Elle lui dit : « *Qui est-ce, celui là ?* ». Il dit : « *L'avare (al-bakhîl)* ». Elle dit : « *Qui est-ce, cet avare ?* ». Il dit : « *C'est celui qui ne prie pas sur moi, s'il entend mon nom* ». Il précise que : « *Celui qui entend mon nom et ne prie pas sur moi ; Dieu l'abandonnera et prendra de la distance par rapport à son égard* ». Puis, il dit : « *Disez : âmîn !* ». Et moi je dis : « *âmîn !* ». Et pour cette version : « *Celui qui ne prie pas sur moi s'il entend mon nom, Dieu l'introduira en Enfer et l'éloignera de sa miséricorde* ». Il précisa qu' : « *il est bizarre qu'un homme entende mon nom sans prier sur moi* ». C'est ainsi que l'auteur de « Al-Djâmi'u » rapporta ce hadith que nous avons relaté dans son texte intégral. Nous avons, en plus, le hadith rapporté par Tabarânî dans son « Mu'ujamul kabîr ».

D'après Djâbir Ibn Samra, le Prophète (PSL) a dit : « *L'Ange Jibrîl est venu à moi pour me dire : « Ô Muhammad, celui qui vit avec ses deux parents sans pour autant y œuvrer pour gagner le Paradis sous leur tutelle, sera en Enfer à sa mort. Et Dieu s'éloignera de lui* ». *Il me demanda de dire « Amîne ! ». Chose que je fis. Il continua : « Ô Muhammad, celui qui assiste au mois de Ramadan sans y récolter le*

Paradis jusqu'à la fin de ce mois béni, l'Enfer sera son refuge. Et Dieu s'éloignera de lui ». Il me demanda de dire « Amîne ! ». Chose que je fis »[60].

Une fileuse (de coton) disait : « *Si je ne reprends pas la prière sur le Saint Prophète (PSL), Dieu me jugera comme celui qui a entendu le nom du Prophète sans prier sur lui et comme celui qui formule cette prière sans invoquer* ». Le prophète (PSL) précisa : « *Le damné est celui qui entend mon nom sans prier sur moi. Il est le plus avare des gens* ».

Le Prophète (PSL) dit : « *Ne verra pas mon visage celui qui ne prie pas sur moi, si toutefois, on mentionne mon nom en sa présence* ». Méditons sur cette autre version : « *Une assemblée qui se disperse sans mentionner Dieu et sans prier sur moi, sera une assemblée perdue ici-bas et dans l'au-delà. Alors, si Dieu veut, il les pardonnera ; et s'il veut il les châtiera* ». Et selon cette autre version : « *Ils se sépareront en laissant une odeur plus puante que l'odeur que dégage le cadavre d'un âne pourri* ». Il dit : « *Celui qui oublie de prier sur moi a certes perdu la voie qui mène vers le Paradis* ». On note parmi les procédés inhumains, le fait d'entendre le muezzin faire l'appel de la prière sans témoigner ce qu'il témoigne ; le fait d'écrire quelque chose – sur un papier ou un écritoire – sans y prier sur ce Prophète (PSL) par écrit, bien sûre. Celui-ci risque de voir la main droite (celle qui écrit) mangée par des ermites.

Le Prophète (PSL) fit savoir que : « *Celui qui prie sur moi au niveau de ma tombe, très certainement, je l'entendrai. Et celui qui prie sur moi à partir d'un lieu éloigné, cette prière me parviendra, très sûrement* ». Il dit : « *Dieu a envoyé auprès de ma tombe un Ange nommé :* **Salsayâ–îl** (صلصيانيل). *Il a l'image du coq ; ses ongles sont fixés aux confins de la septième terre. Il est pourvu de trois ailes : une aile orientée vers l'Orient, une autre vers l'Occident et le troisième qui voltige au-dessus de ma tombe. Alors, si le fidèle prie sur moi, quelque soit le lieu où il se trouve, l'Ange interceptera cette prière comme l'oiseau intercepte le grain, puis il dira : « Ô Muhammad, tel fils de tel, se trouvant dans tel lieu, a prié sur toi* ». Et selon une autre version, il dira : « *Il te salue* ». Ensuite, il l'inscrivit sur un

---

[60] Extrait de « <u>Jâmi'is-Saghîr</u> » (جامع الصغير), de « <u>Zawâ'id</u> » (الزوائد) et de « <u>Jâmi'il Kabîr</u> » (جامع الكبير) de Imâm Suyûtî.

parchemin cacheté de misk qu'il placera au niveau de ma tête qui y demeurera jusqu'à ce que j'intercède en sa faveur, le Jour Dernier.

Pour la satisfaction d'un besoin

D'après le Messager de Dieu (PSL), celui qui a un besoin envers Dieu ou envers un individu, qu'il fasse bien ses ablutions et qu'il fasse deux rak'a. Ensuite, qu'il glorifie Dieu et qu'il prie sur le Prophète (PSL) ; par la suite qu'il dit :

« Lâ ilâha illa Lâhul Halîmul Karîm. Sub'hânal-Lâhi Rabbil 'archil 'azîm. Alhamdulli lâhi Rabbil 'âlamîn. As'aluka mujibâti rahmatika ; wa 'azâ'imi magh'firatika ; wal 'ismati mine kulli zane'bine ; wal ghanîmata mine kulli birrine ; was-salâmata mine kulli ismine. Lâ tada'a lanâ zane'bane illâ ghafarta, walâ hammane illâ farraje'ta, walâ hâjatane hiya laka ridâ illâ qadaytahâ, yâ Ar'hamar- Râhimîne ».

لا إله إلا الله الحليم الكريم سبحان الله رب العرش العظيم الحمد لله رب العالمين أسألك موجبات رحمتك وعزائم مغفرتك والعصمة من كل ذنب والغنيمة من كل بر والسلامة من كل إثم لا تدع لنا ذنبا إلا غفرته ولا هما إلا فرجته ولا حاجة هي لك رضى إلا قضيتها يا أرحم الراحمين.

A propos du salut adressé sur le Prophète (PSL)

Certains Cheikhs ont montré que : « *Celui qui dit, 100 fois* : « As-salâmu 'alayka ayyuhan-Nabiyyu, wa rahmatulâhi, wa barakâtuhu ».

السلام عليك أيها النبي ورحمة الله وبركاته.

Cela lui permettra d'avoir une mort posée et douce ».

Le Prophète (PSL) montre que : « *Si quelqu'un d'entre vous entre dans la mosquée, qu'il adresse ses salutations sur le Prophète (PSL) et qu'il dit :* « Allâhumma iftaha lî abwâba rahmatika » (اللهم افتح لي أبواب رحمتك)[61].

Imâm Sâhilî recommande : « *Fais que ton dernier sommeil soit accompagné des salutations que tu adresses au Prophète (PSL)* ».

Mérites de la visite de la
Sainte Mosquée de Médine

Certains Cheikhs se sont prononcés sur les règles à adopter pour entrer dans la Sainte Ville de Médine. Entrée qui doit se faire avec quiétude et dignité. En s'apprêtant à entrer dans la mosquée, on dit : « Allâhumma hâzâ haramu Rasûlika. Faj'ale'hu lî wiqâyatane minan-nâr, wa amânan minal-'azâb, wa sû'il hisâb. War'zuqnî fî ziyâratihî, mâ razaqta awliyâ'akat-tâhirîn wa ahli tâ'atika ».

اللهم هذا حرم رسولك فاجعله لي وقاية من النار وأمانا من العذاب وسوء الحساب وارزقني في زيارته ما رزقت أولياءك الطاهرين وأهل طاعتك.

Et lorsqu'on entre dans la mosquée, on dit, en avançant le pied droit : « *Bismil-lâhi, wal-hamdulli lâhi, was-salâmu 'alayka yâ Sayyidî, yâ Rasûlalâ-lâhi ; salla lâhu 'alayka wa malâ'ikatuhû, yâ Rasûlal-lâhi. Allahumma igh'firlî zunûbî ; waftaha lî abwâba rahmatika ; wah'faznî minach-Chaytânir-Rajîm* ».

بسم الله والحمد لله والسلام عليك يا سيدي يا رسول الله صلى الله عليك وملائكته يا رسول الله اللهم اغفر لي ذنوبي وافتح لي أبواب رحمتك واحفظني من الشيطان الرجيم.

Ensuite, on se dirige vers le jardin béni (*rawda charîfa*) se trouvant entre le tombeau et la chaire (*minbar*), et on fait deux rak'a avant de quitter le tombeau béni du Prophète (PSL), car elle constitue ce que l'on appelle « la salutation de la mosquée » (*tahiyyatul masjid*).

---

[61] « Seigneur ouvre moi les portes de Ta miséricorde ».

Effectivement, Ibn Habîb a rappelé d'après Jâbir Ibn Abdallâh qui dit : « *En revenant de voyage, je me suis rendu vers le Messager de Dieu (PSL) qui se trouvait du côté droit de la mosquée. Et il me dit : « Entre dans la mosquée, fais y deux rak'a, et reviens me saluer »*. Et c'est là que certains autorisèrent d'anticiper cette prière à la visite.

Ibn Hâjj dit : « Tout ceci est chose permise. Mais, il est fort possible que ce hadith ne soit pas bien communiqué et bien compris. Sur ce, il se rendit auprès du mausolée béni du Saint Prophète (PSL) en faisant face à la Qibla. On lui signifia que s'il était arrêté au niveau des pieds des deux illustres compagnons qui sont inhumés à côté de sa tombe[62]. Et ce serait mieux pour lui que de venir se mettre juste au niveau de la tête – et plus précisément devant la sa noble face du côté Est – du Saint Homme inhumé dedans.

A propos du Verset du Trône

(Verset du Piédestal)

Celui qui récite cette invocation une fois, Dieu lui inscrira, pour cette récitation et jusqu'au Jour de la Résurrection, 70 000 bonnes actions :

« Allâhumma innî uqaddimu ilayka bayna yaday kulli nafsine, wa lam'hatine, wa tarfatine, yatrufu bihâ ahlus-samâwât wal-ard ; wa kullu chay'ine huwa fî 'ilmika kâ'inune, awe qad kâna ; uqaddimu ilayka bayna yaday zâlika kullihî ».

---

[62] Il s'agit de Abû Bakr Siddiq et de 'Umar Ibn Khattab, que Dieu soit satisfait d'eux ainsi qu'à tous les compagnons.

111

« Allâhu lâ ilâha illâ Huwal-Hayyul-Qayyûm. Lâ ta'akhuzuhu sinatune walâ nawmune, lahû mâfis-samâwât wamâ fil ard. Mane zallazî yache'fa'u 'inadahu illâ bi'ize nihî, ya'alamu mâ bayna aydîhime, wamâ khalfahum, walâ yuhîtûna bichay'ine mine 'ilmihî illâ bimâ châ'a, wasi'a kursiyyuhus-samâwât wal ard. Walâ ya'ûduhû hifzuhumâ ; wa Huwal-Aliyyul-'Azîm ».

اللهم إني أقدم إليك بين يدي كل نفس ولمحة وطرفة يطرق بها أهل السماوات وأهل الأرض وكل شيء هو في علمك كائن أو قد كان أقدم إليك بين يدي ذلك كله.

الله لا إله إلا هو الحي القيوم لاتأخذه سنة ولا نوم له ما في السماوات وما في الأرض من ذا الذي يشفع عنده إلا بإذنه يعلم ما بين أيديهم وما خلفهم ولا يحيطون بشيء من علمه إلا بما شاء وسع كرسيه السماوات والأرض ولا يئوده حفظهما وهو العلي العظيم.

« Ô mon Dieu, je me dirige vers Toi qui détiens entre Tes Mains tout souffle (vie), instantanéité, immédiateté (sis) de ceux des cieux et ceux de la terre. Toute chose est actuée dans Ton Omniscience, en Toi ou qui fut en Toi, entre Tes Mains. Pour toute chose, dans l'intériorité de toute chose et dans la mesure de toute chose ».

« Dieu ! Point de Divinité que Lui, le Vivant, l'Absolu. Il n'est astreint au sommeil ni à la somnolence. A Lui tout ce qui est dans les cieux et sur la terre. Qui peut intercéder auprès de Lui sans Sa permission ? Il connaît parfaitement leur passé et leur futur. En vérité, de Sa science, ils n'embrassent que ce qu'Il veut. Certes, Son Trône déborde (est plus vaste que) les cieux et la terre dont la garde ne Lui coûte aucune peine. Et, Il est Lui le Très Haut, le Sublime ».

Le Prophète (PSL) dit : « Celui qui récite 10 fois le Verset du Trône après la prière de l'après-midi et avant de quitter sa place. Dieu lui octroiera de bonnes choses telles que :

1ère- un repenti accepté avant la mort ;

112

2ème- une subsistance bénie ;
3ème- une santé physique ;
4ème- gagner l'affection des créatures ;
5ème- avoir une foi sans l'assistance de la guidée ;
6ème- quitter ce bas monde en prononçant la *chahâda* ;
7ème- traverser le Pont (*sirât*) comme l'éclair ;
8ème- recevoir son Livre des actions par la main droite ;
9ème- élargissement de la tombe ;
10ème- entrer au Paradis sans contrôle ni difficulté ».

Cela figure parmi les joyaux splendides et magnifiques. Donc, tu dois impérativement y rester assidu afin de tirer profit des biens s'y cachant ; mais garde-toi de les négliger.

Nous avons, également, ces termes : « Tabârak'ta ilâhî minad-dahri ilad-dahri. Wa anta Rabbî wa Rabba kulli chay'ine ; lâ ilâha illâ Anta, yâ Akramal akramîne, wal Fattâh bil khayrât ; igh'firlî wa li'ibâdikal-lazîna âmanû bimâ anzalta 'alâ Rusulika ».

تباركت إلـهي من الدهر إلى الدهر وأنت ربي ورب كل شيء لا إله إلا أنت يا أكرم الأكرمين والفتاح بالخيرات اغفرلي ولعبادك الذين آمنوا بـما أنزلت على رسلك.

L'Ange Jibril (Paix sur lui) dit : « *J'ai demandé l'Ange Asrâfîl (Paix sur lui) sur les récompenses relatives à ces termes ci-dessus* ». Il me dit : « *Celui qui les récite une fois dans sa vie, ne connaîtra plus la misère. Si un serviteur les prononce, puis il demande son besoin, il sera exaucé, sur le champ. Si un serviteur les dit après l'accomplissement de la prière, Dieu acceptera cette prière et le reste des autres actes cultuels* ».

Invocation du jour de 'âchûrâ'

Il s'agit de celle-ci que l'on doit faire 7 fois :

« Sub'hânal-Lâhi, mil'al mîzâni, wa muntahal 'ilmi, wa mablagha ridâ, wa zinatal 'archi ; lâ mane'ja'a, walâ malja'a minal-Lâhi illâ ilayhi. Sub'hânal-Lâhi, 'adada chaf'i wal-watri, wa 'adada kalimâtil-Lâhit-tâmmâti kullihâ. As'alukas-salâmata, birahmatika yâ ra'hamar-râhimîne. Walâ hawla, walâ quwwata illâ billâhil-'Aliyyil-'Azîm. Wahuwa hasbî wa ni'imal Wakîl, ni'imal Mawlâ wa ni'iman-Nasîr. Wa salla-Lâhu wa sallama 'alâ khayri khalqihî Muhammadine, wa 'alâ âlihî ajma'îne ».

سبحان الله ملء الميزان ومنتهى العلم ومبلغ الرضا وزنة العرش لا منجأ ولا ملجأ من الله إلا إليه سبحان الله عدد الشفع والوتر وعدد كلمات الله التامات كلها أسألك السلامة برحمتك يا أرحم الراحمين ولا حول ولا قوة إلا بالله العلي العظيم وهو حسبي ونعم الوكيل نعم المولى ونعم النصير وصلى الله وسلم على خير خلقه محمد وعلى آله أجمعين.

Ou 10 fois celle-ci selon certains :

« Bismil-Lâhir-Rahmânir-Rahîm. Sub'hânal-Lâhi, mil'al mîzâni, wa muntahal 'ilmi, wa mablagha ridâ, wa zinatal 'archi ; lâ mane'ja'a, walâ malja'a minal-Lâhi illâ ilayhi. Sub'hânal-Lâhi, 'adada chaf'i wal-watri, wa 'adada kalimâtihit-tâmmâti birahmatihî. Lâ hawla, walâ quwwata illâ billâhil-'Aliyyil-'Azîm. Wa Huwa hasbî wa ni'imal Wakîl, ni'imal Mawlâ wa ni'iman-Nasîr. Wa salla-Lâhu 'alâ Sayyidinâ wa Mawlânâ Muhammadine khayri khalqihî, wa 'alâ âlihî wa Sahbihî, wa sallima taslîmane ajma'îne ».

بسم الله الرحمن الرحيم سبحان الله ملء الميزان ومنتهى العلم ومبلغ الرضا وزنة العرش لا منجأ ولا ملجأ من الله إلا إليه سبحان الله عدد الشفع والوتر وعدد كلماته التامات برحمته لا حول ولا قوة إلا بالله العلي العظيم وهو حسبي ونعم الوكيل نعم المولى ونعم النصير وصلى الله على سيدنا ومولانا محمد خير خلقه وعلى آله وصحبه وسلم تسليما أجمعين.

En vue de jouir de la longévité dans l'année en question, il est important de réciter, 70 fois, cette invocation :

« *Hasbunal-Lâhu wa ni'imal Wakîl, ni'imal Mawlâ, wa ni'iman-Nasîr ; lâ hawla walâ quwwata illâ bil-Lâhil-'Aliyyil-'Azîm* ».

حسبنا الله ونعم الوكيل نعم المولى ونعم النصير لاحول ولا قوة إلا بالله العلي العظيم.

Ensuite on continue l'invocation ci-dessus qui débute par : « *Sub'hânal-Lâhi ...* » jusqu'à la fin.

Parmi les points à signaler, ceux dont leurs faisabilités constituent une rançon permettant de se racheter de l'Enfer. Il s'agit de faire, au choix :
1)- 100 000 fois la Sourate « *Al-Ikhlâs* »[63] , dans sa vie.
2)- 1000 fois la prière sur le Prophète (PSL) et 1000 fois « *Sub'hânal-Lâhi wa bihamdihî* » et plus précisément, le faire, après la prière du matin. De même, on peut y ajouter, 1000 fois « *Al-hamdullil-Lâhi* » ; ou 16 641 fois « *Yâ Latîf* ».

Abû Sulaymân Dâranî dit : « *Ceux qui adorent leur Seigneur au moment sombre de la nuit seront les plus considérés des gens du Paradis. Et cette dévotion nocturne leur procurerait un Grand Bien qui leur viendra de la saveur de l'intimité qu'ils avaient avec leur Seigneur. Et que la saveur de cette intimité est traduite en récompense prompte réservée à ceux qui adoraient leur Seigneur en pleine nuit* ».

Certains Savants en Dieu disaient : « *Certes, Dieu observe bien les cœurs de ceux qui se réveillent tôt le matin en les remplissant de lumière, alors tous les bienfaits regagnent leurs cœurs qui illumineront, à leur tour, les cœurs des insouciants* ». Il est rapporté que Dieu a révélé à certains Elus ce qu'il a révélé à ses Prophètes (PSE). Dieu leur faisait savoir : « *J'ai des serviteurs qui M'aiment et que J'aime, qui éprouvent une grande affection à Mon égard et vice versa, ils mentionnent Mon nom et Je Me souviens d'eux, ils font attention à Moi et Je les observe. Par conséquent, si tu suis leurs traces, Je t'aimerais. Et si tu agis autrement ; Je ne te considérerais plus* ».

Le Prophète (PSL) demanda : « *Ô mon Seigneur, qu'elle est leurs marques distinctives ?* ». Il répondit : « *Ils suivent attentivement l'ombre durant la journée*

---

[63] " Bismil-Lâhir-Rahmânir-Rahîm (*) Qul Huwal-Lâhu ahad (*) Allâhus-Samad (*) Lam yalid walam yûlad (*) Walam yakun'lahû kufu'ane ahad ". بسم الله الرحمان الرحيم. قل هو الله أحد. الله الصمد. لم يلد. ولم يولد. ولم يكن له كفوا أحد.

115

comme le berger qui surveille ses brebis ; ils s'inclinent au coucher du soleil comme l'oiseau qui se déploie pour regagner son nid ; et lorsque la nuit tombe et que l'obscurité se confond et que chaque affectueux quitte son ami ; alors ils se dressent devant Moi ; ou au coucher, ils s'orientent vers Moi en ayant avec Moi un aparté ; ils mettent la main sur Mes faveurs. Il y en a des crieurs, des larmoyants, ceux qui poussent des soupirs et des plaignants. Et la première chose que Je leur accorderai est que Je projette dans leurs cœurs Ma Lumière. Ils s'informent de Moi comme Je détiens les informations les concernant. La deuxième chose est que si tout ce qui est dans les sept cieux et au sein des sept terres est posé sur un plateau, leurs poids seront plus lourds.

La troisième chose est que Je tournerais Mon Noble Visage vers eux. Mais, certains d'entre eux Me devancent dans Ma décision en se faisant une idée de ce que je leur octroierais. Quelqu'un sait-il ce que je compte donner à un de Mes fidèles serviteurs ?

Si le sincère disciple opte la solitude durant la nuit au détriment de ses préoccupations pendant la journée et que cette journée lui serve un moyen pour pouvoir tenir la nuit et tout ceci pour remplir les cœurs des lumières, ses agissements et ses mouvements de la journée seront une source d'où pourrait jaillir les lumières entassées de la nuit. Partant de là, son for intérieur sera placé sous une des tentes du Très Haut. Il ne connaîtra que la droiture et la tranquillité interne de son « moi ».

Le Prophète (PSL) a dit à Abû Hurayra : « Ô Abû Hurayra, désires-tu que la miséricorde de Dieu soit constamment avec toi, que tu sois en vie, que tu sois mort, que ce soit dans ta tombe, que ce soit le Jour de ta Résurrection ? ». Alors, lève-toi la nuit tout en cherchant l'agrément de ton Seigneur. Ô Abû Hurayra prie au beau milieu de ta demeure et la lumière de ta demeure se reflétera au ciel comme la lumière des étoiles illumine la terre ».

Le Prophète (PSL) dit : « Je vous recommande d'exécuter les prières nocturnes, car elles constituent la pratique habituelle des Vertueux avant vous. De fait, elles sont un moyen de rapprochement de Dieu, une expiation des péchés, un bouclier contre les maux qui envahissent le corps et un frein empêchant de tomber dans le péché ».

116

Le Prophète (PSL) dit : « *Il n'y a personne qui au moment d'exécuter la prière nocturne, le sommeil le gagne sans qu'on lui inscrive pour cette prière une bonne action et que son sommeil soit considéré, à son compte, comme une aumône (sadaqa)* ».

Ali Ibn Abî Tâlib dit que Yahyâ Ibn Zakariya s'est rassasié d'un pain fait d'orge. Ensuite, il dormit sur ces entrefaites jusqu'au matin et Dieu l'interpella par ces termes : « *Ô Yahyâ, Si tu parvenais à poser ton regard, avec l'œil de la certitude, sur Firdaws[64], ta graisse se fondrait et ton âme serait emportée par ton désir ardent d'y entrer. Par contre, si tu voyais la Jahannam[65] d'un regard certain, ta graisse se fondrait et tu pleurera à tel point que le pus suivra les larmes aux yeux* ».

On rapporta au Messager de Dieu (PSL) qu'un tel prie la nuit et vole la journée. Il dit : « *Ce qu'il fait la nuit l'en empêchera* ».

Le Prophète (PSL) dit : « *Dieu a déjà garantie sa clémence à un homme qui se lève la nuit et prie ; puis réveille son épouse pour qu'elle prie à son tour. Et si elle persiste dans le sommeil, il asperge de l'eau sur son visage* ». Il dit, par ailleurs : « *Dieu a déjà accordé sa miséricorde à une femme qui se lève la nuit et prie ; puis réveille son époux pour qu'il prie à son tour. Et s'il persiste dans son sommeil, elle lui asperge de l'eau sur son visage* ». Il dit, également : « *Celui qui se réveille la nuit et réveille son épouse et ensemble, ils font deux rak'a, ils seront inscrits parmi les invocateurs et les invocatrices souvent d'Allah* ». Il dit, en plus : « *La meilleure des prières après celles obligatoires c'est celles nocturnes* ». D'après 'Umar Ibn Khattâb, le Messager de Dieu (PSL) a dit : « *Celui qui dort au moment où il lisait une section (hizb) du Coran qu'il le termine après la prière du matin ou après celle de midi, on considérera qu'il l'a lu tout durant la nuit* ».

De même, Mâlik Ibn Dînâr disait : « *Une fois, j'ai oublié de faire mon wird de la nuit et je me suis endormi. Durant le sommeil, je vis une servante d'une beauté*

---

[64] Un des illustres et somptueux Paradis réservés aux Rapprochés de Dieu. Que Dieu nous accepte dans ce Paradis !
[65] Une des loges de l'Enfer. Que Dieu nous en préserve !

117

extraordinaire qui tenait un carnet. Elle me dit : « pourras-tu lire ce qui y est écrit ? » Je répondis par l'affirmatif. Alors, elle me tendit le carnet que j'ouvris pour lire le contenu. Et j'y ai trouvé ceci :

> *« Aspires-tu aux délices paradisiaques, veux-tu obtenir tes désirs,*
> *Mettre la main sur les femmes éclatantes du Paradis ?*
> *Désires-tu vivre éternellement sans ne plus mourir,*
> *Et partager ta vie future avec les Belles du Paradis ? »*

On rapporte que Sâbit a dit : « *Mon père figurait parmi ceux qui se levaient au beau milieu de la nuit* ». Il dit : « *J'ai vu une femme qui ne rassemblait pas aux restes des femmes et je lui dis : qui es-tu ?* » Elle répondit : « *Une nymphe*[66] *de la communauté de Dieu* ». Je lui dis : « *Fasse que je t'épouse* ». Elle me signifia : « *Demande ma main de la part de ton Seigneur en m'assignant une dote* ». Je l'interrogeais : « *Quelle est la nature de la dote ?* » Elle dit : « *Etre constant dans tes prières nocturnes (tûlut-tahajjud)* ».

C'est dans ce cadre que disait l'auteur de ces propos :

> *« Ô toi qui cherche les Houris aux yeux grands et beaux dans leurs demeures*
> *En recherchant par là, leurs mérites indiscutables,*
> *Lèves-toi avec acharnement sans afficher la paresse,*
> *Maîtrises ton âme pour l'imposer l'endurance*
> *Ecartes-toi des gens, ignores-les*
> *Apprends à être seul dans ton local*
> *Lèves-toi pour prier, lorsque la nuit survint*
> *En jeûnant le jour. Ces actes constituent la dote.*
> *Et si tes yeux font face avec elles*
> *Et que ton désir se lit à travers sa poitrine ;*
> *Alors qu'elle marche avec ses Amies de même âge*
> *Et que tu vois son collier briller autour de son cou.*
> *Alors, ton âme baisserait son aile*
> *Du fait de ce que tu devras faire pour payer sa dote ».*

On rapporta que le Messager de Dieu (PSL) se levait dès que la nuit fait le premier tiers de sa course et disait : « *Ô Hommes ! Mentionnez Dieu, mentionnez Dieu. Car*

---

[66] Qui a les yeux d'un beau noir.

le tremblement de la terre au premier son du clairon est imminent et sera immédiatement suivi du deuxième. La mort est au seuil de la porte avec toutes ses affres ! La mort est au seuil de la porte avec toutes ses affres ! ».

De même, on rapporte que le Messager de Dieu (PSL) priait la nuit jusqu'à ce que ses pieds enflent. Et lorsqu'on lui dit ne te peine dans tes pratiques cultuelles, n'est-ce pas Dieu t'a pardonné tes péchés, passés et futurs ? Alors, il dit : « *Ne dois-je pas être un esclave reconnaissant ? ».*

Celui qui s'adonne à être pragmatique dans ses actes cultuels tout en étant disciple dans notre Voie-ci doit se lever dans la mesure du possible et faire deux rak'a précédant le fajr et qu'il fasse une lecture du Coran durant ou en dehors de cette prière surérogatoire et ce, même si c'est une sourate qu'il récite ou un verset qu'il peut répéter s'il n'a pas en mémoire d'autres sourates ou versets. Ensuite, il fait le *istighfâr* ; la prière sur le Saint Prophète (PSL) ; les bonnes œuvres durables (bâqiyâtu sâlihât). Il doit faire la *Salâtul Fâtihi* bien avant la prière du fajr. Et il n'y a pas une délimitation sur le nombre de rak'a à faire si on se conforme à notre Voie Spirituelle ; mais c'est de le faire dans la mesure du possible. Notre maître spirituel recommandait et réaffirmait cette levée nocturne pour accomplir au minimum deux rak'a légers. Par la suite, on prie les deux rak'a du *fajr* suivi de la prière du matin et ce, si on sent des malaises en soi. En fait, Dieu se trouve plus rapproché de son esclave au dernier tiers de la nuit. Et si tu peux être parmi ceux qui mentionnent Dieu à cette heure précise, alors fais-le !

Durant cette heure nocturne précise, votre Seigneur a des bouffées d'air pur. Et vous devez tout faire pour que ces bouffées vous parviennent et vous ne serez plus jamais malheureux. Sous ce rapport, soyez très assidus aux prières surérogatoires nocturnes et surtout durant le dernier tiers de la nuit en y incitant les autres, les faire goûter la saveur d'une telle prière, les rendre plus actifs pour la circonstance. De fait, lors de cette nuit, les miséricordes et les sentiments dont dégagent ces bouffées descendront sur le pratiquant et le couvriront. De là, celui que Dieu aide à se réveiller à cette heure, qu'il sache que la miséricorde divine est à ses côtés. Certains disciples se sont plaints auprès de leur maître du fait de sa longue veillée en prière. Ils préparèrent un plan pour l'obliger à dormir, même pour un court instant. Leur maître leur répondit : « Ô mes disciples, sachez que Dieu a des bouffées d'air qui se dégagent la nuit et le jour. Les cœurs qui s'éveillent la nuit pour prier seront pénétrés par ces bouffées qui ne regarderont pas les cœurs dormants. Donc, aspirez plutôt à ces bouffées. Il convient de savoir que ces bouffées nocturnes sont plus prépondérants que les prières nocturnes, car ces bouffées renferment ce qui permet de purifier le cœur et d'écarter tout ce qui empêche l'accomplissement des prières nocturnes ».

On demanda à notre guide spirituel au sujet de la lumière qui quitte le visage de ceux qui se lèvent la nuit pour prier, est-ce un signe de bonne chose ou de mauvaise chose ? Il répondit : « Qu'il s'agit là d'une marque de mauvaise chose, car si Dieu veut de bonnes choses pour son esclave, il fera que la lumière puisse loger dans son cœur afin qu'il sache ce qui adviendra. Par contre, si Dieu lui veut du mal, il placera la lumière sur son visage et non dans son cœur qui en sera privé et sera objet de vilenie ».

Sur ce, les Saints gagnent beaucoup en degrés, car ils accomplissent des actes qui ne sont pas à la portée de tous. Et malgré cela, ils ne se distinguent pas du reste de la masse et ils ignorent les peines de leurs prières nocturnes dans ce monde ici-bas. Dieu seul connaît ceux-ci. Il gardera intact leurs capitaux (récompenses) sans rien y diminuer.

Suyûtî dit que : « *Le fait d'atteindre Dieu constitue un rang sublime. Et ce, si Dieu veut rapprocher son serviteur à ses côtés, il lui écourte la voie le permettant ainsi de se retrouver à ses côtés, même s'il était très loin de Lui* ». L'éminent érudit, Ru'aymu dit : « *Les privilégiés qui sont très proches de leur Seigneur, verront leurs cœurs entrer en contact avec leur Seigneur qui leur accordera une vivacité extrême en matière d'adoration* ».

Abû Yazîd, de son côté, dit : « *Les privilégiés en matière de connection avec leur Seigneur ont trois soucis : leurs préoccupations pour Dieu ; leurs appréhensions à l'endroit de Dieu et leurs retours incontestables vers Lui* ».

Awrâd choisis et les conditions validant
l'autorisation singulière de leurs pratiques

L'ensemble des zikr rapportés par la Sunna reste autorisé aux disciples de la Tarîqa. Seulement ils sont accompagnés d'une demande de permission à la fois exclusive et exhaustive.

Parmi les *azkâr* extraits de la Sunna que notre maître spirituel a autorisé à ses disciples, nous avons :

« Bismilâhil- 'Azîmil- 'a'azam, al-lazî izâ du'iya bihî ajâba, wa izâ su'ila bihî a'atâ : lâ ilâha illâ anta sub'hânaka innî kuntu minaz-zâlimîn. Allâhumma innî as'aluka bi'annî ache'hadu annaka antal-Lâhu, ahadu Samadul-lazî lam yalid walam yûlad walam yakun'lahû kufu'ane ahad. Allâhumma innî as'aluka bi'anna lakal Hamdu, lâ ilâha illâ anta, al-Hannânu, al-Mannânu, Badî'u samâwâti wal'ard, yâ Zal-jalâl wal ikrâm, yâ Hayyu, yâ Qayyûm ».

بسم الله العظيم الأعظم الذي إذا دعي به أجاب وإذا سئل به أعطى : لا إله إلا أنت سبحانك إني كنت من الظالمين. اللهم إني أسألك بأني أشهد أنك أنت الله الصمد الذي لم يلد ولم يولد ولم يكن له كفوا أحد. اللهم إني أسألك بأن لك الحمد لا إله إلا أنت الحنان المنان بديع السماوات والأرض يا ذا الجلال والإكرام يا حي يا قيوم.

Parmi les *Awrâd* choisis, ceux relatifs à la perle brillante (yâqûtatil haqâ'iq) pour faire connaître la vraie identité du Prophète (PSL). Il s'agit de :

« Allâh ! Allâh ! Allâh ! Allâhumma antal-Lâhul-lazî, lâ ilâha illâ antal-'Aliyyi fî azamati infirâd hadrati ahadiyyatika, allatî chi'ita fîha biwujûdi chu'ûnika, wa an'cha'ata mine nûrikal- kâmil nache'atal haqqi, wa ane tatahâ, wa ja'al'tahâ mine infirâd hadrati ahadiyyatika qabla nachri ache bâhihâ, wa ja'al'ta mine'hâ fîhâ bisababihâ inbisâtil 'ilm ; wa ja'al'ta mine asri hâzihîl 'azamati, wa mine barakâtihâ chab'hati suwari kullihâ, jâmidihâ wa mutaharrikihâ, wa ane tatahâ bi'iqbâli tahrîk wa taskîn. Wa ja'al'tahâ fî ihâtatil 'izzati mine kawnihâ ; qabbalta mine hâ wa fîhâ wa lahâ, wa tacha'acha'ata suwari bâriza bi'iqbâlil wujûd. Wa qaddarta lahâ wa fîhâ wa mine-hâ mâ yumâsiluhâ, yutâbiqu arqâma suwarihâ ; wa hakamta 'alayhâ bil-burûzi ta'adiyati mâ qaddartahû 'alayhâ ; wa ja'al'tahû manqûchatane fî lawhihâ al-mahfûz al-lazî khalaqta mine-hu bibarakâtihî, wa hakamta alayhâ bimâ arad-ta lahâ wa bimâ turîdu bihâ wa ja'al'ta kullal kulli fî kullika, wa ja'al'ta hâzal kulla mine kullika, wa ja'al'tal kulla qab-data mine nûri 'azamatika, rûhane limâ anta ahlune lahû, wa limâ huwa ahlun laka ».

الله الله الله اللهم أنت الله الذي لا إله إلا أنت العلي في عظمة انفراد حضرة أحديتك التي شئت فيها بوجود شؤونك وأنشأت من نورك الكامل نشأة الحق وأنطتها وجعلتها من انفراد حضرة أحديتك قبل نشر أشباحها وجعلت منها فيها بسببها انبساط العلم وجعلت من أثر هذه العظمة ومن بركتها شبحة الصور كلها جامدها ومتحركها وأنطتها بإقبال التحريك والتسكين. وجعلتها في إحاطة العزة من كونها قبلت منها وفيها ولها وتشعشعت الصور البارزة بإقبال الوجود وقدرت لها وفيها ومنها ما يماثلها يطابق أرقام صورها وحكمت عليها بالبروز التأدية ما قدرته عليها وجعلتها منقوشة في لوحها المحفوظ الذي خلقت منه ببركاته وحكمت عليها بما أردت لها وبما تريد بها وجعلت كل الكل في كلك وجعلت هذا الكل من كلك وجعلت الكل قبضة من نور عظمتك روحا لما أنت أهل له ولما هو أهل لك.

« As'aluka Allâhumma bimartabati hazihil 'azamati, wa itlâqihâ fî wuj-dine wa adamine, ane tusalliya wa tusallima 'alâ tarjamâni lisânil qadami, al-lawhil mahfûz, wan-nûri sâril mamdûd al-lazî lâ yudrikuhû dârikune, walâ yul'hiquhû lâhiqun, as-sirâtal mustaqîm, nâsiral haqqi bil-haqqi. Allâhumma salli wa sallim 'alâ acherafil khalâ'iq al-insâniyya wal-jâniyya, sâhibal anwâril fâkhira. Allâhumma salli wa sallim 'alayhi, wa 'alâ âlihî wa awlâdihi, wa az'wâjihî, wa zurriyatihi, wa ahli baytihi, wa ikh-wânihi minan-Nabiyyîn was- Siddîqîn, wa 'alâ mane âmana bihî wat-taba'ahû minal awwalîn wal-âkhirîn. Allâhumma ij'al salâtanâ 'alayhi maqbûlatan lâ mardûdatan. Allâhumma waj'al'hu lanâ rûhan, wali 'ibâdatinâ sirran, waj'al Allâhumma mahabbatne lanâ quwwatan, asta'înu bihâ 'alâ ta'azîmihi. Allâhumma waj'al ta'azîmahû fî qulûbinâ, hayâtane aqwamu bihâ wa asta'înu bihâ 'alâ zikrihî wa zikri Rabbihî. Allâhumma waj'al salâtanâ 'alyhi miftâhane. Waf-taha lanâ bihâ yâ Rabbi hijâbal iqbâl. Wata qabbal minnî bibarakâti Habîbî wa habîbi 'ibâdikal mu'uminîn, mâ anta u'addîhi minal awrâd wal azkâr wal mahabbati wa ta'azîm lizâtika : Allâh ! Allâh ! Allâh ! âh ! âh ! âh ! âmîn ; wa salla lâhu 'alâ Sayyidinâ Muhammadine. Âmîn ».

أسألك اللهم بمرتبة هذه العظمة وإطلاقها في وجد وعدم أن تصلي وتسلم على ترجمان لسان القدم اللوح المحفوظ والنور الساري الممدود الذي لا يدركه دارك ولا يلحقه لاحق الصراط المستقيم ناصر الحق بالحق. اللهم صل وسلم على أشرف الخلائق الإنسانية والجانية صاحب الأنوار الفاخرة. اللهم صل وسلم عليه وعلى آله وأولاده وأزواجه وذريته وأهل بيته وإخوانه من النبيين والصديقين وعلى من آمن به واتبعه من الأولين والآخرين. اللهم اجعل صلاتنا عليه مقبولة لا مردودة. اللهم صل على سيدنا ومولانا محمد وآله. اللهم واجعله لنا روحا ولعبادتنا سرا. واجعل اللهم محبته لنا قوتا أستعين بها على تعظيمه. اللهم واجعل تعظيمه في قلوبنا حياة أقوم بها وأستعين بها على ذكره وذكر ربه. اللهم واجعل صلاتنا عليه مفتاحا. وافتح لنا بها يا رب حجاب الإقبال. وتقبل مني ببركات حبيبي وحبيب عبادك المؤمنين ما أنت أؤديه من الأوراد والأذكار والمحبة والتعظيم لذاتك : الله الله الله آه آه آه آمين وصلى الله على سيدنا محمد آمين.

A propos de l'oraison mystique portant sur la réalité ahmadiyya :

« Allâhumma salli wa sallim 'alâ 'ayni zâtikal 'aliyyati bi'ane-wâ'i kamâlâtikal bahiyyati, fî hadrati zâtikal abadiyya, 'alâ abdikal qâ'im bika mineka laka ilayka ; bi'atammi salawâti zakiyyatil musallî fî mih'râbi 'ayni hâ'il huwiyyati ; at-tâlî sab'il masânî bisifâtika nafsiyya ; al-mukhâtib

123

biqawlika lahu « wasjud waqtarib ». Ad-dâ'î bika laka bi'iznika, likâfati chu'ûnikal 'ilmiyya. Famane ajâba istafâ wa qarraba. Al-mufîd 'alâ kâfati mane awjadtahû biquyûmiyyati sirrika. Al-madadu sârî fî kulliyati aj'zâ'i mawhibati fadlika. Al-mutajallî 'alayhi fî mihrâbi qudsika wa unsika bikamâlâti ulûhiyyika fî 'awâlimika wa barrika wa bahrika. Fasalli Allâhumma 'alayhi, salâtan kâmilatan tâm-matan bika wa minka wa ilayka wa 'alayka ; wa sallim 'alayhi salâman tam-man 'am-man châmilan li'anwâ'i kamâlâti qudsika ; dâ'imîna mutasallîna 'alâ khalîlika wa habîbika mine khalqika 'adada mâ fî 'ilmikal-qadîm, wa 'amîmi fadlikal 'azîm wa nabbi 'annâ bimahdi fadlikal karîm, fi salâti 'alayhi, salkâtakallatî sallayta 'alayhi fî mihrâbni qudsika wa huwiyyati unsika wa 'alâ âlihî wsa sahjâbatihî : rasûlika wa nabiyyika ; wa sallim 'alayhim taslîman 'adada ihâtati 'ilmika ».

اللهم صل وسلم على عين ذاتك العلية بأنواع كمالاتك البهية في حضرة ذاتك الأبدية على عبدك القائم بك منك لك إليك بأتم الصلوات الزكية المصلي في محراب عين هاء الهوية التالي السبع المثاني بصفاتك النفسية. المخاطب بقولك له واسجد واقترب الداعي بك لك بإذنك لكافة شؤونك العلمية فمن أجاب اصطفى وقرب. المفيض على كافة من أوجدته بقيمومية سرك. المدد الساري في كلية أجزاء موهبة فضلك المتجلي عليه في محراب قدسك وانسك بكمالات ألوهيتك في عوالمك وبرك وبحرك. فصل اللهم عليه صلاة كاملة تامة بك ومنك وإليك وعليك وسلم عليه سلاما تاما شاملا لأنواع كمالات قدسك دائمين متصلين على خليلك وحبيبك من خلقك عدد ما في علمك القديم وعميم فضلك العظيم ونب عنا بمحض فضلك الكريم في الصلاة عليه صلاتك التي صليت عليه في محراب قدسك وهوية انسك وعلى آله وصحابته رسولك ونبيك وسلم عليهم تسليما عدد إحاطة علمك.

La véritable identité du Prophète

Muhammad (PSL)

Fenêtre sur les oraisons tirées du cercle occulte par l'intermédiaire de notre guide spirituel, que Dieu soit satisfait de lui et qui s'agit de la perle brillante (*yâqûtatil haqâ'iq*) pour déterminer la véritable face du Maître des créatures, le Prophète Muhammad et de la prière secrète (*salât ghaybiyya*). Ceci constitue l'entame de l'explication détaillée des oraisons selon un classement harmonisé.

Alors, il convient de considérer cette invocation :
« Al hamdulil-Lâhil-lazî ja'ala Muhammadane, salla lâhu 'alayhi wa sallam, maz'haral kamâl wa hilâwa mine awsâfihî mâ ta'arifu bihî ilaynâ al-jalâl wal jamâl ; wa khassahu liwasîlati wad-darajatir-rafî'a fî maqâmine awe adnâ. Summa dallâhu ba'ada mâ adnâhu liyuz'hirahu fil 'âlam bikamâl asmâ'ihil husnâ. Fa'ane zala ilayhi âyâtihil karîma zâhirane wa bâtinane. Wa arrafahu bihaqâ'iqil acheyâ'i sûratane wa ma'anane. Falahul hamdu subhânahu wa ta'âlâ ane ja'ala nuskhata al-kâmila al-'uzmâ bimutlaqil 'adami wal wujûdi, wa fataha 'alâ yaday'hi khazâ'inil karami wal-jûdi ahmaduhu haddane lâ'iqane bimartabati ulûhiyyati, wâjibane likamâli rubûbiyyati jâmi'ane liqubûlil kamâlil mutlaqi kamâ yastahiqquhu bizâtihî, wa achekuruhû chukrane muttasilane mutawâtirane li'âlâ'ihî mawziyyane li'ane wâ'in-na'amâ'i, wa asnâ 'alayhi bimâ asnâ 'alâ nafsihi fî malâ'ikatihi qudsahu. Wa ache'hadu ane lâ'ilâha illa lâhu wahdahu bi'asmâ'ihî wa sifâtihi. Wa ache hadu anna Sayyidanâ Muhammadane 'abduhu wara sûluhu wa habîbihil-mu'uzam, wa 'abdihil- muf'kham al-mubajjal ; salla lâhu 'alayhi wa sallam, wa 'alâ âlihi wa sahbihi, wa charufa, wa 'azuma, wa majada, wa karuma ».

وصلى الله على سيدنا محمد وآله وصحبه وسلم تسليما آمين.

الحمد لله الذي جعل محمدا صلى الله عليه وسلم مظهر الكمال وحلاوه من أوصافه ما تعرف به إلينا الجلال والجمال وخصه لوسيلة والدرجة الرفيعة في مقام أو أدنى ثم دلاه بعد ما أدناه ليظهره في العالم بكمال أسمائه الحسنى فأنزل إليه آياته الكريمة ظاهرا وباطنا وعرفه بحقائق الأشياء صورة ومعنى فله الحمد سبحانه وتعالى أن جعل النسخة الكاملة العظمى بمطلق العدم والوجود وفتح على يديه خزائن الكرم والجود أحمده حدا لائقا بمرتبة ألوهية واجبا لكمال ربوبيته جامعا لقبول الكمال

125

المطلق كما يستحقه بذاته وأشكره شكرا متصلا متواترا لآلائـه موزيا لأنواع النعماء وأثنى عليه بـما أثنى على نفسه في ملائكة قدسه وأشهد أن لا إلـه إلا الله وحده بأسمائه وصفاته وأشهد أن سيدنا محمدا عبده ورسوله وحبيبه المعظم وعبده المفخم المبجل صلى الله عليه وسلم وعلى آله وصحبه وشرف وعظم ومجد وكرم.

Par ailleurs, force est de reconnaître que notre Cheikh est le nœud qui lie le monde sensible au Lieu de la Présence Sanctifiée Divine. Il représente le symbole des gens qui préfigurent les prescriptions divines. Il est la colonne, le support de la religion. Il est le lieu d'où convergent les voyageurs en quête de Dieu. Il représente la langue par laquelle s'expriment la Charî'a et la Haqîqa. Il est l'intermédiaire de ceux qui sentent le lourd poids de la dévotion. Il est le cadenas des hommes de la Voie. C'est lui l'imam de ceux qui ont atteint Dieu. Il est l'élite des Rapprochés de Dieu. Il est le porte étendard des savants en Dieu. Il est le patron des Amants de Dieu. Il est le pôle des hommes qui extériorisent leurs états et leurs intérieurs pour prouver leur affection à Dieu. Il est l'imam des hommes du mérite et de ceux qui ont atteint Dieu. C'est lui notre Patron, Ahmad Ibn Muhammad Tijânî al-Hasanî. Il est le réunificateur des Saints, leur être utile, leur éveilleur, le dépositaire de l'oraison connue sous l'appellation : « _Yâqûtatil Haqâ'iq fi ta'arîf bi haqîqati Sayyidil khalâ'iq_ » (ياقوتة الحقائق في التعريف بحقيقة سيد الخلائق). Cette oraison a été dictée par le Messager de Dieu (PSL). Il l'a reçu en état d'éveil et non en état de sommeil. Le Prophète (PSL) l'ordonna de porter cette charge pour courir au secours de l'humanité. De là, il le porta et le communiqua aux désireux. Il expliqua les réalités de cette oraison en montrant ses utilités. Nous concernant, nous l'avons désigné par « _Djawâhirul Haqâ'iq fi charhi Yâqûtatil Haqâ'iq_ » (جواهر الحقائق في شرح ياقوتة الحقائق).

Notre Maître montre que celui qui la récite régulièrement aura la garantie de recevoir et d'obtenir les bonnes choses d'ici-bas et de l'au-delà. Celui qui la récite 2 fois le matin et 2 fois le soir, on lui pardonnera ses péchés, grands et petits. Il obtiendra ce qu'il doit obtenir. Il n'aura plus d'illusions sur la question de l'Unicité Divine. Mais, il doit impérativement avoir l'autorisation authentique (_izn sahîh_).

Nous en venons au contenu même de cette noble oraison. A propos de son propos : Allâh ! Allâh ! Allâh !

Il faut savoir, de prime abord, que ce Noble Nom est sujet à discussion. D'aucuns se demandent si ce nom vient d'un mot dérivé ; d'autres se demandent si c'est tout simplement un mot improvisé. Pour nous, c'est un terme[67] improvisé. Chaque fois que les linguistes tentent d'expliquer son origine, ils échouent dans leur tentative, car ce mot est inimaginable. Ce mot émane des Noms très Elevés. Les Attributs Divins ont chacun une particularité qui le lie au sens réel de l'Essence Suprême. Le terme « *Allâh* » n'a point de signifié particulier sinon qu'il exprime l'Essence Absolu de Dieu.

C'est pour cette raison que l'on soutient qu'il s'agit là du Nom sublime (*ismul a'azam*) du fait qu'il fut lieu de manifestation de l'Essence Suprême (*zât 'aliyya*) loin de son particularisme c'est-à-dire de son contenu. En fait, Dieu s'est désigné par lui-même dans le monde de l'Invisible où rien n'existe à Ses côtés et rien ne peut trouver de prétexte chez Lui. Assurément, Dieu le Très Haut fut, lors de la préexistence, un Etre Singulier dans Son Essence et dans Sa Substance. C'est après que les réalités sensuelles de l'existence finirent par se manifester de façon notoire. Alors, les Noms Divins avaient l'image des astres regroupés dans leur galaxie propre. Ces Noms interpellèrent les Existants qui leur répondirent : « Jusqu'à présent, vous ne savez pas que vous êtes au fond même du monde caché. Si vous vous étiez manifestés à nous, certes, nous connaitrons ce qui vous régit et ce qui contrôle vos mouvements. De toutes façons, les rangs que vous jouissez se sont distingués à partir de leur lieu de contenance, de leur logis. Et par conséquent, vous savez et nous savons ». Les Existants Nominés se tournèrent vers le Nom désigné par : Seigneur (*Rabb*) de la même manière que les réalités existentielles se tournèrent en direction des Noms. Le nom désigné par Seigneur (*Rabb*) leur dit : « Attendez que je pénètre au sein du Nom Sublime qui n'est rien d'autre que le Vocable « Allâh ».

C'est là que le Nom désigné par « *Rabb* » alla trouver ce Nom Sublime et le fit part de la préoccupation des Existants Nominés. Ce Nom Sublime lui répondit, à son tour : « Attends que je puisse consulter mon Signifiant (*mad-lûlî*) ». Ce Nom

---

[67] Il s'agit du terme « Allâh ».

127

Sublime entra dans la Sanctuaire Sacrée de Dieu le Très Haut, le Majestueux. Il se retrouva au sein de la Présence Sanctifiée de l'Essence Primordiale. Ce Nom s'adressa à cette Essence Primordiale en lui faisant part de la préoccupation du Nom désigné par « *Rabb* ». Alors, Dieu, le Parfait, rétorqua : « Retournes vers eux, Je compte extérioriser et extirper ce qu'ils réclament ».

Et de cette interpellation, l'existence se manifesta dans son ensemble global. Ceci suffit pour justifier que ce Nom Sublime n'est pas le produit d'une causalité quelconque. C'est plutôt le Nom d'Essence Absolu qui est à l'origine de l'avènement de l'existence dans son essence primitif. C'est dire que ce vocable « *Allâh* » n'est point assujetti aux règles grammaticales syntaxiques des langues à l'instar de la langue arabe. Alors que tous les existants sont exprimés dans toutes les langues que Dieu a accordées à l'humanité. Il faut dire que Dieu se confond dans ce Nom Sublime qui est « *Allâh* ».

De cette évidence, les savants en Dieu se sont tous accordés à dire que ce Nom exprime le summum du Degré Divin et non l'essence même. En fait, le Degré Divin exprime la Divinité, le Théisme (*al-ulûhiyya*). En réalité, l'Essence est au confins de l'occulte ; au moment où le degré est en corrélation avec l'avènement, la manifestation que Dieu seul connaît. Là aussi, les savants en Dieu sont unanimes à soutenir que Dieu est Lui-même Apparent dans Sa Singularité et point d'existence hormis Lui. C'est pour dire qu'ils sont pour la manifestation du Degré Divin et non de son Essence. Et nous comprenons par là que ce Nom Sublime n'est pas un effet de cause, c'est le Nom d'Essence qui impose l'avènement de l'existence.

Seulement, les Scolastiques soutiennent la thèse selon laquelle ce Nom est un mot dérivé. Et le fait d'introniser, de plier les noms segmentés sous l'aile du globalisme ne marche pas avec ce Nom Sublime. Ce Nom Sublime transcende toutes les intégralités et toutes les segmentations. Il ne connaît ni genre ni partage de vie avec le reste des existants. Il n'a point d'associé dans Son Royaume. Donc, dire que ce Nom Sublime relève d'une dérivation ne tient pas. Si on dit que les images des existants étaient inexistantes lors de la prééternité, comment est-ce possible de les considérer dans le monde du néant ?

Nous réaffirmons que cela est vrai. Mais lorsque Dieu a voulu faire exister le monde, il a donné à chaque existant une image qui lui est propre sous forme d'imagination. Et Dieu leur insuffla son Verbe Singulier que les sens ne peuvent pas appréhender. Alors, les existants nominés se tournèrent vers ce Verbe Divin. Et ils firent face à la Volonté de Dieu. Laquelle Volonté consistait à les faire manifester dans le monde concret. Mais leurs imaginations ne traduisent leurs extériorisations dans le monde concret. C'est plutôt une image que l'on voit lors du sommeil. Là, l'on aperçoit des images sensorielles auxquelles on a tendance à s'adresser. Lors de cette entrevue, l'on se croit être dans la réalité. Alors qu'en vérité, elles n'existent que dans notre imagination. En effet, au réveil l'on ne voit rien de ces images.

Pour ce qui est de l'entame de cette salât relative à ce Noble Nom, tout d'abord, il faut savoir que ce vocable « *Allah* » est le premier nom dont rien n'a précédé et que lui précède toute chose, vu le propos prophétique suivant : « *Toute chose entreprise et ayant une importance capitale se voit rompue, si la Basmala n'est pas prononcée au moment de l'entamer* ». Le Prophète (PSL) le répéta trois fois pour marquer son importance et montrer que Dieu invite à un retour vers Lui de manière autoritaire. Ce retour exprime, à la fois, le soubassement, la résignation et le recours. En d'autres termes, c'est comme si le Prophète (PSL) a dit : « Tu dois te cramponner à Dieu en te basant sur le vocable « *Allâhumma* ».

Le sens mystique de la « Yâqûtatil Haqâ'iq »

Le vocable « Allâhumma اللهم » était employé par les Arabes lorsqu'ils formulaient leurs demandes, recherchant ainsi la satisfaction immédiate de leurs besoins. C'est comme qui disait : « exauces mes demandes dans l'immédiat ou accorde moi ton secours dans les minutes qui suivent ». C'est en quelque sorte le contenu de leurs demandes.

Alors que l'expression « Antal-Lâhu أنت الله » renferme, à la fois, le pronom personnel interlocuteur et le Nom Sublime.

129

Par contre, l'expression « Al-lazî lâ ilâha illâ Huwa الذي لا إله إلا هو » signifie, en arabe, qu'il n'a point de divinité adoré dans la Vérité excepté Dieu qui précise : « **Allah ! Pas de divinité à part Lui, le Vivant, Celui qui subsiste par Lui-même** ». En fait, cette précision signifie qu'il n'y a aucun adoré excepté Lui (*Huwa*) à qui s'est soumise toute l'existence en signe d'adoration, d'humilité et d'effacement dans l'unique but de reconnaître Sa suprématie ultime tout en se faisant petit devant Sa grandeur, sa magnificence, Sa noblesse et Sa majesté.

Concernant le lexème « Al-'Âlî العالي », il renferme l'idée de grandeur, de magnificence, de puissance, de majesté, de gloire, de générosité, de supériorité, de pureté et de qualités louées loin de toute aberration. En vérité, le Très Haut est au-dessus de toute chose.

A propos de l'expression « Fî 'azamatihî في عظمته », il s'agit d'une chose existante dans Son Essence, c'est-à-dire une chose sublime qui ne permet pas de faire fi du Très Haut qui est capable d'imposer Sa grandeur au point que le sujet se retrouverait humilié et tout à fait petit devant son charisme.

Et pour son propos « Infirâd hadrati ahadiyyatika انفراد حضرة أحديتك », il convient de savoir que la présence singulière constitue Son premier indice qui s'est manifesté à partir de Sa propre Essence, car la Vérité qui se manifeste dans sa Présence Singulière ignore cet indice. En fait, le lieu cloîtré de la manifestation de l'Essence Divine a l'image d'un océan barricadé et impénétrable. C'est un Lieu Cloîtré que la raison ne peut ni imaginer ni désigner ; l'œil ne peut atteindre. C'est un Lieu sans trace. De même, il s'avère impossible d'imaginer cette Essence, de la quantifier, d'en préciser le comment et plus encore la singulariser ou la donner un caractère exclusif. En fait, il joue le rôle de coupe-circuit vis-à-vis de l'ensemble des prévenances si elle s'est manifestée de son propre chef. Aucun indice n'est en mesure de le concevoir. Il demeure Singulier dans l'existence et il a l'image de l'Essence Cloîtré vis-à-vis de l'Un.

Seuls ceux qui sont en mesure de concevoir Dieu dans leurs esprits peuvent mettre l'œil sur la manifestation de l'Un. Ceux qui n'en ont pas cette possibilité passeront par une profonde méditation pour arriver spirituellement à Lui. Et là, il sera évident que le fidèle et Dieu font deux Etres distincts. Et en ce moment, chacun se manifestera et point d'unicité, dans ce cadre. Et si toutefois, le fidèle est pulvérisé, il n'a plus de corps, ne laissera pas de trace, ne suscitera aucun sentiment et ne sera pas objet d'illusion. Il ne se manifestera que pour Lui-Même sans que personne ne sente Son existence. Cela prouve que se manifester à partir de l'unicité est chose impossible. Il faut savoir que la doctrine de l'unicité présente trois échelles graduelles.

La première échelle représente l'unité primordiale (al'ahadiyya). C'est la place privilégiée du Verbe Divin « Kun » (sois) qui n'est ni nominale, ni descriptible, ni représentatif, ni quantifiable, ni qualifiable, ni imaginable sauf par la Vérité par le biais de la Vérité pour satisfaire la Vérité à propos de la Vérité. C'est là, la place privilégiée du « Kun » Divin.

La seconde échelle représente l'Unité Absolu du Moi. C'est le premier degré qui préfigure la manifestation du Bien-Aimé[68] que le doué de raison peut concevoir. C'est, en somme, le grade de la manifestation attestée du Prophète Muhammad (PSL). Manifestation singulière que Dieu lui a exclusivement réservée dans son monde caché d'une conservation essentielle (al-khusûsiyya al-uzmâ). Déjà, il était le vicaire choisi par Dieu pour être le fidèle dépositaire des lois divines applicables dans Son Univers.

La troisième échelle, c'est la place du monisme (al-wâhidiyya). C'est le rang des généralités du théisme (umul ulûhiyya) faisant que Dieu, le Réel puisse se déployer par le biais de Ses Attributs et Noms, en manifestant Ses Particularismes de façon, à la fois, globale et détaillée.

Quant à son propos : « allatî chi'ita fîhâ bi wujûdi chu'ûnika التي شئت فيها بوجود شؤونك ». Il convient de savoir déjà que les programmes (chu'ûne) dont il est question, ici, constituent les réalités de l'existence. Cependant, ils sont désignés comme tels en raison de l'incapacité de discerner ses réalités, car étant toutes cachées et confinées dans la sphère de l'Un. Et là, ces Programmes n'avaient ni œil,

---

[68] Il s'agit du fidèle serviteur docile et humble de Dieu, le Prophète Muhammad (PSL).

ni image, ni nom, ni figure, ni couleur. C'est la raison pour laquelle, ils sont désignés tout simplement « programmes » car, personne ne connaissaient leurs réalités. C'est dire qu'ils représentaient le même format, présentaient le même sens. C'est dans ce cadre que disait le grand Cheikh, Ibn Arabî al-Hâtimî :

> « *Nous étions des lettres élevées mais*
> *Sans atteindre le sommet, car étant comme de petits semences.*
> *Nous sommes Toi et dans Toi ; et Toi, Tu es le*
> *Tout dans Ton Ipséité. Que le douteux demande celui qui a atteint Dieu* ».

Par ces deux vers, le grand cheikh fait allusion à la Présence Singulière de l'Un. Là, toutes les choses étaient nulles et non existants vis-à-vis des Signes Indicatrices telles que les noms, les représentations, les couleurs, les mesures, le temps et l'espace. Ce sont les Signes qui permettent de mieux appréhender les réalités de l'Etre et pouvoir les dissocier les unes des autres. C'est ainsi qu'il s'avère possible de comprendre leurs provenances et leurs rangs. De fait, si l'instrument permettant de faire connaître était inexistant, les programmes divins seraient choses confinées et cloîtrées. Et donc, ce serait une équation égale entre les faire manifester dans le monde sensible et assurer leur pérennité dans le monde occulte. Mais Dieu réaffirme Son Occupation Perpétuelle dans Son Univers qui reste soumis à Ses Lois Immuables : « **... Chaque jour, Il accomplit une œuvre nouvelle** [69] ». Toujours est-il qu'Il fait manifester ses réalités dans leurs formes respectives en leur délimitant leurs quantités, leurs natures, leurs couleurs, leurs images, leurs désignations, leurs temporalités et leurs spatialités. Leur connaissabilité est chose limitée.

On rapporte, qu'un jour, Ahmad Rafâ'î enseignait lorsque quelqu'un qu'il ignorait, le demanda au sujet du propos divin « *Chaque jour, Il accomplit une œuvre nouvelle* ». Ahmad Rafâ'î fut perplexe et ne trouva pas de réponse. Il se tut sans rien dire. Ensuite, il vit le Messager de Dieu (PSL) à qui il posa la même question. Celui-ci lui expliqua qu'il s'agit des programmes que Dieu fait apparaître sans pour autant les dévoiler, les décoder. Au petit matin devant ses disciples, l'interrogateur de la veille se présenta avec la même question. Il lui donna la réponse du Messager

---

[69] Sourate : Ar-Rahmâne ; verset : 29.

de Dieu (PSL). Ensuite, il lui dit : « Qui t'a appris cela ? ». A cette question Ahmad Rafâ'î comprit que l'interrogateur n'est d'autre que Khudar[70].

S'agissant de son propos : « wan cha'ate mine nûrikal kâmil وأنشأت من نورك الكامل », il y montre que la lumière complète et intégrale n'est décortiquée que par la Lumière Primordiale (*nûru zât*), quant à la Réalité Muhammédienne ainsi qu'à son image, personne ne peut afficher le désir d'en connaître l'Essence encore moins de la contempler.

Quant à son propos : « nacha'atal haqq نشأة الحق », il désigne la Réalité Muhammédienne. Elle est une vérité dans une réalité concrète par le biais d'une vérité extirpant une vérité pour assouvir la volonté de la Vérité Suprême. C'est pour confirmer que le Faux ne peut en aucun cas interférer voire brouiller cette Réalité Muhammédienne. Laquelle réalité exprime la candeur éclatante, la pureté pure et le summum de l'élévation. Jamais, il n'existe une réalité plus honorable, plus élevée, plus candide, plus pure, plus exhaustive que cette Réalité. En plus, cette Réalité, dans son For Intérieur, n'est pas concevable.
 Uwaïs Qarnî disait à 'Umar Ibn Khattab : « *Du Messager de Dieu (PSL), vous n'avez vu que son ombre* ». 'Umar, ébahi, lui dit : « *Même Abû Bakr Siddîq ?* ». Il lui dit : « *Oui, même Abû Bakr Siddîq* ». Il ne les a dit cela qu'après avoir atteint les profondeurs des connaissances le permettant de faire face à cette Réalité. Par contre, certains objectèrent en démontrant que les Grands parmi les Messagers de Dieu (PSL) n'ont pas pu atteindre cette Réalité Muhammédienne. Sous cet angle, notre Vénéré Abd Salâm Ibn Machîch disait dans ses prières : « walahu tadâ'alatil fuhûm. Falam yudrik'hu minnâ sâbiqune walâ lâ'hiqune وله تضاءلت الفهوم فلم يدركه منا سابق ولا لاحق[71] ».

Par ailleurs, Abû Yazîd al-Bastâmî disait : « J'ai franchi la profondeur des connaissances dans le but de faire face à cette Réalité. Mais, à ma grande surprise,

---

[70] Il s'agit du saint personnage mystérieux dont relate le Coran (cf. Sourate Al-Kahf, versets : 60 – 82).
[71] « Les intelligences se sont effacées face à la grandeur de la Réalité Muhammédienne que ni le précédant encore moins le suivant ne peut atteindre ».

je me suis retrouvé face à des milliers de Voiles de Lumière. J'ai sentit que si je me rapprochai du premier voile, il me brûlerait comme brûlerait un poil jeté au feu ».

Pour ce qui est de son propos : « wa antatuhâ وأنتطها », il veut dire que J'ai confiné le cosmos dans un bloc placé dans cette Réalité. Rien n'existe en dehors de ce cosmos qui fut créé pour la cause de cette même Réalité et non pas pour l'Essence Divine. Alors que cette Réalité existe pour répondre à la Volonté Suprême de Dieu. Donc point d'intermédiaire entre cette Réalité et l'Essence Divine. Et que toute la créature est confinée dans cette Réalité. C'est dire que cette Réalité joue le rôle de pont entre l'Essence Divine et la créature dans son ensemble. Sans cette Réalité, tout l'univers deviendrait, en un clin d'œil, une masse compacte. Donc, toute l'existence subsiste sous l'ombre de cette Réalité.

Notre vénéré, Abdallah Ibn Machîch, disait : « Il n'y a aucune chose existante sans qu'elle ne soit intériorisée dans la sphère de cette Réalité. Et si ce n'était celle-ci, toute existence s'en irait. Il est récité dans une invocation : « Allâhumma innahû sirrukal djâmi'u, ad-dâllu alayka, wa hijâbukal a'azam, al-qâ'im laka bayna yadayka اللهم إنه سرك الجامع الدال عليك وحجابك الأعظم القائم لك بين يديك ».

Son propos : « wa ja'altuhâ suratane وجعلتها صورة » démontre que l'image de la Réalité Muhammédienne constitue la première chose qui a émané de Dieu, après que Dieu ait déterminé Ses Programmes. Ces derniers étaient décidés de manière compacte sans aucun détail sur leurs contenus. C'est dire qu'ils étaient cachés et n'étaient pas accessibles. C'est ce qui fait qu'il était impossible de déterminer l'image de cette Réalité, sa quantification, sa mesure, son poids, sa temporalité, sa spatialité. C'est la raison pour laquelle, elle est désignée par « chose confinée et inaccessible ». Si les existants se manifestent à partir de cette Présence de la Réalité, chaque existant est pourvu d'une image par laquelle il est reconnu. En fait, tout existant « surgit » à la base d'une quantification, d'une nature, d'une mesure, d'une désignation et d'une représentation. Et de là, chaque existant se distingue de l'autre. Et partant, il devient évident d'en élucider l'image exacte de cette Réalité Muhammédienne.

En somme, la première chose à faire son apparition constitue la Réalité Muhammédienne. Ibn Arabî al-Hâtimi disait dans ses prières : « Allâhumma adime

salawâtaka, wa sallim taslîmataka âlâ awwali ta'aniyâtil mufâdati minal amal
rabbânî اللهم أدم صلواتك وسلم سليمتك على أول التعينات المفاضة من العمل
الرباني. »

Le Messager de Dieu (PSL) dit : « *Dieu le Très Haut était dans l'invisibilité totale.*
Il était Singulier dans Son Existence ». Pour les Arabes, le terme « *amane* » عمى
désigne les nuages (*as-sahâb*). Cependant, il est désigné ainsi, car il couvrait même
le soleil. Toujours est-il que l'on entend par « invisible totale » (*amane*), le premier
des degrés de l'Essence Primordiale, à savoir le monde de la cécité et de
l'aveuglement. Ainsi, le premier Etre Invisible, par excellence, désigne l'Essence
Primordiale Divine ; alors que le second Etre non perceptible dans ce monde du
néant est la Réalité Muhammédienne.

Par le propos « Kâmilatun tammatune كاملة تامة », nous avons deux termes que
les Arabes prenaient pour des synonymes à savoir « al-kâmil » et « at-tâmm » et les
employaient lors des louanges. Or, il est fort visible que le terme « *al-kâmil* »
exprime l'exhaustif débordant ; alors que le terme « *at-tâmm* » renvoie à l'idée de
non emboîtement d'un autre cercle. Mais il reste limité dans son sens propre. Donc,
le Prophète (PSL) reste, sans doute, un homme complet dans sa personne (*at-tâmm*)
loin de tout déficit ou manquement. Il est en même temps l'exhaustif débordant (*al-
kâmil*) qui permet de faire compléter les autres existants, de faire renforcer les
connaissances, les arcanes, les lumières, de faire dynamiser les actes, de déterminer
les états, de rendre abondante les flux, les manifestations, de déterminer les
dispositions, d'augmenter les attributions et les largesses. Et tout ce que Dieu
octroie l'existence en fait de largesses, absolu soit-il, restrictif, considérable,
minime, célèbre, exception, Il le fait via Son Elu et Bien-Aimé Muhammad (PSL).
Croire que tout ce qui vient de Dieu arrive directement à la créature, sans passer par
ce Bien-Aimé, est synonyme d'ignorance des Prédispositions Divines. Le non
repentir à cette mauvaise prétention entraîne la perdition dans les deux mondes.
Et son propos « tajid mine'hâ تجد منها » signifie que l'image qui a émané de la
lumière exhaustive est, en vérité, la Réalité Muhammédienne.

Alors que l'expression « bisababi wujûdihâ بسبب وجودها » montre qu'avant la
manifestation de cette Réalité, rien n'existait dans le monde de l'imagerie hormis ce

qui se trouvait dans le cercle de la Science Divine du fait que de ce cercle émane le Savoir Stable de Dieu.

Quant à l'expression « mine infirâdi hadrati ahadiyyatika من انفراض حضرة أحديتك », elle signifie que l'on trouve dans cette image toute la manifestation singulière des premières choses créées après l'avènement, bien sûre, de la Réalité de Muhammad qui s'est suffit à assurer sa propre contemplation. En fait, l'image est comparable par laquelle, cette image se regarde et se voit. De même, Dieu le Très Haut voit Son Essence Primordiale Exalté à travers cette image. C'est là, le sens de toute l'exclusivité de la doctrine de l'Un.

Son propos : « qabla nachri ach bâhihâ قبل نشر أشباحها » signifie que le déploiement des corps des existants à partir de la Réalité traduit l'ego des existants partant de la préexistence jusqu'à la fin des temps. En un mot, le déploiement des corps existentiels s'est fait à partir de cette image de Muhammad (PSL). Sur cette base, il est dit que ce dernier est, effectivement, le « premier père » de tout ce qui existe. Les existants se sont tous descendants de cette Réalité Muhammédienne. Cette dernière est comparée à un arbre complet et le reste des existants aux branches de cet arbre.

Quant à son dire : « wa ja'altu mine hâ fîhâ وجعلت منها فيها », il veut dire que de cette image est sorti la Science régissant l'univers comme le dit Dieu : « **Et de Sa science, ils n'embrassent que ce qu'Il veut** ». Ainsi cette science provenant de cette image constitue la source des autres sciences. C'est à l'image d'un océan qui laisse déborder les fleuves, les mers, les sources. C'est ainsi entre la réalité Muhammédienne et les autres existants.

Son propos : « bisababihâ بسببها » signifie que la sience émanant de cette image reflète la source mère de toute science. Il n'y a aucune cause à effet entre la Réalité Muhammédienne et l'Essence Divine.

Son propos : « wa ja'altu mine asari hâzihil azamati وجعلت من أثر هذه العظمة » démontre que la grandeur (*azamati*) exprime que cette Réalité est une poignée de la lumière de la Grandeur Divine. C'est dire que cette grandeur de la réalité constitue

136

la cause première de l'avènement des corps existentiels qui viennent du néant vers l'être. Il faut dire sans : « Muhammad (PSL) pas d'existence et tout resterait recroquevillé dans le néant ». C'est dire autrement que si la Volonté de Dieu allait dans le sens de ne point créer Muhammad (PSL), rien ne serait créé. Donc, tous les existants proviennent d'un seul « père » qui n'est d'autre que Muhammad (PSL).

Pour ce qui est de son propos : « wa mine barakâtihâ chab'hatu suwar kulluhâ, jâmidihâ et mutahrrikihâ ومن بركاتها شبحة الصور كلها جامدها ومتحركها », il montre que les corps des existants – mobiles comme immobiles, animés comme inanimés – sont tous assortis de cette Réalité dont incarne Muhammad (PSL).

Son propos : « wa antatuhâ bi 'iqbâli tahrîk wa taskîne وأنتطها بإقبال التحريك والتسكين », il fait état des contingences intervenues dans le déploiement des corps des existants mobiles comme immobiles.

Concernant son propos : « wa ja'altuha fi ihâtatil izza وجعلتها في إحاطة العزة », il fait allusion à l'image de Muhammad (PSL) que Dieu a créé à partir de Sa Lumière Exhaustive. Image qu'il a placée dans les voilements de Sa Puissance, faisant qu'il s'avère impossible d'entrer en connaissance avec cette image, car voilée par les rideaux de la Puissance et de la Majesté.

Pour ce qui est de son propos : « mine kawniha qubilate من كونها قبلت », il veut dire que l'existence émane de cette Réalité qu'il manifeste et au sein de laquelle elle évolue. Donc, l'avènement de cette Réalité précède toute existence excepté l'Essence Divine.

Pour ce qui est de son propos : « fihâ wa mine'hâ wa lahâ فيها ومنها ولها », il démontre que cette Réalité prend inspiration de Dieu, le Très Haut. Donc, cette Réalité s'est manifestée après la création des autres existants. Ces derniers sont tous intériorisés et confinés dans cette Réalité qui n'a point de barrière entre elle et l'Essence Divine. Il est rapporté dans un hadith qudsiyyi : « *J'ai (moi Dieu) créé toute chose pour ta [toi Muhammad] cause et Je t'ai créé pour ma cause* ». Ceci atteste que toute chose créée existe pour la cause de cette Réalité et non le contraire. Cette Réalité doit sa création à l'Essence Divine Sanctifiée.

C'est ce qui est mentionné dans la prière formulée par Muhammad al-Bakry. Prière dictée par le Messager de Dieu (PSL). « Ainsi, ton fidèle serviteur (Muhammad) est là pour te servir (Toi Dieu), faisant que ton fidèle est ton fidèle ; alors que Toi tu es Toi. Singulier dans Tes Noms et Tes Attributs. Là, il T'a voué un culte exclusif.

De toute façon, l'être dans son ensemble représente l'état des Attributs et Noms sublimes de Dieu. Bien que Muhammad (PSL) est celui-là qui actualise ces Attributs et Noms. Et de surcroît, il est l'incarnation de ces Attributs et Noms. Aussi fut-il l'esclave de Dieu qui réunit en lui tous les particularismes de ces deux entités. C'est là toute la teneur et la portée de la khilafa qu'il a hérité directement de Dieu, pour dire qu'il est le vicaire principal de Dieu dans tout Son Royaume.

Son propos : « wa tachacha'ate suwar al-bâriza bi 'iqbâlil wujûd وتشـشعت الصـور البارزة بإقبال الوجود » c'est-à-dire que lorsque le Prophète (PSL) s'est confondu avec toutes les exigences de la servilité divine, toute l'existence s'est inspirée du Messager de Dieu (PSL) pour assurer sa vie sur terre. C'est dire, en d'autres termes, qu'elle est illuminée par cette Réalité. Illumination qui s'est faite par phase successive selon les étapes consécutives de la temporalité et de la spatialité. L'existence a pu, ainsi, connaître une stabilité dans sa survie évolutive.

Pour ce qui est de son propos : « wa qaddartu lahâ وقدرت لها », c'est-à-dire que Dieu a prédéterminé que toute l'existence sous tire sa lumière de cette image du Prophète (PSL). Ce dernier constitue le corps humain ; alors que le reste de l'existence représente les membres de ce corps. Et il faut dire que Dieu seul connaît la véritable nature de ce « corps humain » qui symbolise Muhammad (PSL).

Son propos : « mine'hâ منها » démontre que toute l'existence est descendante de cette Réalité. De ce fait, Muhammad (PSL) est le « père premier » de l'existence qui est considéré comme étant « ses enfants ».

Son propos : « mâ yumâsiluhâ ما يماثلها » exprime que lorsque Dieu a voulu donné forme à cette image adamique du Prophète (PSL), il lui façonné conformément à sa Forme Initiale telle qu'il l'a créé pour la première fois.

Pour ce qui est de son propos : « mimmâ yutâbiqu arqâma suwarihâ مما يطابق أرقام صورها », il explique ce qui colle avec sa Forme. Ainsi, la ressemblance et la similarité peuvent être effectives entre deux choses et ne pas l'être pour d'autres. Les images adamiques sont toutes conformes à l'image du Messager de Dieu (PSL).

Son propos : « Hakamtu alay'ha bil burûz حكمت عليها بالبروز » implique que Dieu a décrété l'avènement de l'Image Prophétique à partir du néant pour qu'il puisse exécuter les ordres divins. Ainsi, l'Image émanant obéit à des lois qui collent avec la Volonté Divine depuis la préexistence. Chaque image est déterminée par une forme, une couleur, une mesure, une localisation, une temporalité, une subsistance et une loi.

Ces sept particularismes sont primordiaux pour chaque image. La couleur de chaque image est déterminée à partir d'une seule et unique teinture, la Teinture Divine. La mesure c'est ce qui permet d'en déterminer la longueur, la restriction, la grandeur, la petitesse, la lourdeur et la légèreté. Ce sont là, les critères permettant de donner forme à chaque chose existante. La temporalité, c'est l'intervalle qui va du moment de son avènement jusqu'au moment de son anéantissement. La localisation indique le lieu de son établissement. Les subsistances ce sont les lois qui régissent les bienfaits qu'attend l'humanité pour survivre. Il y a des bienfaits qui tarissent très rapidement et d'autres qui perdurent. Les bienfaits qui perdurent ce sont ceux qui sont au Paradis et chacun – humain comme animal – y aura sa part. Dieu dit : « **Regarde comment Nous favorisons certains sur d'autres. Et dans l'au-delà, il y a des rangs plus élevés et plus privilégiés** [72]». C'est-à-dire qu'ils ont dans le Paradis des degrés qui font dix fois le monde comme le démontre un hadith prophétique. Donc, que dire des Elus du Paradis dont chacun peut avoir en Houris aux Belles Yeux un nombre plus constant que celui des Anges, des Génies,

---

[72] Sourate Al-Isrâ'î ; verset : 21.

des humains, des oiseaux. Et encore en nombre doublé. A noter qu'une seule Houri au Paradis équivaut à 70 000 servantes ici-bas qui ont sous leur tutelle des serveurs. Et que toutes ces servantes seront au service de l'heureux élu du Paradis. Si le commun des humains aura ceci en guise de rétribution, que dire des Envoyés et des Prophètes (PSE) qui sont admis dans les demeures les plus élevées du Paradis et qui auront des Récompenses dédoublées.

Il faut impérativement noter que les subsistances divines dépendent de la Volonté Divine, qu'elles soient éternelles comme celles du Paradis ; ou limitées comme celles d'ici-bas. Quant aux jugements divins, ce sont celles qui régissent les lois mondaines en matière de châtiments perpétuels comme en Enfer ; et de châtiments limités comme les malheurs et calamités mondains. Et toutes ces lois sont essentielles pour l'Essence Muhammédienne.

Pour son propos : « lita'adiyati mâ qaddartahu alay'hâ لتأدية ما قدرته عليها », il veut signifier que Dieu a fait manifester cette Réalité du néant vers l'être pour faire appliquer Ses lois ici-bas.

Son propos : « wa ja'altahâ manqûchatane fi law'hihâl mahfûz وجعلتها منقوشة في لوحها المحفوظ », le pronom « hâ » dans *ja'altahâ* fait allusion à l'image émanant (*sûratul bâriza*) dont nous avons évoquée plus haut et qui est régie par les sept caractéristiques mentionnées plus haut. La gravure (*naqch*) ici indique la manifestation de cette Réalité dans son image muhammédienne. Alors que la Tablette Gardée (lawhul mahfûz), exprime que toutes les choses existentielles sont gravées dans le plateau de la Réalité Muhammédienne.

Le propos : « allazî khalaqta mine'hu الذي خلقت منه » implique que le Prophète Muhammad (PSL) est le premier « père » de l'existence qui est vue à son tour comme étant « ses enfants ».

Son propos : « bi barakatihi ببركته » veut dire que toute l'existence émane de la bénédiction du Prophète (PSL) qui est la source de la Miséricorde Divine.

Son propos-ci : « wa hakamtu alay'hâ bimâ ardta lahâ wa bimâ turîdu bihâ وحكمت عليها بما أردت لها وبما تريد بها » renvoie aux sept caractéristiques essentiels mentionnés plus haut.

S'agissant de ce propos-ci : « wa ja'alta kullal kulli fi kullika وجعلت كل الكل في كلك » signifie que le tout (kulliya) et la partie (juz'iyya) est chose impossible concernant Dieu, car Lui il est Unique dans son Etre qui n'accepte aucune contingence, aucune quantification, aucune multiplicité. Dieu est Unique dans Sa Singularité et dans Son Exclusivité.

Son propos : « wa ja'altu hazal kullu mine kullika وجعلت هذا الكل من كلك ». Le second terme « kull » fait allusion ici aux corps des existants. Autrement dit, J'ai intériorisé tous ces corps dans le « moi » du Prophète (PSL). Chaque existant reflète le contenu d'un des Noms de Dieu, le Très Haut. En effet, les Attributs et les Noms Divins transcendent les cieux et la terre. Cependant, leur circonférence est comparable à l'Ecritoire Divine (al-Qalam). De fait, les Noms de Dieu les plus beaux – ou Noms Manifestes – constituent les « mères », c'est-à-dire les sources ; alors que les Noms Cachés de Dieu sont vus comme les branches séparées d'un arbre.

Concernant son propos : « minal kulli من الكل » implique l'ensemble des Attributs et Noms Divins.

Quant à son dire « wa ja'altal kulla qabdatane mine nûri 'azamatika وجعلت الكل قبضة من نور عظمتك », il s'agit, tout d'abord, de l'image des créatures partant de la Lumière Exhaustive qui est la Réalité Muhammédienne et tout ce qui y provient des corps des existants. Car cette lumière en constitue le générateur premier de cette Réalité. Ainsi, les existants y trouvèrent leur repose pied et leur système de régulation, puisque c'est de cette réalité que l'existence tient sa vie.

Et son propos « qabdatune mine nûri 'azamatika » veut dire que toute la Réalité est comparable à une poignée extraite de la Lumière de la Magnificence (nûril

141

'azamati). Il convient de signaler que les êtres dépourvus de raison ne sentent jamais cette Magnificence ; alors que l'être doué de raison sent cette Magnificence, car il regroupe, en quelque sorte, le sens primitif des Noms et Attributs Divins. Dieu a créé l'Esprit du Prophète (PSL) à partir de la pureté extrême de la Lumière Divine. Ensuite, cet Esprit est descendu sur la forme de caractéristique noble qui est pourvu de magnificence, de célébrité, de grandeur, d'autorité et de suprématie. Cependant, celui qui se limite à la Charî'a ne fera que nier voire dénigrer cette manifestation de la Réalité Muhammédienne. Mais, celui qui est habité par la Crainte Révérencielle est, en vérité, convaincu de cette manifestation. En vérité, les Savants en Dieu ont pu atteindre le degré de la découverte. Aussi sont-ils parvenus à pénétrer le cercle de la connaissance pure et de la certitude certaine. Sous ce rapport, il est sûr de savoir que l'existence dans sa totalité – de la préexistence à l'infini – ne constitue qu'une partie segmentée du personnage suprême[73] qui s'est confondu avec tous les Attributs et Noms Divins. Un poète, s'adressant au Messager de Dieu (PSL), disait :

« *Si tu étudies la science des lettres,*
Ton corps devient une tablette sur laquelle il y a des écrits
Qui sont en fait des programmes
Pour toute l'existence et adressés au clairvoyant.
Même si ta physionomie a l'image d'un bloc insignifiant
Saches qu'en toi s'est recroquevillé tout l'univers.
Toute créature vient de toi.
Et par toi sont pesés le cosmos et autre chose que le cosmos.
Il n'y a pas une goutte sans qu'elle ne vienne de toi.
Et que toi, tu es la source dont les arcanes en sont les océans.
Tu es l'Existant par excellence et tous les êtres,
Qui sont en toi, sont indénombrables ».

Un autre poète va dans le même sens, en parlant du Prophète (PSL) :
« *Je m'étais camouflé au côté de Dieu.*
Et là, je voyais le monde qui ne pouvait pas m'apercevoir ».

A cet effet, Abul Abbâs al Marsiyyi disait : « Si la véritable réalité du Saint est dévoilé, il serait un être adoré ». Sur la même lancée, Muhyî Dîn Ibn Arabî al-

---

[73] Il s'agit du Prophète Muhammad (PSL).

Hâtimî a dit : « L'homme caché (*al-insân al-mahjûb*) n'est pas un humain au vrai sens du terme ; mais il est presque humain à l'image du mort qui n'a point d'âme. Donc, c'est un humain sans âme ». Aussi, les Soûfîs soutiennent que l'âme n'est pas créée, mais elle a plutôt un caractère éternel et sempiternel. Ils démontrent que cette âme – qui constitue celle de Muhammad (PSL) – constitue la netteté de la connaissance après qu'elle ait eu le privilège d'entrer en contact avec le monde occulte. Le porteur de cette âme est libre de faire ce qu'il a envie de faire. Il a, alors, tout le pouvoir de redonner la vie au mort s'il le désire. Il appelle l'âme qui lui répond sur le champ, même si le mort était réduit en poussière. Il peut, en plus, donner, sur l'immédiat, des fruits à l'arbre sec. Ainsi, il a toute la prérogative de faire des choses extraordinaires voire des miracles. Cependant, il doit faire preuve de politesse et de modestie devant la Présence Divine. Cette politesse et cette modestie le permettront de faire des miracles au moment opportun. A défaut, il risque la sanction divine à son égard. Il risque d'être abandonné et privé de son savoir. Lequel savoir sera gommé auprès de Dieu. Donc, le porteur de cette âme est quelqu'un qui agit selon les « directives voilées » de Dieu. Tout ce qu'il aura à faire, désormais, sera en parfaite corrélation avec le vouloir de Dieu.

S'agissant de son propos : « Rûhane limâ anta ahlune lahu, wa limâ huwa ahlune laka روحا لما أنت أهل له ولما هو أهل لك », l'Esprit (*rûh*) dont il est question ici est à la fois général et spécifique. Et dans ces deux cas, l'on dira que Dieu en a l'aptitude comme d'ailleurs Muhammad (PSL). Pour ce qui est de l'Esprit à caractère global, il convient de noter que tout l'univers évolue dans la trajectoire de la Réalité Muhammédienne. Il n'y a rien dans l'univers qui prend sa source vitale de cette Réalité, sans que ce rien ne suive la trajectoire tracée par cette Réalité. Et c'est cette idée de parcours de l'univers dans l'orbite de cette Réalité que l'on désigne par « *Rûh* » (esprit). En d'autres termes, il s'agit d'un Esprit qui veille sur la marche de cet univers aussi bien dans sa totalité que dans ses particularités infimes. Même les mécréants et ceux qui donnent à Dieu des associés sont soutenus par cette « orbite de la Réalité Muhammédienne » qui régit tout le cosmos, dans sa globalité. C'est dire que ce cosmos est créé selon la Volonté de Dieu, création qui va de pair avec son Décret et sa Science. Cette création est le résultat soudain de son Ordre Eternel « *kune* » (Sois !). En fait, toute la création entre dans le Savoir-Faire Indiscutable de Dieu. Toujours est-il qu'il y a des ignorants qui mécroient cette capacité en donnant des associés à Dieu. En un mot, ils nient le Son Savoir-Faire.

En vérité, Dieu est le Créateur Incontournable de Son univers. Et que Muhammad (PSL) est l'Esprit de cet univers qui vogue dans l'orbite de sa Réalité, de la même manière que l'eau assure la survie des êtes vivants comme des êtres inanimés à l'image de l'arbre. Les arbres absorbent l'eau qui ruisselle dans la terre. Sans cette eau, les arbres mourraient. Cette image suffit pour illustrer la place primordiale qu'occupe cette Réalité dans l'univers.

S'agissant de l'Esprit à caractère spécifique, il émane aussi de la cette Réalité. Il est question, ici, de tout ce qui revient à la Vérité en fait de particularisme, de providence, d'élévation en rang et en seigneurie. C'est le cas des Prophètes, des Envoyés, des Pôles Exceptionnels, des Véridiques voire de l'ensemble des Vertueux parmi les Croyants, l'ensemble des Anges. A signaler que tous ceux-ci ont des degrés différents auprès de Dieu. Nous donnons en exemple, ceux qui habitent la terre de *Samasama*[74].

En fait, ceux qui y habitent ont toutes les aptitudes requises pour servir Dieu, le Vrai. Ils ont la compétence de discerner la grandeur, la majesté, la spécificité, la providence, l'élévation en degré faisant que tous les habitants de cette terre occupent un rang privilégié au sein de la Sanctuaire Divine. Rang qu'ils gardent perpétuellement et éternellement. Il faut dire que les « rayons projetés » par leurs « soleils » gagnent le ciel. Certes, Dieu les a assujettis à respecter Son Ordre, les a noyé dans Son Amour Profond les amenant à l'obéir et à l'aimer, dans le vrai sens du terme. Dans ce cadre, ils sont aptes à intérioriser voire pénétrer le Vrai qui est, à son tour, prêt à leur couvrir le manteau de la Vérité. Dieu les a, exclusivement, réservé la haute élévation des degrés, les hautes qualités. Sur ce, le Prophète (PSL) constitue un esprit qui leur octroie tout ce qu'ils désirent en matière d'aptitudes spirituelles. C'est de cet Esprit, également, que sont sortis aussi bien les mécréants que les polythéistes.

Concernant son propos : « as'aluka Allâhumma bi martabati hâzihil 'azamati, wa itlâqihâ fî wujdine wa adamine أسألك اللهم بمرتبة هذه العظمة وإطلاقها في وجد وعدم », il y fait allusion au rang de cette grandeur qui n'est d'autre que l'image que

---

[74] C'est une autre terre qui se trouve derrière le mont Qâf. Là, aussi, vivent des vertueux, des saints, des hommes de Dieu que nous ignorons.

Dieu a créé à partir de Sa Lumière Exhaustive (*nûrul kâmil*). Mieux, cette grandeur traduit la Réalité Muhammédienne qui est cet Esprit qui exprime le fil conducteur de la marche de l'univers. Elle est l'âme de la volonté de Dieu de transférer cet univers du néant vers l'être et sa volonté de le laisser recroqueviller, pour toujours, dans le néant. Cette Réalité qui traduit l'âme de la marche de l'univers est une chose qui échappe les « capteurs » de la raison humaine. Seul Dieu connaît parfaitement la teneur, la portée et le poids de cette Réalité.

Son propos : « Ane tusalliya wa tusallima أن تصلي وتسلم » indique que cette formule s'adresse à Dieu pour qu'Il prie sur son Saint Prophète (PSL). La prière adressée au Prophète (PSL) et qui émane de Dieu est plutôt syncrétique (*tawfîqiyya*) que Dieu seul connaît la portée.

Son propos : « Alâ tarjumâni lissânil qadam على ترجمان لسان القدم » démontre que Muhammad (PSL) est l'intermédiaire qui communique la Parole de Dieu à l'humanité. Cette Parole est désignée, dans notre langage terrestre, « *Qur'âne* » (Coran), bien qu'il n'y a aucun peuple qui connaissait ce vocable. Car, les idiomes sont multiples et variés comme le confirme Dieu : « **Et parmi Ses signes, la création des cieux et de la terre et la variété de vos idiomes et de vos couleurs...** [75] ». Effectivement, la diversité des idiomes est chose réelle entre les pratiquants. Sur ce, le vocable *Qur'âne* (Coran ou lecture ou encore récitation) est employé dans la langue humaine car ce Livre Céleste est lu et récité. Et on l'a appliqué cette appellation. Et il ne serait pas appelé *Qur'âne* s'il n'était objet de lecture et de récitation.

Cependant, dans sa réalité originelle, dans son identité première, il n'est pas appelé *Qur'âne*, car Dieu, le Vrai, n'est point le lecteur de ce Livre. Mais, il est décrit comme étant Lui-même le « Sujet Parlant » (*al-Mutakallime*). Mais, il a opté, dans sa Sagesse Infinie, de lui attribuer le vocable « *Qur'âne* » dans le langage humain ; bien que ce vocable ne traduit pas l'identité première de ce Livre. Mais, dans le monde céleste, il est plutôt désigné par « *Parole* » (*al-Kalâm*). C'est dans ce contexte que Dieu disait : « **Et si l'un des associateurs te demande asile, accorde-le lui, afin qu'il entende la Parole d'Allah** (kalâmal Lâhi)... » [76].

---

[75] Sourate : Ar-Rûm ; verset : 22.
[76] Sourate : At-Tawba ; verset : 6.

Et le sens voulu par *Al-Qur'ân*, renvoie au Coran même. Les savants disent que c'est une indication que Dieu subsiste par Lui-Même. En fait, ils veulent montrer que ce qui est lu par notre langue représente la Parole de Dieu. Il n'est désigné Qur'âne qu'en guise d'indulgence. Si ce n'était cette indulgence, il serait confiné dans sa réalité première. Le Coran que nous lisons est le signifié de la Parole de Dieu et non son Essence. Car cette Parole dans son identité originelle exprime l'Etre Suprême qui subsiste dans son Essence Primordiale. Essence masquée et oblitérée que personne ne peut appréhender dans sa Réalité Originelle. Etant donné qu'il est impossible de pénétrer l'essence de Sa Parole, comment prétendre comprendre le Sujet Parlant (Dieu) ?

Il n'est point possible de penser ni de pouvoir afficher l'envie d'en comprendre quelque chose ni ici-bas ni dans l'au-delà. Dieu même précise : « **... Alors qu'eux-mêmes ne Le cernent pas de leur science** »[77]. C'est dire qu'il faut d'abord saisir la Réalité de Son Essence Primordiale avant de penser pénétrer le sens profond de sa Parole Eternelle et de là tous Ses Attributs Elevés en rapport avec la puissance, la volonté et la science jusqu'aux autres attributs conceptuels qui ont leurs réalités subordonnées à la Réalité Concrète et à Sa Qualité. Et qui ne connaît pas la réalité de son Essence ne sera pas en mesure de connaître sa Véritable Réalité. Et le Coran qui nous est soumis constitue une indication des signifiés de la Parole de Dieu (*kalâmul-Lâhi*) qui subsiste par Lui-Même. En fait, Dieu dit : « **Allah qui a créé sept cieux et autant de terres ...** »[78]. C'est-à-dire que les signifiés de cette Parole représentent la Science régissant l'Essence Primordiale qui conditionne l'existence. Une création implique la venue d'un créé à partir du néant. De fait, l'existence et le chiffre « sept » indiquent que dans le monde du néant il y avait sept cieux qui traduisent les voûtes, au nombre de sept, surélevées au-dessus de nous ainsi qu'autant de terres étendues sous nos pieds. La Parole garde un aspect inébranlable grâce à l'Essence du Très Haut qui a créé sept cieux et autant de terres. C'est dire que la Parole Divine qui subsiste par Lui-Même ne peut pas traduire, en réalité, les masses des cieux et de la terre, et qui pourtant reste le contenu du verset susmentionné. Le verset nous montre le caractère éternel de la Parole qui traduit les

---

[77] Sourate : Tâhâ ; verset : 110.
[78] Sourate : At-Talâq ; verset : 12.

146

masses des cieux et des terres. Aussi notre lecture se limite à démontrer le signifié de la Parole Eternelle et non la nature même de cette Parole.

En fait, ce qui permet de clarifier une telle assertion c'est que le fait d'avoir une large connaissance des choses ne signifie pas connaître tout de la Science de Dieu. Seulement, il nous permet d'avoir une idée de cette Science. Donc, les signifiés de la connaissance limitée constituent, en quelque sorte, le contenu de la Science de Dieu bien que cette connaissance n'a rien à voir avec la Science de Dieu. Mais, ces deux extrémités – la connaissance humaine et la science divine – sont hétérodoxes comme l'ouïe et la vue. Car, les mobiles de la volonté humaine peuvent être les mobiles de la volonté divine bien que la nature de la volonté humaine soit très différente de celle de la volonté divine. Et prend cet exemple pour faire la part des choses au niveau de la Parole éternelle. Effectivement, si on soutient que cette Parole renferme un caractère agencé indissociable et que ses composantes infinies restent variées, comment peut-on dire que la Parole est unifiée alors que Dieu précise que : « **Quand bien même tous les arbres de la terre se changeraient en calames** [plumes pour écrire]**, quand bien même l'océan serait un océan d'encre où conflueraient sept autres océans, les paroles d'Allah ne s'épuiseraient pas. Car Allah est Puissant et Sage** »[79] ?

Ce verset démontre le caractère pluriel et varié de la Parole Divine. Nous avons dit que cette Parole en question est un tout dissociable. Et que la pluralité au niveau de ses attaches qui sont intériorisées en son sein exprime les signifiés, car la Parole, en tant que telle, use des noms par lesquels elle désigne les signifiés et que les noms de ces signifiés seront les répondants de la Parole. Aussi, il sera possible de savoir que l'Essence de toute l'existence est logée au sein de la Parole de Dieu du point de vue de la dénomination et de la perception et non du point de vue de la réalité en question. En fait, cette réalité subsiste par une Essence inexprimable auprès des existants qui ne peuvent, en aucun cas, en être le répondant. Cependant, il est possible que cette Parole puisse les attribuer des noms. Cette Parole est le produit de la Parole Mère du fait de l'injonction divine « *kun* » (sois) adressée à la chose concernée qui ne fait qu'obéir l'ordre dans le champ de la véritable science au moment même où l'injonction « *kun* » est tombée, car cette chose était d'abord virtuel dans la science concrète de Dieu, car s'elle n'y était pas, au préalable, Dieu

---

[79] Sourate : Luqman ; verset : 27.

ne la dirait pas «*kun* » (Sois). C'est dire qu'elle était une image dans sa Science Concrète avec une dénomination particulière et une nature connue.

De plus, son image, sa couleur, son temps et son lieu d'avènement sont choses bien définies dans la science véritable de Dieu sous une forme virtuelle et ésotérique. Et lorsque Dieu la dit « *kun* », du coup, il la fait exister comme il le démontre : **« Quand Il veut une chose, son commandement consiste à dire « sois », et c'est »**[80]. Et si quelqu'un dit que la parole provenant du monde de la Vérité par le biais de l'injonction « sois » valable pour tous les existants, que cette parole est éternelle, il est quand même soutenable qu'elle puisse précéder l'existence, bien que celle-ci soit concomitante avec la parole – l'interpellation « sois !». Nous avons démontré que le terme « *kun* » a émané du monde abstrait depuis la préexistence et de façon apriorisme. Et ce terme n'est pas assujetti à la notion espace-temps. C'est un terme éternel en raison de l'antériorité de son essence et de l'existence qui ressort de l'injonction divine : « *sois !* ». Il lui dit « sois » et au même moment, il désire concrétiser son état dans le monde réel. En fait, l'espace (*al-amkina*) et le temps (*al-azmina*) sont deux choses de sources différentes et de contenus hétérogènes. Et de ce fait, l'existence a employé séparément la Parole Divine. On ne dira pas, alors, que cette Parole est vieille, car le signifié est révolu ; ou que cette parole est récente, car le signifié affiche un nouvel sens. De toute façon, ce qui est régi par le temps ne peut pas être de nature égale avec ce qui est régi par l'espace.

Le temporel et la spatialité sont tous inclus dans le périmètre de son injonction « *Sois !* ». Et cette injonction implique qu'il désire voir le résultat immédiat de Son Ordre dans l'endroit où il veut le produire. En raison de Sa Volonté de créer une chose, Son Verbe « *kun* » est aussi éternel que l'est Son Essence Primordiale. En d'autres termes, le Verbe Divin « *Sois !*» en question est éternel dans son essence et que sa matérialisation dans le monde réel n'est pas forcément éternel. Seulement, sa désignation dans le monde de l'éternel peut tenir sur le plan de sa concevabilité dans la Science Divine, si l'on se base sur ses sept prescriptions[81]. C'est dire que l'Ordre est éternel comme l'est le *Calame* (la plume). Autrement dit, cette Science est éternelle, car jamais sa manifestation ne sera objet d'avènement de manière sectionnée. Mais, elle est plutôt éternelle dans son essence et que tout existant est, au préalable, chose imaginée dans cette science ésotérique. Et sa forme physique

---

[80] Sourate : Yâsîn ; verset : 82.
[81] Il s'agit des sept prescriptions que nous avons vu plus haut.

perceptible n'est que le reflet de sa forme imaginée, au préalable. C'est dire qu'il s'avère impossible qu'il soit autrement. Aussi, ce terme singulier – « *Sois !*» – est éternel dans son essence, alors que l'existant, qui y émane, sera concrétisé au moment et au lieu voulus.

Certes, l'image constante relative à la question du temps n'est rien d'autre que l'image confirmant la pérennité de la Vérité dans son essence qui est, également, éternel. Par contre, les temps répétitifs durant cette époque viennent sous une forme gravée en recto sur la Tablette, tout en sachant que cette Tablette n'est pas limitée dans les signes gravés sur elle. Mais, ces signes gravés sont des indications des parties de cette Tablette. De même, les moments répétitifs au niveau de la Tablette marquant les horaires, les minutes, les jours, les mois, les années et les siècles sont des gravures mentionnées sur le recto de la Tablette. La Parole de Dieu englobe en son sein tous les signifiés des mots émis. C'est une Parole Unique et Immuable.

D'aucuns disent pourtant que l'on trouve dans le Coran des termes qui n'ont pas le même sens. Et si tel est le cas, comment prétendre qu'une seule Parole peut englober le sens de tous les mots. Nous disons que votre préoccupation est plutôt contradictoire. En fait, nous avons démontré que la Parole de Dieu n'est pas appelée *Qur'âne* dans le langage divin ; mais, il est appelé *Kalâm* (Parole). Tandis que dans notre jargon, il est désigné par *Qur'âne* (récitation, lecture) du fait qu'il est un Livre lu et récité.

Concernant l'authenticité de sa manifestation en question, son état physique restera chose incompréhensible au niveau des humains ; et même si sa parole, en question, se voyait attribuer pour chaque terme son sens propre comme cela apparaît dans le Coran, on ne peut pas soutenir l'idée d'incapacité, puisqu'il semble impossible de mentionner tout ce que cerne sa science à travers une seule parole et ce qui permettrait de nier, du coup, son Théisme. Et ceci est inconcevable et inadmissible. Même si Son Essence était démasquée au point d'être en face de sa véritable nature et que son propos soit saisissable faisant qu'il devient possible d'identifier la voix ; alors on saura que tout son propos renvoie à une seule et unique Parole qui est en connection directe avec tout ce que cerne Sa Science qui n'est régie ni par le temps encore moins par l'idée d'anticipation ou retard. En fait, l'image temporelle ne peut se manifester qu'après l'enlèvement du voile. Si ce voile parvenait à se dévoiler ;

149

alors, il serait possible de remarquer que le temps était inexistant à l'origine. Et il ne restera que l'Etre Absolu dans son Eternité. Il résulte de ce qui précède que la Parole de Dieu est une description subsistante par lui-même et que le Coran n'en a pas fait allusion comme il s'est intéressé aux sciences de la cosmologie (*'ulûmul akwân*) qui va de la création primitive de l'univers au premier souffle dans la Trompe. Et Dieu a cerné cette science primitive, qu'elle soit relative à la substance ou relative à la contingence de manière évidente et précise. De la même manière, le Prophète Muhammad (PSL) a concentré dans sa Réalité Muhammédienne toutes les sciences divines.

Donc, le fait d'assimiler le Saint Prophète (PSL) à la Tablette Gardée n'est effectué qu'en guise d'indulgence pour l'humanité, par peur que certains ignorants ne le divinisent. En vérité, l'imam des Envoyés (PSL) est et reste le plus grand et le plus immense que la Tablette Gardée, et encore, au centuple. A noter qu'il n'est mentionné sur la Tablette que ce qui va de la création primitive de l'univers au premier souffle dans la Trompe. Cependant, ce qui adviendra au-delà de ce souffle comme les circonstances du déroulement du Jour dernier ainsi que la situation des gens du Paradis et celle des gens de l'Enfer, les différentes phases et périodes propre à l'ensemble des aspects, des situations, des considérations et des impératifs ; tous ces éléments ne sont pas mentionnés dans la Tablette. En fait, il n'y est pas inscrit, par exemple, un tel a œuvré ceci et cela comme actes, alors sa rétribution sera le Paradis Eternel ou le Jardin du Délice ou encore le Paradis du Refuge, au niveau du deuxième ou du troisième étage. C'est pour démontrer que le contenu de la Tablette est presque insignifiant par rapport aux événements du Jour Dernier, à la situation des Gens du Paradis dans le Paradis et à celle des Gens du Feu dans le Feu.

Par contre, concernant le Prophète (PSL), il a eu à rassembler, dans sa Réalité Muhammédienne, toutes les connaissances des créatures avec leurs exigences et leurs impératifs. Cette même Réalité couvre, également, la période allant de la préexistence (*al-azal*) à l'infini (*al-abad*). En revanche, tout ce qui sort ce cadre ne peut pas cerner la Science de Dieu comme Lui-même le précise : « **... Et, de Sa science, ils n'embrassent que ce qu'Il veut ...** »[82].

_____

[82] Sourate : Al-Baqara ; verset : 255.

La Tablette Gardée renferme 366 Sciences ; chaque science renferme 360 autres sciences. La somme globale de l'ensemble de ces sciences donne : 129.600 ou encore 130.000 sciences d'où sont extraites 400 sciences qui constituent les sciences cosmiques. Il serait utile de noter qu'il y a 360 Tablettes qui sont susceptibles de subir des changements et des altérations. Alors que le Livre Mère (*ummul kitâb*) ne subit aucun changement ni aucune altération. Et tout ce qui émane de ce Livre Mère reste intact.

Toutes ces Tablettes sont placées au niveau du ciel de telle sorte que seuls les Saints peuvent l'apercevoir. S'agissant du Livre Mère, seuls les Grands Saints sont appelés à en connaître le contenu.

Concernant son propos « wan- nûrus- sârîl- mamdûd والنور الساري الممدود », il s'agit de la lumière déployée. Elle est l'Empreinte Divine à partir de laquelle l'existence a pu être, partant de la préexistence à l'infini. Et tout ce qui existe émane de la lumière du Prophète (PSL) qui est la Lumière Absolue (*an-nûr al-mutlaq*). Mais cette lumière n'est pas celle que l'on considère comme cette lumière déployée (*ad-diyâ'u al-munbasitatu*). Il s'agit, plutôt de celle par laquelle l'existence qui émane de Dieu se fait connaître sans intermédiaire. La lumière, en réalité, c'est l'existence parfaite qui ne peut s'exprimer que partant de l'Essence Sanctifiée (*az-zât al-muqaddasa*) loin de tout asservissement ou de tout avatar.

De fait, l'Essence qui se manifeste par le biais de l'Essence dans son Essence n'est pas définie comme une matière ou par une modalité ni par une image. Ainsi, il devient impératif pour Dieu de faire exister l'existence. En fait, l'obscurité, en question, reflète le pur néant. C'est dire que toute l'existence est obscurité du fait qu'elle n'est pas pure car absence de lumière. En effet, son être est tiré de la lumière du Prophète (PSL) par laquelle son existence est programmée, d'elle il est représenté et par elle, elle fut.

Quant à la luminosité du Prophète (PSL), on ne peut pas la qualifier d'absolue, car elle émane de la Lumière du Très-Haut qui incarne l'existence absolue. Le sens réel de son émanation, c'est qu'Il l'a créé à partir de l'Essence Sanctifiée et non pas à cause d'autre chose, et sans aucun motif ou sans aucun intermédiaire qui pourrait s'interposer entre cette Essence et Dieu, que Son Nom soit exalté et sanctifié. Dieu a créé l'univers uniquement pour la vérité. L'existence toute entière ressort de l'existence même du Prophète (PSL) qui précède toute chose.

Cependant, les douteux ne peuvent pas saisir le sens profond d'une telle assertion certifiée. Ils soutiennent que Dieu manifeste son incapacité de créer les êtres, si toutefois, il doit forcément passer par Muhammad (PSL) pour faire exister l'univers. Il cherche un appui et un moyen de camoufler son incapacité en la personne du Prophète (PSL). Nous disons qu'une telle prétention ne tient pas et que tel n'est pas le cas. Mais ce que nous voulons dire, ici, c'est que si dans Son pouvoir et dans Sa science, il n'avait pas créé le Prophète (PSL) en vue d'appliquer la sentence ; il n'aurait rien créé. Et ce n'est point une incapacité de la part de Dieu, qu'il soit glorifié. Le Prophète (PSL), considéré entre les êtres, a le même rang que le reste des humains. Et Dieu le regarde en tant qu'un individu. La seule différence est qu'il constitue le pivot, l'axe central d'où gravite tout l'univers. On y note toutes les considérations sur lesquelles dépend l'existence. En fait, si le regard est effacé, c'est la lumière qui est éteinte. Cette lumière est Muhammad (PSL), le Leader Suprême des êtres et choses créés. Il est l'être contemplé.

Il est dit dans un hadith rapporté par Abû Sa'îd : « *Son voile est lumière et si ce voile est ôté, les autres voiles qui couvrent son visage brûleraient ; et même cette consumation des voiles ne permettra pas de le voir* ». Cette lumière représente le Prophète Muhammad (PSL), lorsqu'il était en face direct du Très Haut et que tout l'univers était placé sous ses pieds. Et là, il était caché, dissimulé sous le « manteau » de la Majesté et de la Sublimité de Dieu. Si Dieu avait mis à découvert cette lumière au point que l'univers puisse la voir à l'œil nu, sans intermédiaire ; alors se consumera tout ce qui tenterait d'atteindre la visibilité divine et sera retranché promptement au pur néant. En fait, l'existence de cette lumière aura du plaisir à cohabiter avec le reste de l'existence et sera en mesure de se prélasser dans l'ensemble des existants à l'image de l'eau qui s'écoule au niveau de l'arbre qui ne peut se dresser sans cette eau. Et cet écoulement provient du Prophète (PSL) pour se propager à travers les existants. Et pas de cupidité pour la raison afin de pouvoir les concevoir.

Et mieux encore, si la personne parvenait à franchir toutes les barrières qui protègent ce Saint Prophète (PSL), il ne pourra jamais atteindre la Réalité Muhammédienne ni voir son image. Et même, les Anges les plus gradés de l'univers ainsi que les plus gradés parmi les Prophètes n'ont pas pu saisir le sens évident de cette Réalité. Ils ont du mal même à sentir sa bonne odeur. Seuls quelques exceptionnels parviendront à atteindre leur objectif. Le Saint Prophète (PSL) est toujours présent dans la marche de l'univers. C'est pour cela que Dieu a précisé : « **Et nous ne t'avons envoyé qu'en miséricorde pour l'univers** »[83]. Alors, même s'il voulait invoquer la perdition durable pour les gens de Tâ'if, son Seigneur ne répondrait pas à son appel et il lui ferait des remontrances en ces termes : « **Et nous ne t'avons envoyé qu'en miséricorde pour l'univers** ». Autrement dit, je ne t'ai pas envoyé pour que tu attires la malédiction sur la créature. Par ailleurs, l'influence de la Réalité Muhammédienne dans la marche évolutive de l'univers n'a pas de frontière, car c'est en lui que s'est recroquevillé le globe terrestre, voire tout l'univers. La manière dont cette influence se manifeste est chose inconnue à notre niveau. Dieu seul en sait quelque chose.

Quant à son propos : « Lâ yudrikuhû dârikun لا يدركه دارك », il signifie qu'aucun existant ne détient la connaissance originelle. Certains érudits en matière de Dieu disent que seul Dieu connaît la grande valeur du Prophète (PSL) et c'est là tout le sens de « lâ yudrikuhû dârikun » (personne ne peut le concevoir).

Et son propos : « Walâ yul'hiquhû lâ'hiqun ولا يلحقه لاحق » voit sa signification dans ce qu'a démontré le Cheikh Abd Salâm Ibn Machîch, lorsqu'il dit : « Les intelligences sont aveuglées, ni le précédant encore moins le suivant sont en mesure de pénétrer cette Réalité Muhammédienne ».

S'agissant de son propos : « As-sirât al-mustaqîm الصراط المستقيم », on entend par « *sirât* » la voie droite, c'est-à-dire celle qui mène directement vers Dieu, le Parfait. Mais, personne ne peut accéder au lieu sanctifié, ni goûter à la saveur de ses arcanes, ni exulter sa lumière qu'après s'être engagé dans la voie droite qui constitue la porte la plus précise qui permet d'accéder à Dieu. Celui qui souhaite entrer dans le cercle divin en présence de Sa Majesté et accéder au niveau de sa Sainteté, doit faire preuve d'affection et d'amour sincères envers Son Bien-Aimé. A défaut, il risque d'être exclu et maudit. La voie menant vers Dieu lui sera fermée et

---

[83] Sourate : Al-Anbiyâ' ; verset : 107.

les portes bouclées. Donc, il doit faire montre de politesse et de modestie pour pouvoir accéder à Dieu.

Concernant son propos : « Nâsiral haqq bil-haqq ناصر الحق بالحق », il renferme deux sens distincts.

Le premier sens montre que les deux termes « *Haqq* » font allusion à Dieu, le Très Haut. En d'autres termes, Dieu porte secours partant et en comptant sur son propre appui, sa propre puissance, sa propre force, son propre soutien, et sur sa propre exigence, faisant qu'il puisse s'imposer sur toute chose.

Alors que le second sens montre que le premier terme « *Haqq* » renvoie à la religion musulmane que Dieu a ordonné de transmettre et de faire prévaloir. En effet, il a secouru cette religion par la vérité, en employant des outils convenables pour la circonstance. En d'autres termes, il n'a pas défendu l'Islam en se basant sur le Faux, il ne s'est pas basé sur des imaginations et des étrangetés. Mais il s'est lancé, plutôt, à secourir l'Islam à tel enseigne qu'il octroya le secours partant de la vérité, de manière explicite faisant que le Faux ne peut, en aucun cas, se combiner avec. Et cette attitude a toujours demeuré au point que la religion de Dieu ainsi que Sa législation finirent par se confirmer sur terre en ayant comme soubassement la vérité. C'est là, le sens du second terme « *haqq* ».

Pour ce qui est de son propos : « Allâhumma salli wa sallim 'alâ achrafil- khalâ' iq al-insâniyya wal jâniyya اللهم صل وسلم على أشرف الخلائق الإنسانية والجانية », il veut préciser que le Prophète (PSL) constitue la quintessence (*zubdatu*) et le rubis (*yâqût*) de la créature. Le Messager de Dieu (PSL) dit : « *Dieu créa la créature et au finish, il en choisit les Fils d'Adam …*» jusqu'à son propos « *… Et il me choisit parmi les Banî Hâchim* ». En fait, ce hadith montre que la race humaine reste la qualité. Elle joue le rôle de réceptacle de la miséricorde divine et le lieu où se pose le Regard Divin.

De fait, le genre humain fut créé, uniquement, pour servir Dieu, et le reste de la créature fut créé pour servir la race humaine. Et ce qui marque cette particularité, c'est que Dieu a choisi Son *vicaire* « Khalifa » parmi cette race. Laquelle constitue

154

l'unité centrale, l'axe même de l'univers qui reste une étreinte mouvant sous son autorité et sa disposition ; et qui de plus est soumis à sa volonté sans pouvoir contester encore moins se défendre. Alors, son cas est déterminé par celui de l'humain. Et tant que Dieu reste Dieu, l'humain demeurera Son *vicaire*. Rien ne peut échapper du Théisme ; et que des êtres existants, rien ne peut évoluer hors du contrôle de cette unité centrale qui est la race humaine. Aussi, il devient prévisible que le Prophète (PSL) soit le plus noble de la créature humaine voire de tout l'univers ; car l'humain est, en quelque sorte, l'élite de Dieu. Donc, de manière impérative, cet élément de la créature est intériorisé dans Son pouvoir du point de vue de la préférence.

En ce qui concerne le terme « *al-jâniyya* », il signifie ce qui échappe du regard humain par le biais de la dissimulation comme les Djinns et les Anges, ainsi que tous ce qui se dérobe du regard humain. Et le plus en vue, dans ce cas est le Messager de Dieu (PSL).

Quant à son propos : « Sâhibul anwâril fâkhira صاحب الأنوار الفاخرة », il veut démontrer que toutes les lumières ressortent d'un ordre émanant du monde invisible. Il s'agit du lieu de manifestation des Attributs (*as-sifât*) et des Noms (*al-asmâ'u*). De ce lieu, proviennent les sciences (*al-'ulûm*), les mystères (*al-asrâr*), les connaissances (*al-ma'ârif*), les lumières (*al-anwâr*) et les états (*al-ahwâl*). Mais, il faut noter que ce qui émane de la Réalité Muhammédienne est mille fois plus signifiant. Car, le Prophète (PSL) est le plus avantagé, le plus lumineux, le plus large, le plus chanceux que le reste de la créature.

S'agissant de cette prière sur le Prophète (PSL) : « Allâhumma salli wa sallim 'alay'hi, wa'alâ âlihî, wa awlâ dihî, wa azwâji'hî, wa zurriya ti'hî, wa ahli baïtihî, wa ikhwânihî minan- Nabiyyîn was- Siddîqîn

اللهم صل وسلم عليه وعلى آله وأولاده وأزواجه وذريته وأهل بيته وإخوانه من النبيين والصديقين », nous avons déjà démontré que la prière sur le Prophète (PSL) ressort du syncrétisme (*tawfîqiyya*). Par contre, concernant sa famille, le plus évident, c'est qu'elle est descendante de Banî Hâchim et de Banî Abd Manâf.

Ibn Hâdjib dit, dans son livre « Al-Far'iyyi الفرعي » que les descendants de Hâchim représentent une famille et les descendants de Ghâlib, aussi, représentent une famille. Mais, le cordon qui lie ces deux familles présente deux avis différents. De manière unanime, les descendants de Hâchim forment une famille. Mais, la lignée qui remonte jusqu'à Ghâlib est objet de différend entre les Savants. Ce qui s'avère authentique, c'est que la vraie famille, c'est celle-là que le Prophète (PSL) a interdit de prendre l'aumône et c'était les Banî Hâchim. Et il faut noter que cet argument est bâti sur des bases bien fondées.

En revanche, le second argument prend appui sur ce propos prophétique lorsqu'il mentionnait les Elus parmi les Arabes. Effectivement, il disait : « *On a choisi, parmi les Banî Kanâna, Quraych ; et parmi les Quraychites, on a choisi les Banî Hâchim, et Muhammad (PSL) est choisi parmi les Banî Hâchim* ». Ce hadith montre que les Banî Hâchim reste la famille choisie. Mais seulement, le Prophète (PSL), lorsqu'il instituait le Trésor Public (Baïtul-mâl) exclusivement pour sa famille, aucune autre famille n'y était impliquée. Et je ne suis pas bien renseigné si d'autres familles étaient concernées, dès lors que les Banî Mutallab ont commencé à y tirer profit. Seulement, le Prophète (PSL) lorsqu'il devint maître des lieux et des biens des Banî Nazîr, il y détermina le cinquième qu'il déversa dans le Trésor Public (*baïtul mâl*).

Dieu a fait que le Messager de Dieu (PSL) puisse prendre sa part. Ensuite, il donna aux gens ce qu'il doit les donner et il garda la part la plus constante pour sa famille qu'il départagea entre les Banî Hâchim et les Banî Mutallab. C'est là qu'Usmân Ibn Affân se dressa contre le Prophète (PSL) pour faire part de son opinion : « *Ô Messager de Dieu, concernant ce que tu as octroyé aux banî Hachim, on n'a pas le droit de s'y opposer, car ils occupent ta place ; mais, concernant ce que tu as octroyé à nos frères parmi les Banî Mutallab Ibn Abd Manâf, eux et nous avons le même rang (social). Alors sur quelle base tu les as particularisés ?* ». Le Prophète (PSL) précisa, à leur endroit, qu' : « *En réalité, les Banî Mutallab ne m'ont abandonné ni du temps de l'anté-islamique ni du temps de l'Islam* ». Toutes ces données permettent de montrer que les Banî Hâchim constituent la véritable famille d'où est issu le Prophète (PSL). Et Dieu a promis à Son Messager de ne jamais châtier les croyants parmi les banî Hâchim.

156

Le Prophète (PSL) parlant des descendants de Fatima, montra que celle-ci avait préservé sa virginité, empêchant ainsi sa descendance d'être des gens de l'Enfer. De plus, il avait interdit, de manière formelle, les Banî Hâchim de prendre l'aumône. Il ne leur est jamais permis d'en prendre. Ils ne doivent pas considérer les allégations des Fuqahâ' quant à la permission d'y toucher sous prétexte qu'ils font face à une pauvreté extrême et qu'ils ne sont pas bénéficiaires du Trésor Public. S'agissant de l'aumône, ils le considèrent comme traduisant l'impureté des gens et que Dieu y les a purifié en raison de leurs hautes dignités. Et cette cause reste demeurant partant de sa source. De même, si ce qui les empêchait de toucher à l'aumône était la richesse ou une détention de la plus grande part du Trésor Public, il serait soutenable de dire que s'ils parvenaient à perdre ces richesses ; il leur serait permis d'accepter l'aumône. Par conséquent, le jugement ne vient pas pour revaloriser cette cause ; mais il vient pour empêcher l'application continue de cette loi.

Ceux-ci – les Banî Hâchim – demeurent la famille originelle. Tandis que la famille incorporée à cette famille originelle est scindée en deux catégories : la première, c'est celle qui s'est fondue dans l'amour du Prophète (PSL). On demanda au Prophète (PSL) au sujet de cette famille envers laquelle il a ordonné d'être affectueux et généreux. Il répondit : « *Il s'agit des doués d'esprits lucides (Ahlus-safâ'i) et qui tiennent leurs promesses (Ahlul- wafâ'i) et de surplus, me croient tout en étant sincères dans leurs adorations* ». On lui demanda de préciser leurs signes distinctifs. Il précisa : « *La prédilection de mon amour est visible sur tout amant qui me témoigne de son affection. Après la mention de Dieu, il s'empresse de mentionner le mien* ». Cette première catégorie constitue la famille incorporée.

Alors que la deuxième catégorie, c'est celle qui s'est adonnée à préserver et à se conformer à la Sunna du Prophète (PSL), et qui tentent d'épouser ses nobles qualités et de lui emboîter le pas. Le propos prophétique permettra d'étayer cette thèse lorsqu'il disait : « *Si tu peux rester du matin au soir sans que tu ne sois rempli de rancune envers autrui ; alors sache qu'une telle attitude fait partie de ma Sunna. Car, rendre vivant ma Sunna équivaut à me faire vivre et celui qui agit ainsi, sera avec moi au Paradis. Et l'on dira : ceux-là sont les familles incorporées à la mienne* ».

Quant à son propos : « **Sur ses enfants** », il convient de savoir que ses véritables enfants, ce sont sa propre progéniture et celle de sa fille Fatima et leurs descendances jusqu'au Jour Dernier. En réalité, ses enfants mâles sont au nombre de quatre. Trois sont issus de sa noble épouse Khadija : Qâsim, Tâhir et Tayyib. Alors que le quatrième, Ibrâhîm, est issu de Mariyatu, la Copte. Par contre, ses filles, toutes issues de Khadija, sont : Zaynab, Ruqayya, Umm Kalsûm et Fâtima. Pour ce qui est de son propos : « **Sur ses nobles épouses** », nous allons faire état de toutes ses épouses.

Parenthèse sur les épouses du
Saint Prophète (PSL)

1. <u>Khadija Bint Khuwaylid Al-Asadiyya Al-Quraychiyya</u>. Le Prophète (PSL) l'a épousé après qu'elle soit mariée deux fois et où elle eut des enfants. Elle était âgée de 40 ans lorsque le Prophète (PSL), âgé de 25 ans, l'épousait. Elle rendit l'âme à l'âge de 65 ans pour certains et 64 ans pour d'autres. Elle mourut, environs 3 ou 6 mois, avant l'Hégire et coïncidant avec le mois de Ramadan. Elle fut inhumée à Hajûn, que Dieu soit satisfait d'elle.

2. <u>Sawda Bint Zam-'a Ibn Qays Ibn Abd Chams</u>. Il l'épousa avec une dote de 400 Dirhams. Elle finit par céder ses nuits à Â'icha. Elle rendit l'âme au mois de Chawwâl à l'âge de 64 ans. Mais auparavant, elle avait pour époux Abd Sukrân Ibn 'Umar, le frère de Suhayl Ibn 'Umar. Le Prophète (PSL) l'avait épousée à la Mecque et a effectué l'Hégire en sa compagnie.

3. <u>Â'icha Bint Abu Bakr As-Siddîq</u>. Le Prophète (PSL) l'épousa, au mois de Chawwâl, alors qu'elle avait 6 ans. Il consomma son mariage à Médine Al-Munawwara, au moment où elle avait 9 ans. Le Prophète (PSL) rendit l'âme, alors qu'elle était âgée de 18 ans. Il n'a pas épousé, après elle, une autre vierge. Elle rendit l'âme à Médine Al-Munawwara, à l'âge de 57 ans, selon certains ; 58 ans pour d'autres. C'est Abu Hurayra qui fit sa prière mortuaire.

4. Hafsa Bint 'Umar. Le Prophète (PSL) l'épousa 3 ans après son retour de Habacha (Abyssinie) et après la mort de son premier époux, Khunays Ibn Huzâfa à Médine al-Munawwara. Elle mourut à l'âge de 41 ans. Mais pour certains, c'est à l'âge de 45 ans qu'elle mourut au temps de Mu'âwiya ; alors que pour d'autres, c'est à l'âge de 60 ans.

5. Zaynab Bint Khuzayma Al-Halâliyya Al-Hârisiyya. Le Prophète (PSL) l'épousa en l'an 3 de l'Hégire ; alors qu'elle était sous la tutelle d'Abdallah Ibn Jahch qui fut tué lors de la Bataille de Uhud. On la surnommait la mère des pauvres (*ummul- Masâkîn*) en raison de son affection à leur égard. La dote s'éleva à 12 onces. Elle mourut 3 mois plus tard et elle fut inhumée au cimetière de Baqî'a.

6. Hind Umm Salama Bint Abî Umayya Ibn Al-Mughîra Al-Makhzûmiyya. Elle était l'épouse de Abî Salama Ibn Abd Al-Asad. Le Prophète (PSL) l'épousa en l'an 4 de l'Hégire. Elle fut parmi les plus belles femmes. Selon certains, elle mourut à l'âge de 60 ans ; alors que pour d'autres, c'est à l'âge de 59 ans. Elle fut inhumée au cimetière de Baqî'a.

7. Zaynab Bint Jahch. Elle fut la fille de sa tante 'Âminata Bint Abd Mutallab. Elle était avec son maître Zayd Ibn Hâris qui la relâcha en l'an 5 de l'Hégire. Elle s'appelait Burra et finalement, elle reçut le nom de Zaynab. Elle donnait beaucoup l'aumône et était très gentille et très généreuse. Même Â'icha, le mère des croyants, reconnaissait ces qualités en elle. Elle rendit l'âme à Médine al-Munawwara en l'an 20 de l'Hégire.

8. Juwayriyya Bint Hâris Al-Matlaqiyya. Elle fut capturée lors de la bataille de Marîsî'i ; alors qu'elle avait 20 ans. Le Prophète (PSL) l'épousa en l'an 6 de l'Hégire ou en l'an 5, selon une autre version. Elle mourut à l'âge de 56 ans.

9. <u>Ray'hâna</u>. Elle fut capturée par les Banî Nadîr. Le Prophète (PSL) lui rendit la liberté en l'affranchissant avant de l'épouser en l'an 6 de l'Hégire avec une dote qui s'élève à 12 onces. Elle rendit l'âme en l'an 10 de l'Hégire.

10. <u>Ramlata Umm Habîba Bint Abî Sufyân Ibn Harb</u>. Son père, Abû Sufyân était le chef de Quraych. Elle fit l'hégire en compagnie de son époux Abdallah Ibn Jahch en Abyssinie. Et là, son mari se fait chrétien et y mourut. Alors, le Négus (An-Najâchî) paya la dote pour permettre le Prophète (PSL) de l'épouser. Dote qui s'élevait à 400 Dinars. Le Prophète (PSL) consomma le mariage en l'an 7 de l'Hégire. Elle mourut à Médine à l'âge de 44 ans.

11. <u>Safiyyatu Bint Hayyi Ibn Akhtab</u>. Elle fut faite prisonnière lors de la Bataille de Khaybar, en l'an 7 de l'Hégire et se trouva chez Kanâna Ibn Abil- Haqîq que le Prophète (PSL) tua. Elle mourut à l'âge de 50 ans et fut inhumée au cimetière de Baqî'a.

12. <u>Maïmûna Bint Hâris Al-Halâliyya</u>. Le Prophète (PSL) l'épousa 7 ans après la bataille de Khaybar. Elle s'appelait Burra, nom que le Prophète (PSL) changea par Maïmûna. Elle était la tante maternelle de Ibn Abbas et de Khâlid Ibn Walîd. Le Prophète (PSL) l'épousa lors du traité de Hudaybiyya. Elle mourut à l'âge de 51 ans à Saraf. Sa tombe est très célèbre et on y effectue des visites afin d'y gagner les bénédictions. Certains disent qu'elle a fait don de sa personne au Prophète (PSL)[84].

Quant à son propos : « **Ainsi que sur sa descendance** », il s'agit, exclusivement, de la progéniture de Hasan et de Husayn y compris les filles de Fatima et leurs descendances. Tout ce lot constitue la descendance pure du Prophète Muhammad (PSL).

---

[84] Cf. Sourate : Al-Ahzâb ; verset : 50.

S'agissant du propos : « **Sur les gens de la maison du Prophète (PSL)** », il s'agit, de manière unanime, des Banû Hâchim. Le Prophète (PSL), de son côté, réunit sous une même tente Fatima, Ali, Hasan et Husayn, puis il dit : « *Ô Seigneur ! Ceux-ci sont les gens de ma famille ; je te prie de les purifier* ». C'est là une exclusivité propre aux propos prophétiques à l'endroit de ceux-ci. Il pénétra chez Fatima et il trouva Ali entrain de dormir dans un coin de la maison ; alors que Hasan et Husayn étaient entrain de jouer sous le contrôle de Fatima. Alors, il dit : « *En réalité, toi (Fatima), ces deux enfants et celui-ci qui dort, serez avec moi dans la même loge au Paradis* ». Et personne n'a eu une telle garantie, même les Prophètes et les Messagers (PSE) voire même ses nobles épouses qui sont, pourtant, les indexées dans ce verset : « **Ô femmes du Prophète ! Vous n'êtes comparables à aucune autre femme. Si vous êtes pieuses, ne soyez pas trop complaisantes dans votre langage, afin que celui dont le cœur est malade ne vous convoite pas. Et tenez un langage décent** »[85].

Concernant son propos : « **Sur ses frères en la foi parmi les Prophètes (PSE) et les Véridiques** », il parle, ici, de frères en raison de leurs rangs par rapport à la station de la proximité dont le fait d'y accéder est chose difficile. Et c'est seulement à « sa famille » que revient le désir d'y accéder. Sa famille présente trois sections. La première, ce sont les Messagers qui sont détenteurs d'une prophétie légiférée. La deuxième renvoie aux Prophètes, et l'on parle, alors, d'une prophétie absolue. Tandis que la troisième est relative aux Véridiques. Il s'agit de ceux-là même dont le voile est levé de l'œil de leurs cœurs et ont pu découvrir le lieu sanctifié avec tout ce qui s'y trouve en fait de mystères (*al-asrâr*), de saveurs (*al-azwâq*), de manifestations (*at-tajalliyât*), de sciences (*al-'ulûm*), de connaissances (*al-ma'ârif*), de certitude (*al-yaqîn*), de théologie (*at-tawhîd*) et d'abstraction (*at-tadjrîd*), ainsi que tout l'état dans lequel se trouve notre Seigneur et ce que la raison humaine ne peut pas contrôler comme les attributs relatifs à la magnificence (*al-'azamati*), à la majesté (*al-djalâli*), à la puissance (*al-'izza*), à la perfection (*al-kamâli*), à la grandeur (*al-kibriyâ'i*), à la transcendance (*at-ta-'âlî*), au sacré (*al-quds*), à la richesse (*al-ghinâ*) et aux louanges (*al-ma'hâmid*).

De même, les attributs qui échappent à la raison humaine comme la générosité (*al-karam*) et la distinction (*al-majd*) et tout ce qui s'en suit en fait de réalités (*al-haqâ'iq*), de subtilités (*ad-daqâ'iq*), de délicatesses (*ar-raqâ'iq*),…

---

[85] Sourate : Al- Ahzâb ; verset : 32.

De même, d'autres qualités que l'on note au niveau du lieu sanctifié (*al-hadra al-qudsiyya*), de la communication (*al-mukâlama*), de l'entretien (*al-muhâdasa*), de la consultation (*al-muchâwara*) et de la bienveillance (*al-mulâtafa*). Ces différentes qualités traduisent le rang des Hommes Véridiques. Quiconque détient dans son cœur fut-ce le poids d'un atome d'amour de la passion ne sera pas bénéficiaire de ces qualités. Et s'il veut en être dépositaire il doit se purifier d'une telle attitude afin de pouvoir s'élever au niveau du troisième degré. En fait, trois degrés sont objet de convoitise :

* Le premier, c'est le degré relatif à l'insouciance de mentionner Dieu faisant que le concerné puisse tomber dans l'effarement. Alors qu'il devait avoir la sérénité lors du zikr en consacrant toute sa vie au zikr, car c'est là, l'œuvre des Saints.

* Le second, c'est le fait d'endosser le manteau royal. Ce second degré est au-dessus de celui-là, et le concerné se distingue par les attitudes monarchiques en manifestant son amour ardent pour Dieu, en sacrifiant son temps pour lui et en délaissant tout acte non su et qui n'entre pas dans le cadre de Dieu. De même, il s'agit d'être quitte avec la conjecture, la sensation et l'imagination par peur de se voir ôter ce degré. Le serviteur se distingue par les qualités des gens illustres que sont les Saints.

* Le troisième degré se place au-dessus de celui-ci. C'est le fait d'endosser le manteau divin. Il reste non mentionnable et non perceptible, et en plus, seul celui qui en a dégusté la saveur le connaît parfaitement. Et celui qui adopte ce troisième niveau est désigné par siddîq (le véridique). Laquelle qualité constitue une catégorie de la prophétie, en question. Et il s'agit, alors, des connaisseurs et des véridiques.

Concernant son propos : « **Sur quiconque croit en lui** », c'est-à-dire celui qui s'est accroché solidement à la corde tendue par le Prophète (PSL) qui l'a accepté dans ses rangs et l'a placé sous sa protection.

Le sens de : « **Dieu accepte nos prières sur le Prophète et ne les rejette pas** », exprime l'idée de souhait. On demande Dieu d'accepter la prière faite sans la rejeter. Et ce qui présente un caractère d'agrément, c'est ce qui reste conforme à l'ordre légiféré. Si le pratiquant formule l'intention d'en recevoir la récompense, cette prière qu'il fait sur le Prophète (PSL) sera agréée. Par contre, s'il formule

162

l'intention de régler un problème quelconque, il ne sera pas rétribué ; bien que son problème peut être réglé. En fait, la chose recherchée en faisant cette prière, c'est qu'elle soit élément émanant du pratiquant de cette prière, confirmant ainsi le respect de l'ordre de notre Seigneur et en exprimant la grandeur de Dieu et de Son Messager (PSL). Ne jamais se montrer incapable, faire le faux dévot, éviter de tomber dans l'état d'impureté majeur et mineur.

Quant à son propos « **Seigneur, prie sur notre maître et patron Muhammad et sur sa noble famille** », on a déjà démontré le sens de cette prière sur le Prophète (PSL) en montrant qu'elle est syncrétisme.

Concernant le propos : « **Seigneur fasse qu'il soit pour nous un esprit et pour nos actes d'adoration un secret** », c'est dire que le fidèle demande qu'il soit pour lui un esprit vivant valable pour l'univers au point que pas d'existence, même celle du mécréant, s'il n'est pas. C'est là, le premier degré du Prophète (PSL) qui constitue son spiritualisme qu'ignoraient les gens de Taïf. Ce spiritualisme constitue la vitalité de toute l'existence. Le second degré démontre que le Prophète (PSL) est effectivement un esprit pour tout l'univers de manière particulière.

Cette spiritualité, au niveau de ce second degré, a impliqué tous les concernés comme les Grands Connaisseurs, les Véridiques, les Ténors, les Prophètes, les Messagers et les Rapprochés. Là, aussi le Prophète (PSL) est pourvu d'esprit qui en constitue son spiritualisme par lequel, il a été indulgent envers les gens de Taïf en faisant preuve de déontologie et de bon comportement envers Dieu. En fait, le Prophète (PSL) ainsi que ces hommes de Dieu rappelés ci-haut ont sombré dans les eaux de l'unicité divine. Ils n'ont d'autres soucis que d'œuvrer pour Dieu en s'anéantissant en Lui, en s'appuyant sur Lui. En outre, l'altruisme ne figure pas dans leurs sensations, dans leurs utopies, dans leurs imaginations et dans leurs appréciations.

Quant à son dire : « **Et pour nos actes d'adoration, un secret** », on entend par « sirr » (secret) ici, le fait que cette prière sur le Prophète (PSL) soit chose dissimulée dans les actes et dans les dévotions, et qu'elle soit un produit venant du fidèle même au point qu'elle puisse jouer le rôle de pont entre le fidèle et Dieu. C'est le sens du propos du Cheikh Abd Salâm lorsqu'il dit : « Certes, ton grand paravent est dressé devant toi, celui qui ne le remarque pas au niveau de ses actes, qu'il sache que ces actes sont loin d'être complets ». En fait, ce voilement consiste à ce qu'il soit un fil reliant l'esclave de son Seigneur et par lequel tous les esclaves de Dieu seront en mesure d'être connectés à Dieu. C'est là, tout le secret permettant d'autoriser le consentement de l'adoration.

Et pour son propos : « **Seigneur fasse que son amour pour nous soit une force par laquelle nous demandons assistance** », là, on demande Dieu de nous octroyé l'amour du Prophète (PSL), de manière exclusive. Et chaque fois qu'un élément d'ordre ésotérique qui inclue la grandeur du Prophète (PSL) venait à pénétrer le cœur du fidèle, cela signifierait le début pour celui-ci de pouvoir exprimer la grandeur du Messager de Dieu (PSL) ; et, en outre, cela traduirait son amour pour Lui. C'est-à-dire que cette grandeur se constituera en tapis afin de servir de lieu de réceptacle de cette demande du fidèle adressée à Dieu.

Concernant cette invocation : « **Seigneur fasse que sa grandeur soit dans nos cœurs un élément vivant sur lequel on pourra se maintenir et demander assistance nous permettant de faire mention du Prophète et de son Seigneur** », là, également, celui qui fait cette prière prie Dieu pour que la grandeur du Messager de Dieu (PSL) soit la raison du dynamisme de son cœur lui permettant de pratiquer le zikr du fond de son cœur. Ce zikr recherché pour exprimer cette grandeur n'est pas le même zikr fait à partir de la langue et qui reste la pratique courante chez la majorité des fidèles. En effet, ce zikr en question constitue le zikr réel le plus recherché. Et si le fidèle prend en compte tout le diamètre de ses sens et de ses illusions, il ne pourrait les contenir que s'il intériorise ces données dans le cercle divin au moment du zikr.

Ce serait, ici, le début du zikr des Rapprochés qui ne se termine que lorsque le fidèle fonde son regard et se noie dans les flots de l'unicité divine. A noter seulement que ces Rapprochés n'ont pas cheminé tout l'univers placé sous les pieds du Prophète Muhammad (PSL). Ils n'y sont que de façon sensuelle, conceptuelle, gustative, notionnelle, visuelle, fictive, humaine, cohabitationnelle, appréciative, affective, autoritaire. Ils ne comptent que sur Dieu tout en effaçant en eux la jalousie et l'altruisme. Celui qui fait le zikr se consume avec ce zikr hormis l'objet du zikr. Et de ce point focal, le pratiquant du zikr et le zikr en question seront à un état tel que s'ils parvenaient à se communiquer, leurs propos seraient, sans doute : « Je suis Allah, point de divinité à part Moi, l'Unique », du fait de leur submersion au fond des flots de l'unicité divine. Ce niveau se situe parmi les derniers remparts du zikr faisant que l'opérant devient un élément muet, immobile et non

164

mentionnable. C'est cela même qui ressort du propos prophétique : « *Celui qui connaît, parfaitement Dieu de par sa langue* ».

Et le poète dit :

« Chaque fois que je Te mentionne ils me blâment ;
Mais, mon secret, mon zikr, ma méditation sont emportés par Ton souvenir.
J'ai l'impression de communiquer avec un être qui me surveille constamment.
« Mais, prends grade de ne pas tomber dans la malédiction.
Oriente tes pensées vers ta rencontre avec Moi.
Rappelles-toi du Dieu, le Réel et prends garde.
N'as-tu pas vu que Ses contemplations se sont manifestées
Connectes-toi aux Saints en mentionnant Dieu » [86] »

De fait, la mise à jour du zikr de l'opérant sur l'ensemble des phases constitue un moyen d'accès facile à ce degré convoité. Si ce degré est atteint, alors ce zikr se sent coupé de son origine permettant, ainsi, au pratiquant d'être au-dessus de tous ses instants et pourra dominer son sommeil, son réveil, sa présence, son absence. Et quiconque se trouve dans cet état, s'il était dans une assemblée avec l'ensemble des créatures et où on notait beaucoup de vacarmes et de rires à gorge déployée, il n'entendra rien de ces brouhahas et vacarmes. Mais, il n'entendra que le discours de Dieu qui l'interpelle. Sur ce, on dit souvent :

« Par la mention non régulière de Dieu, les péchés s'accentuent ;
Au même moment les secrets et les cœurs s'effacent
L'abandon du zikr est meilleur que son irrégularité.
En vérité, le Vrai Soleil, par excellence, ne se couche jamais [87] »

C'est là, le summum du degré du zikr comme l'a si bien démontré Dieu dans son Noble Livre : « **Les musulmans et musulmanes, croyants et croyantes, obéissants et obéissantes, loyaux et loyales, endurants et endurantes, craignants et craignantes, donneurs et donneuses d'aumône, jeûnants et jeûnantes, gardiens de leur chasteté et gardiennes, invocateurs souvent d'Allah et invocatrices : Allah a préparé pour eux un pardon et une énorme récompense** » [88]. Dans ce verset, Dieu a élucidé les phases des gens de la foi

---

[86] C'est Dieu qui parle dans les vers soulignés.
[87] Ce dernier vers montre que Dieu ne disparaît jamais comme disparaît le soleil au couchant pour se lever le lendemain.
[88] Sourate : Al-Ahzâb ; verset : 35.

faisant que le second niveau soit plus pesant que le premier et ainsi de suite. Ainsi, la mention des invocateurs en dernier lieu montre sa suprématie sur les autres qualités. Et c'est là, tout le sens de son propos : « *Je cherche assistance en lui en mentionnant son nom et celui de son Seigneur* ».

Quant à son propos : « **Seigneur fasse que la prière sur lui soit une ouverture pour nous** », il demande à Dieu que cette prière lui sert de clef afin de pouvoir pénétrer le monde des mystères, des connaissances, des lumières et des secrets, bien que le Prophète (PSL) soit plus méritant pour de tels privilèges. Quiconque s'y retire et rompe d'avec ceux qui voyagent vers Dieu (*sâlikîne*), qu'il sache qu'il n'a aucune place dans le cercle rapproché de Dieu et il sera tout simplement écarté.

Concernant son dire : « **Ouvre, seigneur, pour nous les portes de la prospérité** », là, il invoque Dieu de lui faire accéder à la bonne fortune par le biais de la prière sur le Prophète (PSL). Et cette accession signifie que le fidèle soit un être admis par Dieu et qu'il soit un élément assidu et constant dans le sentier de Dieu et dans la dévotion. Qu'il pratique un culte sincère dans les sphères proches de Dieu et plus précisément dans l'emplacement exact où Dieu choisi ses Elus. Il doit se préparer à plonger au fond des océans divins pour se confondre à Lui. C'est là, le sens de l'acceptation du fidèle auprès de Dieu. Quant à l'acceptation dont Dieu approuve son fidèle qui pratique cette prière sur le Prophète (PSL), c'est lorsqu'il le couvre de par Sa Grâce, Sa Miséricorde dans les deux mondes. Le fait de le choisir, de l'élire, de lui accorder Sa Providence et de le noyer dans Ses Océans entrent dans les désirs du pratiquant. De même, ce dernier demandait à Dieu de lui ôter tout voile qui l'empêcherait de contempler son Seigneur. En un mot, il aspire à être un des Elus. Effectivement, si ce voile est ôté, il sera attiré par le Seigneur et plus précisément par les ficelles d'attirance de Sa Miséricorde Infinie. Les mêmes ficelles qui ont attiré ses Elus.

Dans cette invocation-ci : « **accepte de moi, par l'entremise des bénédictions de mon bien-aimé et de ton bien-aimé, de tes serviteurs croyants, mes pratiques relatives aux awrâd, à l'affection et à la grandeur** », il demande à Dieu d'agréer la globalité de ses pratiques relatives aux awrâd et aux azkâr, ainsi que toutes les glorifications accomplies dans une partie de la nuit et du jour, et ce, par les bénédictions de Son Bien-Aimé et le Bien-Aimé de ses serviteurs croyants. Ces azkâr dont il est question sont explicités du début à la fin avec toutes les remarques nécessaires.

Quant à son propos : « *... ainsi que l'affection et la grandeur* », ces deux qualités, dans cette invocation, s'inscrivent dans les actes du cœur et non pas du corps. Seulement, le zikr, bien que débutant par les actes visibles du corps pendant des jours durant, finira un jour par tomber dans les filets du cœur. Et tout acte accompli loin de la participation du cœur aura une force d'attirance faible et ne profite que peu.

S'agissant de ce propos : « **Pour ton Essence ! Pour Allah ! Pour Allah ! Pour Allah !** », il souhaite que tous ses actes soient accomplis exclusivement pour la face de Dieu. Et ceci constitue le summum des degrés des actes de dévotion. C'est ce qui est tiré des Livres Célestes, lorsque le Très-Haut dit : « *Moi, j'aime intensément celui qui m'adore sans intérêt quelconque ; mais qui m'adore pour donner à la Seigneurie son droit le plus absolu* ». Et il répéta trois fois le Nom Divin – Allah – en vue de montrer son amour profond qu'il a de Dieu et pour démontrer toute sa sincérité et sa loyauté.

Son propos : « **Ah !** » traduit la doléance, l'appel au secours et la plainte. Il s'agit de la plainte du serviteur contre les folies de grandeur de la nature humaine qui pouvaient s'interposer entre lui et les endroits permettant de se rapprocher de Dieu. Ces folies de grandeur de la nature humaine pourraient même empêcher d'atteindre Dieu. Concernant l'appel au secours, il s'agit de solliciter l'aide de Dieu afin qu'Il oriente vers lui toute son attention. Pour qu'il soit assisté dans son voyage nocturne vers Dieu tout en s'échappant de ces folies de grandeur. Sa seule aspiration est qu'il se retrouve dans la Sphère Divine, lieu de rapprochement entre le fidèle et son Seigneur. A noter que c'est là que se trouvait son âme avant qu'elle ne soit intériorisée dans le corps humain. Certains Soûfîs, faisant allusion à l'âme et à la passion, démontrent qu'elles sont les deux barrières majeures qui empêchent de franchir le seuil de cette Sphère. C'est là tout le sens de la plainte et de cette demande de secours.

167

Son propos : « **Âmin** » signifie : « Dieu, exauce mes invocations ». Il a l'image d'une empreinte placée sur le texte de l'invocation et qui facilitera le consentement de Dieu.

Et son propos : « **Lui ! Lui ! Lui !** هـو هـو هـو », traduit le passage de l'appel au secours à l'interpellation par : Huwa ! Huwa ! Huwa ! De Toi, je désire accéder au niveau de la désignation auprès de Dieu, le Très Haut tout en exprimant l'affection et la majesté. Il s'agit, en un mot, de la submersion aux fonds des eaux. La désignation auprès de Dieu signifie l'extinction dans son amour. Il s'avère impossible de distinguer, chez Dieu, sa proximité de son éloignement ; son aujourd'hui de son hier ; de même d'en connaître la quantité, le comment, la description ou encore la représentation en vue de dominer l'ipséité en cours dans tout l'univers.

Un des hommes de Dieu rapportait ce récit extraordinaire. Il dit : « J'ai croisé un de ceux qui sont entièrement anéantis en Dieu (al-mûlihîne). Je lui dis : « Paix sur toi ». Il me répondit : « Lui (*huwa*) ». Je lui dis : « Comment t'appelles-tu ? ». Il me dit : « Lui (*huwa*) ». Je lui dis : « Où vas-tu ? ». Il me dit encore : « Lui (*huwa*) ». Et j'ai remarqué qu'à chaque fois que je lui demande quelque chose, il me donne la même réponse. Je lui dis alors : « Peut être que tu aspires à Dieu ». Sur le champ, il tomba par terre et commença à s'agiter avec force à l'image d'un animal égorgé. Ensuite, il mourut. Que Dieu ait pitié de son âme !

De même, certains grands hommes de Dieu disent :
« Je désire ardemment Dieu. S'Il se manifeste, je suis emporté par Sa Majesté
Non par crainte, mais par amour de voir sa Beauté Extrême
J'aspire à Lui pour qu'il se manifeste à moi, même sous forme imaginative.
La mort est à Ses côtés
Et la Vie Eternelle est devant moi ».

Le Cheikh Abd Qâdir dit : « On posa la question sur les termes « *al-mahabba* » et « *al-hubb* » qui renvoient à l'idée d'amour et d'affection. Il précisa que « *al-mahabba* » c'est le trouble qui affecte le cœur et qui remplace l'amour du bas monde dans le coeur, à l'image d'une bague ou un anneau. Tandis que, « *al-hubb* » c'est la cécité vis-à-vis du désirable par crainte à son égard. La cécité qui n'agit pas

168

sur le désirable constitue une jalousie et devient, du coup, une cécité faisant qu'il ne sera plus possible de prononcer son nom, ni que la raison profonde ne peut concevoir.

Concernant son invocation « Âmin », il signifie, ici : « *Fais-moi accéder à ce stade* ».

Et pour ce qui est de : « **Que la paix de Dieu soit sur notre Maître Muhammad, âmin** », il termina son invocation par la prière sur le Prophète (PSL) qu'il acheva par l'expression « âmin », c'est-à-dire : « Paix de Dieu sur lui, âmin ! Ô mon Seigneur, prie sur lui selon le degré de Ton amour et de Ta satisfaction à son endroit, louange à Dieu qui, Seul, suffit et que la paix soit sur Ses serviteurs qu'Il a élus ! Et la fin de notre invocation : Louange à Allah, Seigneur de l'Univers ».

Nous en sommes au terme de notre noble explication partant de la dictée de notre maître spirituel, que Dieu soit satisfait de lui.

Mon Dieu ! Accorde Ta bénédiction à notre Seigneur Muhammad qui a ouvert ce qui était clos, qui a clos ce qui a précédé, le Défenseur de la vérité par la Vérité, le Guide du droit chemin ainsi qu'à sa famille suivant sa valeur et l'estimation de son ultime dignité.

L'orientation de « al-musabba-'at al-'achr »

(المسبعات العشر)

« Allahumma innî nawaytu ane ataqarraba ilayka bitilâwati musabba-'ât al-'achr biniyyati ta-'abbud lil-Lâhi Ta 'âlâ ; wa biniyyati tahassuni bihâ ; wabi niyyati tahsîl jamî-'i mâlaha minal khawwâs ; wal kirâmât, wal khayrât ; wal barakât ; wal futûhât fid- dun'yâ wal – âkhira. Innaka 'alâ kulli chay'ine qadîr ».

اللهم إني نويت أن أتقرب إليك بتلاوة مسبعات العشر بنية التعبد لله تعالى وبنية التحصن بها وبنية تحصيل جميع ما لها من الخواص والكرمات

169

والخيرات والبركات والفتوحات في الدنيا والآخرة إنك على كل شيء قدير.

« A ʿûzu bil- Lâhi minachay tân rajîm (*) Bismil- Lâhi Rahmân Rahîm (*) Alhamdul- Lâhi Rabbil ʿâlamîn (*) ar- Rahmân ar-Rahîm (*) Maliki yawmid-dîn (*) Iyyâka na ʿabudu wa iyyâka nasta ʿîn (*) Ihdi nas-sirâtal mustaqîm (*) Sirâtal- lazîn ane amta ʿalayhim ghayril maghdûb ʿalayhim walad- dâlîn (*) âmîn (*).

أَعُوذُ بِاللهِ مِنَ الشَّيْطَانِ الرَّجِيمِ. بِسْمِ اللَّهِ الرَّحْمَنِ الرَّحِيمِ (*) الْحَمْدُ لِلَّهِ رَبِّ الْعَالَمِينَ (*) الرَّحْمَنِ الرَّحِيمِ (*) مَالِكِ يَوْمِ الدِّينِ (*) إِيَّاكَ نَعْبُدُ وَإِيَّاكَ نَسْتَعِينُ (*) اهْدِنَا الصِّرَاطَ الْمُسْتَقِيمَ (*) صِرَاطَ الَّذِينَ أَنْعَمْتَ عَلَيْهِمْ غَيْرِ الْمَغْضُوبِ عَلَيْهِمْ وَلَا الضَّالِّينَ.

Ensuite, on lit 3 fois cette restriction après ce *musabba-ʿât al-achr* que voici :

« Allâhumma binûrika ihtadaytu ; wa bifadlika istaʿantu ; wa bika asbahtu wa amsaytu. Zunûbî kasîratune bayna yadayka. Astaghfirul –Lâha wa atûbu ilayka ; Yâ Hannân ! Yâ Mannân ! Asʾaluka al- amna wal amâna mine zawâlil îmân wal-afwi ʿammâ madâ. Wa kâna birahmatika Yâ Arʾhamar-Râhimîn ».

اللهم بنورك اهتديت وبفضلك استعنت وبك أصبحت وأمسيت ذنوبي كثيرة بين يديك أستغفر الله وأتوب إليك يا حنان يا منان أسألك الأمن والأمان من زوال الإيمان والعفو عما مضى وكان برحمتك يا أرحم الراحمين.

Et 21 fois celle-ci: « Yâ Rabbâhu ! Yâ Rabbâhu ! Yâ Rabbâhu ! Yâ Jabbâr ».

Et terminer avec celle-ci : « Allâhumma innî aʾûzu bika mine charril-fadîhatayni wa zulmatil ʿaynayni, bihurmati jaddi al-Hasanayni. Wa sallal-Lâhu ʿalâ Sayyidinâ Muhammadine wa âlihi wa Sahʾbihi wa sallim ».

اللهم إني أعوذبك من شر الفضيحتين وظلمة العينين بحرمة جد الحسنين وصلى الله على سيدنا محمد وآله وصحبه وسلم.

Les mérites d'une telle litanie sont, comme l'ont démontré les imâms parmi les gens de la véracité, nombreux. En fait, sa lecture, matin et soir, procure des lumières mystiques aux pratiquants parmi ceux qui entament le voyage vers Dieu ; de la même manière qu'elle procure des lumières qu'avaient reçues ceux qui ont déjà effectué ce voyage vers Dieu parmi ceux qui sont intensément anéantis en Lui. Quiconque reste constant et régulier dans sa lecture, Dieu lui ouvrira les portes des bienfaits et de la surabondance ; éteindra, en lui, l'amour des jouissances terrestres et Dieu lui bénira sa dévotion, sa vie ici-bas et l'au-delà. De même, il illuminera son intérieur avec les lumières de la félicité et embellira son extérieur avec les marques de la souveraineté, il l'enrichira, lui aplanira ses difficultés, lui facilitera ses affaires, lui enlèvera son mal, il lui suffira contre l'injustice de tout injuste, contre la tyrannie de tout tyran, contre la jalousie de tout envieux et il lui préservera de Satan, le Banni.

Nous y avons, en plus, le Nom Sublime par lequel il sera aimé de tous, tout ce qui est demandé à Dieu par le biais de ce Nom sera exaucé. Ses bienfaits sont nombreux et ses secrets sont manifestes. Et seuls les connaissent les gens singuliers parmi les amis sincères et que seuls les témoignent les gens sobres parmi les Elus.

Le « hirzul yamani » ou le « hizbus- sayfiyyu »

(الحرز اليماني وهو الحزب السيفي)

Il s'agit de cette invocation :

« Bismil- Lâhi Rahmân Rahîm. Allâhumma antal- Lâhu ; Al-Malik ; Al-Haqq ; Al-Mubîn ; Al-Qadîm ; Al-Muta-'azziz bil-'azamati wal- kibriyâ'i ; Al-Mutafarrid bil-baqâ'i ; Al-Hayyu ; Al-Qayyûm ; Al-Qâdir, Al- Muqtadir, Al-Jabbâr ; Al-Qahhâr. Al-lazî lâ ilâha illâ anta Rabbî, wa anâ abduka. 'Amiltu sû'ane, wa zalamtu nafsî, wa 'ataraftu bizanbî. Faghfirlî zunûbî kullihâ ; fa'innahu lâ yaghfiru zunûba illâ anta. Yâ Ghafûr ! Yâ Chakûr ! Yâ Halîm ! Yâ Karîm ! Yâ Sabûr ! Yâ Rahîm.

171

Allâhumma innî ahmaduka, wa antal-Mahmûd, wa anta lil-hamdi ahlun. Wa achekuruka, wa antal-Machekûr, wa anta lil-chukri ahlun 'alâ mâ khassastanî bihî mine mawâhib raghâ'ib. Wa awsalta ilayya mine fadâ'il sanâ-'i-'i. Wa awlaytanî bihî mine ihsânika. Wa bawwa'atanî bihî mine mazannati sidqi 'indaka. Wa aniltanî bihî mine mananikal wâsilati ilayya. Wa ahsanta bihî ilayya kulla waqtine mine daf'-il baliyyati 'annî. Wa tawfîq lî, wal ijâbatu lidu-'â-î, etc ...».

بسم الله الرحمان الرحيم. اللهم أنت الله الملك الحق المبين القديم المتعزز بالعظمة والكبرياء المتفرد بالبقاء الحي القيوم القادر المقتدر الجبار القهار الذي لا إله إلا أنت ربي وأنا عبدك عملت سوءا وظلمت نفسي واعترفت بذنبي فاغفرلي ذنوبي كلها فإنه لا يغفر الذنوب إلا يا أنت يا غفور يا شكور يا حليم يا كريم يا صبور يا رحيم.

اللهم إني أحمدك وأنت المحمود وأنت للحمد أهل وأشكرك وأنت المشكور وأنت للشكر أهل على ما خصصتني به من مواهب الرغائب وأوصلت إلي من فضائل الصنائع وأوليتني به من إحسانك وبوأتني به من مظنة الصدق عندك وأنلتني به من مننك الواصلة إلي وأحسنت به إلي كل وقت من دفع البلية عني والتوفيق لي والإجابة لدعائي، الخ...

Ainsi, l'invocation continue jusqu'à la fin. On reviendra sur son complément, s'il plaît à Dieu.

Le « hizbul bahri » et ses spécificités

Parmi ses pratiques, le fait de le réciter matin et soir. Et à chaque arrêt, on mentionne 14 fois le Nom Divin codé comme suit [89]:

```
1 هـ- 33 هـ- هـ- 33 هـ- 33 هـ- 3 هـ-
```

L'orientation de *HIZBUL BAHRI* :

Il s'agit de commencer par formuler l'intention en disant :

« Allâhumma innî nawaytu ane ataqarraba ilayka bitilâwati hizbil- bahri ; biniyyati ta 'abbud lil- Lâhi Ta 'âlâ, wa biniyyati tahassun bihî, wa biniyyati tahsîl jamî 'i mâlahû minal- khawwâs, wal- barakât ; wal- karâmât, wal-futûhât, wal- khayrât fid-dunyâ wal- âkhira ; innaka 'alâ kulli chay'ine qadîr. Rabbi sahhil, wa yassîr walâ tu-'assir ! Rabbi tammim, wa sahhil lanâ kulla amrine 'asîrine. Yâ Muyassir kulla 'asîrine. Wa lâ hawla walâ quwwata illâ bil- Lâhil- 'Aliyyil- Azîm. Abataçaja hajada zarazasa chasada taza-'a ghafaqa kalamanaha ».

اللهم إني نويت أن أتقرب إليك بتلاوة حزب البحر بنية التعبد لله تعالى وبنية التحصن به وبنية تحصيل جميع ما لـه من الخواص والبركات والكرامات والفتوحات والخيرات في الدنيا والآخرة إنك على كل شيء قدير. رب سهل ويسر ولا تعسر رب تمم وسهل لنا كل أمر عسير يا ميسر كل عسير ولا حول ولا قوة إلا بالله العلي العظيم أبتثج حجد ذرزس شصض طظع غفق كلمنه.

Ensuite, on fait 100 fois « lâ ilâha illal- Lâhu », 10 fois la « Salâtul Fatihi » et 01 fois la sourate « Al-Fâtiha ». Puis, on fait passer les mains sur le visage avant d'entamer la lecture du « Hizbul Bahri » que voici :

« Bismilâhi Rahmân Rahîm. Allâhumma innâ nas'aluka, Yâ Allâh ! Yâ Allah ! Yâ Allah ! Yâ 'Aliyyu ! Yâ 'Azîm ! Yâ Halîm ! Anta Rabbî wa 'ilmuka

---

[89] Il appartient au désireux d'aller trouver l'auteur de cet ouvrage pour décoder ces chiffres et ces lettres pour sortir le nom qui y caché. Il doit faire de même pour tous les autres Noms Divins codés tout au long du livre.

hasbî fani'imar- Rabbu Rabbî, wa ni'imal- Hasbu Hasbî. Tansuru mane tachâ'u, wa antal- 'Azîzu Rahîm. Nas'alukal- 'ismata fil harakât, was-sakanât, wal-kalimât, wal-irâdât, wal-khatarât mina chukûk, waz-zunûn, wal-aw'hâm as-sâtira lil qulûb, ane mutâla-'atil ghuyûb. " Faqad ubtuliyal mu'uminûn wa zulzilû zilzâlane chadîdane. Wa ize yaqûlul munâfiqûn wal-lazîna fî qulûbihime maradune. Mâ wa-'adanal- Lâhu wara sûluhu illâ ghurûrane. Fasabbitenâ wansurnâ ».

بسم الله الرحمان الرحيم اللهم إنا نسألك يا الله يا الله يا الله يا علي يا عظيم يا حليم أنت ربي وعلمك حسبي فنعم الرب ربي ونعم الحسب حسبي تنصر من تشاء وأنت العزيز الرحيم نسألك العصمة في الحركات والسكنات والكلمات والإرادات والخطرات من الشكوك والظنون والأوهام الساترة للقلوب عن مطالعة الغيوب فقد ابتلي المؤمنون وزلزلوا زلزالا شديدا وإذ يقول المنافقون والذين في قلوبهم مرض ما وعدنا الله ورسوله إلا غرورا فثبتنا وانصرنا.

Ensuite, on répète 14 fois le Nom Codé mentionné plus haut. Et on continue :

« (Walil amni minal ghuraq izâ kunta fil bahri tazîd). " Wa mâ qadarul- Lâha haqqa qadrihî ; wal ard jamî'ane qabdatuhu yawmal qiyâma ; was-samâwâtu matwiyyâtune biyamînihî. Subhânahû wa Ta-'âlâ 'ammâ yuchrikûn ". "Bismilâhi majrâhâ wa mursâhâ inna Rabbî laghafûrune Rahîm ".

Allâhumma sakhir lanâ hazal bahra kamâ sakhartal- bahra li-Sayyidinâ Mûsâ (alayhis-salâm) ; wa sakhartan- nâra li-Sayyidinâ Ibrâhîm (alayhis-salâm) ; wa sakhartal- jibâla, wal hadîda, wat-tayra, wal-wuhûcha li-Sayyidinâ Dâwûda (alayhis-salâm) ; wa sakharta chayâtîna war-rîha, wal-ine'sa, wal-jinna li-Sayyidinâ Sulaymân (alayhis-salâm) ; wa sakhartal- Burâqa, was-saqalayni, wa jamî-'al ache'yâ'i li-Sayyidinâ Muhammadine (sallal-Lâhu 'alayhi, wa 'alâ Alihi, wa Sahbihi, wa sallam.

As'aluka ane tusakhira lanâ kulla bahrine huwa laka fil- ard, was-samâ'i, wal-mulki, wal-malakût, wa bahrid-dunyâ, wal-âkhira, wa sakhir lanâ kulla chay'ine ».

﴿ وللأمن من الغرق إذا كنت في البحر تزيد ﴾ وما قدروا الله حق قدره والأرض جميعا قبضته يوم القيامة والسماوات مطويات بيمينه سبحانه

وتعالى عما يشركون بسم الله مجراها ومرساها إن ربي لغفور رحيم اللهم سخر لنا هذا البحر كما سخرت البحر لسيدنا موسى عليه السلام وسخرت النار لسيدنا إبراهيم عليه السلام وسخرت الجبال والحديد والطير والوحوش لسيدنا داود عليه السلام وسخرت الشياطين والريح والإنس والجن لسيدنا سليمان عليه السلام وسخرت البراق والثقلين وجميع الأشياء لسيدنا محمد صلى الله عليه وعلى آله وصحبه وسلم. أسألك أن تسخر لنا كل بحر هو لك في الأرض والسماء والملك والملكوت وبحر الدنيا والآخرة وسخر لنا كل شيء.

Ensuite, on répète 14 fois le Nom Codé mentionné plus haut. Et on continue :

« (Wa litaqarrubi ilâ qulûbin- nâsi tadîfu). وللتقرب إلى قلوب الناس تضيف

Puis 75 fois « Yâ ʿAziz », suivi d'une seule fois ce qui suit :

« ʿAzziznî fî qalbi fulânine ibn fulânatine. Yâ mane biyadihi malakûtu kulli chay'ine. Kaf-hâ-yâ-aïn-sâd. Kaf-hâ-yâ-aïn-sâd. Kaf-hâ-yâ-aïn-sâd. Unsurnâ ».

عززني في قلب فلان ابن فلانة يا من بيده ملكوت كل شيء كهيعص كهيعص كهيعص انصرنا.

Ensuite, on répète 14 fois le Nom Codé mentionné plus haut. Et on continue 21 fois ceci :

« (Wa lil zufri bilk a-ʿadâ'i, wan-najât mine kaydihime tadîfu). Rabbi innî maghlûbune, fansurnî, fa innaka khayrun- nâsirîn. Waftah lanâ, fa innaka khayrul fâtihîn ».

* وللظفر بالأعداء والنجاى من كيدهم تصيف * رب إني مغلول فانصرني فإنك خير الناصرين. وافتح لنا فإنك خير الفاتحين.

Ensuite, on répète 14 fois le Nom Codé mentionné plus haut. Et on continue 21 fois ceci :

« (Wali hallil marbût wal- ma-'aqûd tadîfu). Rabbana iftaha baynanâ wa bayna qawminâ bil-haqqi, wa anta khayrul fâtihîn. Waghfirlanâ, fa innaka khayrul ghâfirîn. War' hame, fa innaka khayrur râhimîn ».

ولحل المربوط والـمعقود تضيف ربنا افتح بيننا وبين قومنا بالحق وأنت خير الفاتحين واغفرلنا فإنك خير الغافرين وارحم فإنك خير الراحمين.

Ensuite, on répéte 14 fois le Nom Codé plus haut. Et on continue une fois :

« (Walid-dukhûl 'alâl mulki wa salâtîn tadîfu). وللدخول على الملك والسلاطين تضيف Puis, on fait 1186 fois « Yâ Ghafûr ».

Une seule fois « War zuqnâ wa anta khayru râziqîn ». وارزقنا وأنت خير الرازقين

Ensuite, on répéte 14 fois le Nom Codé plus haut. Et on continue 113 fois :

« (Wa lin-najât minaz-zulmati wal-amn mine makrihime tadîfu), Summa

nunajji lazînat- taqawe, wa nazaruz- zâlimîn fîhâ jisiyyane.

وللنجاة من الظلمة والأمن من مكرهم تضيف ثم ننجي الذين اتقوا ونذر الظالمين فيها جثيا.

Suivi d'une fois :

« Wah dinâ wa najjinâ minal qawmiz- zâlimîn. Wa hablanâ rîhane tayyibatane kamâ hiya fî 'ilmika, wan chur'hâ 'alaynâ mine khazâ 'ini rahmatika ».

واهدنا ونجنا من القوم الظالمين وهب لنا ريحا طيبة كما هي في علمك وانشرها علينا من خزائن رحمتك.

Ensuite, on répéte 14 fois le Nom Codé plus haut. Et on continue 258 fois :

« (Wa litalabi nafâdil amri wa 'uluwwil darajât wa tâ 'ati nâsi tadîfu). Yâ 'Atûf, Yâ Karîm, Yâ Rahîm.

ولطلب نفاد الأمر وعلو الدرجات وطاعة الناس تضيف يا عطوف يا كريم يا رحيم.

Suivi d'une fois : « Wah milnâ bihâ hamlal karâmati ma 'as- salâmati wal- 'âfiyati fid- dîn, wad- dunyâ, wal âkhira. Innaka 'âlâ kulli chay'ine qadîrun, wa bil ijâbati jadîrune ».

واحملنا بها حمل الكرامة مع السلامة والعافية في الدين والدنيا والآخرة إنك على كل شيء قدير وبالإجابة جدير.

Ensuite, on répéte 14 fois le Nom Codé plus haut. Et on continue 100 fois :

« (Wa li 'imâratil amlâki tadîfu), Rabbanâ âtinâ fid-dunyâ hasanatane wa fil âkhirati hasanatane, waqinâ 'azâban- nâr.

* ولعمارة الأملاك تضيف* ربنا آتنا في الدنبا حسنة وفي الآخرة حسنة وقنا عذاب النار.

Et une fois « Allâhumma yassir lanâ umûranâ ». اللهم يسر لنا أمورنا.

Ensuite, on répéte 14 fois le Nom Codé plus haut. Et on continue 300 fois :

« (Wa lit-taysîr tadîfu) Yâ Muyassira kulli 'asîrine, yassir murâdî, wa sahhil amrî kullihî bifadlikal wâsi-'i.

وللتيسير تضيف يا ميسر كل عسير يسر مرادي وسهل أمري كله بفضلك الواسع.

Et une fois : « ma'a râhati liqulûbinâ, wa abdâninâ ; was- salâmati, wal – 'âfiyati fî dîninâ, wa dunyânâ. Wa kune lanâ sâhibane fî safarinâ, wa khalîfatane fî ahlinâ, watmis 'alâ wujûhi a-'adâ'inâ, wam sikhe hume 'alâ makânatihime falâ yastatî 'ûnal- madyi walal majî'i. Wa law nachâ'u latamasnâ 'alâ a'ayunihime, fastabaqu sirâta, fa'annâ yubsirûne. Walaw

177

nachâ'u lamasakhe nâhume 'alâ makânatihime, famas tatâ 'û mudiyyane walâ yarji 'ûne ».

مع الراحة لقلوبنا وأبداننا والسلامة والعافية في ديننا ودنيانا وكن لنا صاحبا في سفرنا وخليفة في أهلنا واطمس على وجوه أعدائنا وامسخهم على مكانتهم فلا يستطيعون المضي والمجيء إلينا ولو نشاء لطمسنا على أعينهم فاستبقوا الصراط فأني يبصرون ولو نشاء لمسخناهم على مكانتهم فما استطاعوا مضيا ولا يرجعون.

Ensuite 75 fois : (Walil ihtirâz minal- lusûsi was- sibâ'i tadîfu) Yâ Hâfiz ! Yâ Mun'jî ! Yâ Kâfî ! Yâ Sattâr ! Usturnî bisitrikal jamîl, kamâ satartal Anbiyâ'i minr sutwâtil farâ 'inati. Walâ taj 'al ilaynâ sabîlane. Waj'al Allâhumma baynanâ wa baynahume hijâbane mastûrane.

وللاحتراز من اللصوص والسباع تضيف يا حفيظ يا منجي يا كافي يا ستار استرني بسترك الجميل كما سترت الأنبياء من سطوات الفراعنة ولا تجعل لهم إلينا سبيلا واجعل اللهم بيننا وبينهم حجابا مستورا.

Suivie d'une fois les 9 premiers versets de la Sourate « YÂ-sîn », et 3 fois :

« Châhatil wujûhu ». شاهت الوجوه

On fait 14 fois le Nom Codé plus haut. Et on continue 40 fois :

« (Wali 'aqdi lisâni tadîfu) Summune bukmune 'umyune fahume lâ ya 'aqilûna ».

ولعقد اللسان تضيف صم بكم عمي فهم لا يعقلون.

Et une fois : « Wa 'anatil wujûhu lil Hayyil Qayyûm. Wa qad khâba mane hamala zulmane. Tâ-sîn ! Tâ-sîn-mîm ! Tâ-sîn-mîm ! Hâ-mîm ! Aïn-sîn-qâf ! Marajal bahrayni yaltaqiyân, baynahumâ barzakhune lâ yabkhiyâne ».

وعنت الوجوه للحي القيوم وقد خاب من حمل ظلما طس طسـم طسـم حـم عسـق مرج البحرين يلتقيان بينهما برزخ لا يبغيان.

Et chaque fois que l'on prononce les lettres « HÂ-MÎM حـم » dans l'invocation qui va venir, on doit orienter notre tête, à tour de rôle, vers notre devant, notre arrière, notre droit, notre gauche, au-dessus de nous, en dessous de nous ; et en formulant l'intention au fond du cœur pour que Dieu, par Sa Puissance, nous défend contre toute calamité qui devait s'abattre sur nous.

Voici cette invocation :

« Hâ-mîm ! Hâ-mîm ! Hâ-mîm ! Hâ-mîm ! Hâ-mîm ! Hâ-mîm ! Hâ-mîm ! Lâ taqtulnî bifadlika, walâ tahliknî bi 'azâbika. Wa 'âfinî qabla zâlika, walâ ta'akhuznî bisû'i 'amalî, walâ tusallit 'alayya mane lâ yar'hamunî, wa kuffa aydiyan- nâsi 'annî hummal amri. Wa jâ'an- nasru, fa 'alaynâ lâ yunsarûne.

« Wa raddal- Lâhul- lazîna kafarû bighayzihime lame yanâlû khayrane. Wa kafal- Lâhul Mu'uminînal qitâla. Wa kânal- Lâhu Qawiyyane 'Azîzane ».

حم حم حم حم حم حم حم لا تقتلني بفضلك ولا تهلكني بعذابك وعافني قبل ذلك ولا تأخذني بسوء عملي ولا تسلط علي من لا يرحمني وكف أيدي الناس عني حم الأمر وجاء النصر فعلينا لا ينصرون ورد الله الذين كفروا بغيظهم لـم ينالوا خيرا وكفى الله الـمؤمنين القتال وكان الله قويا عزيزا

Réciter par la suite :

- 01 fois : Hâ-Mîm ! Tanzîlul kitâb minal –Lâhil 'Azîzil 'Alîm. Ghâfiri zanbi, wa Qâbili tawbi, chadîdil 'iqâbi, Zit- tawli. Lâ ilâha illâ Huwa, ilayhil masîr.

حم تنزيل الكتاب من الله العزيز العليم غافر الذنب وقابل التوب شديد العقاب ذي الطول لا إلـه إلا هو إليه المصـير.

- 3 fois : Yâ-Sîn ! Saqafunâ. Kâ-Hâ-Yâ-Aïn-Sâd ! Kifâyatunâ. Fasayak fikahumul- Lâhu. Wa Huwal- Samî 'ul 'Alîm.

يـس سقفنا كهيعص كفايتنا حـم عسق حمايتنا فسيكفيكهم الله وهو السميع العليم.

179

- 3 fois : Satrul 'arch masbûlune 'alaynâ. Wa aïnul- Lâhi nâziratune ilaynâ, bihawlil- Lâhi lâ yuqaddaru 'alaynâ. Wal- Lâhu mine warâ'ihime muhîtune. Bal huwa Qur'ânune Majîdune. Fî Lawhine Mahfûze.

ستر العرش مسبول علينا وعين الله ناظرة إلينا بحول الله لا يقدر علينا والله من ورائهم محيط بل هو قرآن مجيد في لوح محفوظ.

- 3 fois : Fal- Lâhu khayrune hifzane, wa Huwa ar'hamu râhimîne.

فالله خير حفظا وهو أرحم اراحمين.

- 3 fois : Inna waliyyiyal- Lâhu al-lazî nazzalal kitâba. Wa Huwa yatawalla sâlihîna.

إن ولـي الله الذي نزل الكتاب وهو يتولى الصالحين.

- 3 fois : Hasbiyal- Lâhu. Lâ ilâha illâ Huwa, 'alayhi tawakkaltu. Wa Huwa Rabbul 'archil 'azîm.

حسبي الله لا إلـه إلا هو عليه توكلت وهو رب العرش العظيم.

- 3 fois : Bismil- Lâhi allazî lâ yadurru ma'a ismihî chay'une fil 'ard walâ fissamâ'i. Wa Huwas- Samî 'ul- 'Alîm.

بسم الله الذي لايضر مع اسمه شيء في الأرض ولا في السماء وهو السميع العليم.

- 3 fois : Walâ hawla walâ quwwata illâ bil- Lâhil 'Aliyyil 'Azîm.

ولا حول ولا قوة إلا بالله العلي العظيم.

Et on termine par : Innal- Lâha, wa Malâ'ikatahû yusallûna 'alan- Nabiyyi. Yâ ayyuhal-lazîna âmanû sallû 'alayhi wa sallimû taslîmane. Sub'hâna Rabbika Rabbil 'izzati 'ammâ yasifûna. Wa salâmune 'alal Mursalîna. Wal hamdul- Lâhi Rabbil 'âlamîne.

إن الله وملائكته يصلون على النبي يا أيها الذين آمنوا صلوا عليه وسلموا تسليما. سبحان ربك رب العزة عما يصفون وسلام على المرسلين والحمد لله رب العالمين.

Puis, on récite cette invocation qui permet de favoriser une réponse positive immédiate :

« Âmantu bil- Lâhi, wa ʻatasamtu bihawlil- Lâhi, wa tahassantu bihusnil- Lâhi, wa tawakkaltu ʻalal- Lâhi. Walâ hawla walâ quwwata illâ bil- Lâhi. Bismil- Lâhil- Khâliqil- Akbar. Wa Huwa hirzune mâni ʻune mimmâ akhâfu wa ahzaru. Lâ qudrata limakhlûqine ma-ʻa qudratil khâliq yuljimuhu bilijâmi qudratihî : (**Ahmâ chîn**) Aye al-ahmâ, al-aʻazzu, al-amnaʻu, yujîru ʻalayhi. Fa Huwa Mâlikul-mulki, Al-Munfaridu bitadbîrihi. Wa ʻan'hu sallal-Lâhu ʻalayhi wa sallam. Lâ humâ illâl- Lâhu wa Rasûluhu.
(**Hamyasâ chîn**) Lil mubâlaghati fî hâzal ma-ʻana, wa nafyil hudûdi ane mulkihi. Fa Huwa Subhânahu Zul- mulkil a-ʻalâ.
(**Atmâ chîn**) Al- aʻalâ qahrane, wa ʻazamatane, wa kamâlane.
(**Tamyasâ chîn**) Lil mubâlaghati fil ma-ʻanâ, wa ʻumûmi tasarrufihi fî sâʼiril jâ-izâti mahsûsâti ».

آمنت بالله واعتصمت بحول الله وتحصنت بحصن الله وتوكلت على الله ولا حول ولا قوة إلا بالله بسم الله الخالق الأكبر وهو حرز مانع مما أخاف وأحذر لاقدرة لـمخلوق مع القدرة الخالق يلجمه بلجام قدرته أحمى ش (أي الاحمى الأعز الأمنع يجير ولا يجار عليه فهو مالك الملك المنفرد بتدبيره وعنه صلى الله عليه وسلم لا حمى إلا الله ورسوله). (حميثا ش) للمبالغة في هذا المعنى ونفى الحدود عن ملكه فهو سبحانه ذو الملك الأعلى. (أطمى ش) الأعلى قهرا وعظمة وكمالا. (طميثا ش) للمبالغة في المعنى وعموم تصرفه في سائر الجائزات المحسوسات.

Faire, ensuite 4 fois : « Wa Kânal- Lâhu qawiyyane ʻazîzane. Nahnu fî kanafil- Lâhi. Nahnu fî kanafi Rasûlil- Lâhi. Nahnu fî kanafil- Qurʼânil ʻazîm. Nahnu fî kanafi Bismil- Lâhir- Rahmânir- Rahîm ».

وكان الله قويا عزيزا نحن في كنف الله نحن في كنف الله نحن في كنف رسول الله نحن في كنف القرآن العظيم نحن في كنف بسم الله الرحمان الرحيم.

Et une seule fois : « Nachartu alfa alfine Lâ ilâha illal- Lâhu Muhammadur- Rasûlul- Lâhi, sallal- Lâhu 'alayhi wa sallam fî zâhirî. Nachartu alfa alfine Lâ ilâha illal- Lâhu Muhammadur- Rasûlul- Lâhi, sallal- Lâhu 'alayhi wa sallam fî bâtinî. Nachartu alfa alfine Lâ ilâha illal- Lâhu Muhammadur- Rasûlul- Lâhi, sallal- Lâhu 'alayhi wa sallam tahûlubayni wa baynas- sâ- 'atis- sû'i. Wa izâ hadartu alfa alfine Lâ ilâha illal- Lâhu Muhammadur- Rasûlul- Lâhi, sallal- Lâhu 'alayhi wa sallam tadûru bî suwarane ; kamâ dâras- sû'u bimadînatir- Rasûlil- Lâhi, sallal- Lâhu 'alayhi wa sallam. Sub'hâna mane aljama kulla chay'ine hukmuhu. Sub'hânal 'azîmi wa bihamdihî, 'adada kalimâtihî, wa mablagha âyâtihî ».

نشرت ألف ألف لا إله إلا الله محمد رسول الله صلى الله عليه وسلم في ظاهري نشرت ألف ألف لا إله إلا الله محمد رسول الله صلى الله عليه وسلم في باطني نشرت ألف ألف لا إله إلا الله محمد رسول الله صلى الله عليه وسلم تحول بيني وبين ساعة السوء وإذا حضرت ألف ألف لا إله إلا الله محمد رسول الله صلى الله عليه وسلم تدور بي سورا كما دار السوء بمدينة رسول الله صلى الله عليه وسلم. سبحان من ألجم كل شيء حكمه سبحان العظيم وبحمده عدد كلماته ومبلغ آياته.

« Allâhumma salli 'alâ Sayyidinâ Muhammadine al-Fâtihi limâ ughliqa, wal-Khâtimi lima sabaqa, Nâsiral haqqi bil- Haqqi. Wal- Hâdî ilâ sirâtikal-mustaqîm, wa 'alâ âlihi haqqa qadrihi, wa miqdârihil 'azîm. Salâtane taftahu lanâ bihâ abwâba ridâ, wa taysîr, wa tu'alliqu bihâ 'annâ abwâba charri, wat-ta-'asîr, wa takûnu lanâ bihâ waliyyane, wa nasîrane. Anta Waliyyunâ, wa Mawlânâ. Fani-'imal Mawlâ, wa ni-'iman Nasîr ».

اللهم صل على سيدنا محمد الفاتح لنا أغلق والخاتم لما سبق نا صر الحق بالحق والهادي إلى صراطك المستقيم وعلى آله حق قدره ومقداره العظيم. صلاة تفتح لنا بـها أبواب الرضى والتيسير وتعلق بـها عنا أبواب

182

الشر والتعسير وتكون لنا بـها وليا ونصيرا أنت ولينا ومولانا فنعم المولى ونعم النصير.

« Kame abra'atu wasbane bil-lamsi râhatuhu

Wa atlaqtu arbane mine rîqihi lamam »

« Mane ya-'atasim bika yâ khayrul warâ charafane

Fal- Lâhu hâfizuhu mine kulli muntaqim »

« Wa mane takune bi Rasûlil- Lâhi nusratuhu

Ine talqahul asad fî âjâmihâ tajum »

كم أبرأت وصبا باللمس راحته	وأطـلقت أربا من ريقه اللمم
من يعتصم بك يا خير الورى شرفا	فاللـه حافظه من كـل منتقم
ومن تكن برسـول الله نصرتـه	إن تلقه الأسـد في آجامها تجم

"Wa sallal- Lâhu 'alâ Sayyidinâ Muhammadine, wa 'alâ Âlihi, wa Sahbihi wa sallama taslimane. Sub'hâna Rabbika Rabbil 'izzati 'amma yasifûn. Wa salâmune 'alal- Mursalîn. Wal- hamdul- Lâhi Rabbil- 'âlamîne".

وصلى الله على سيدنا محمد وعلى آله وصحبه وسلم تسليما. سبحان ربك رب العزة عما يصفون وسلام على الـمرسلين والحمد للـه رب العالمين.

Et si on envisage de parfaire le complément de cette invocation, on peut ajouter, après le Hizb, ces lignes :

« *Mâ arsalar- Rahmân awe yursilu*   *Mine rahmatine tus-'adu awe tunazzal*
Fî malakûtil- Lâhi awe mulkihî   *Mine kulli mâ yakhtassu awe yachemul*
Illâ wa tâhal Mustafâ 'abduhu   *Nabiyyuhû Mukhtâruhu al-Mursil*
Wâsitatune fîhâ wa aslune laha   *Ya-'alamu hâzâ kullu mane ya-'aqil*
Fa-'azbuhu mine kulli mâ tachetakî   *Fa Huwa Chafî-'une dâ'imane yuqbal*
Wa lazbihi fî kulli mâ tartajî   *Fa innahul ma'amane wal mu-'uqil*

Wa hatti ahmâli rajâ 'indahu — Fa innahul marji-'u wal maw'il
Wa nâdâhu ine azmata anchabate — Azfâruhjâ, wastahkimil mu-'udil
Yâ Akramal khalqi 'alâ Rabbihi — Wa khayru mane fîhime bihi yas'al
Qad massanîl karb, wa kame marratine — Faradjat karbane ba-'adahu yuz'hil
Fabillazî khassuka baynal warâ — Birutbatine 'ane'hâl 'ulâ tunazzal
'Ajal bi'izhâbillazî ache takî — Fa ine tawaffaqtu famane as'al
Fahîlatî dâqat, sabrî inqadâ — Wa lastu adrî mallazî af-'al
Wa lane tarâ a-'ajazu minnî famâ — Lichiddati aqwâ walâ ahmal
Fa anta babul- Lâhi ayu imri'ine — Atâhu mine ghayrika lâ yadkhul
'Alayka sallal- Lâhu mâ sâfahta — Zahral ruwâbî nismatune chame'al
Muslimane mâ fâha 'itral hamâ — Wa tyâba mine'hu niddu wal mindal

Wal âli, wal as'hâbi mâ gharidtu — Sâji-'atune amlûduhâ mukhlid ».

ما أرسل الرحمان أو يرسل   من رحـمة تصعد أو تنـزل

في ملكوت اللـه أو ملكه   من كل ما يـختص أو يشـمل

إلا وطـه المصطفـى عبده   نبيـه مختاره الـمرسل

واسطة فيـها وأصل لـها   يعلم هـذا كل من يعقـل

فعذ بــه من كل مـا تشتكـي   فهو شفيع دائما يقبل

ولـــذ به فـكل ما ترتـجي   فإنـه المأمـن والمعقل

وحط أحمـال الرجـا عنده   فإنـه المرجـع والموئل

ونـاده إن أزمـة أنشبت   أظفارها واستـحكم المعضل

يـا أكرم الخلق علـى ربـه   وخير من فيهم به يسـأل

قد مـسني الكرب وكم مرة   فرجت كربا بعضـه يذهل

فبا الذي خصـك بين الورى   بـرتبة عنها العلا تنـزل

عجل بإذهاب الذي أشتكـي   فإن تـوقفت فمن أسـأل

فحيلتـي ضاقت صبري انقضى   ولست أدري ما الـذي أفـعل

ولـن تـرى أعـجز مني فما   لـشدة أقـوى ولا أحـمل

فأنت بـاب اللـه أي امرئ   أتـاه من غيرك لايدخل

عليك صلـى الله مـا صافحت   زهر الروابي نسمة شمأل

مسلـما ما فـاح عـطر الـحمى   وطـاب منـه الند والـمندل

والآل والأصـحاب ما غردت   ساجعة أمـلودها مـخضل

Et on termine le tout par :

"Allâhumma salli 'alâ Sayyidinâ Muhammadine al-Fâtihi limâ ughliqa, wal-Khâtimi lima sabaqa, Nâsiral haqqi bil- Haqqi. Wal- Hâdî ilâ sirâtikal-mustaqîm, wa 'alâ âlihi haqqa qadrihi, wa miqdârihil 'azîm".

"Innal- Lâha, wa Malâ'ikatahû yusallûna 'alan- Nabiyyi. Yâ ayyuhal-lazîna âmanû sallû 'alayhi wa sallimû taslîmane. Sallal- Lâhu ta-'âlâ 'alayhi wa 'alâ 'âlihi wa sahbihî wa sallimû taslîmane. Âmîne".

"Sub'hâna Rabbika Rabbil 'izzati 'ammâ yasifûna. Wa salâmune 'alal Mursalîna. Wal hamdul- Lâhi Rabbil 'âlamîne. Âmîne".

اللهم صل على سيدنا محمد الفاتح لـنا أغلق والخاتم لـما سبق نا صر الحق بالحق والهادي إلى صراطك المستقيم وعلى آله حق قدره ومقداره العظيم. إن الله وملائكته يصلون على النبي يا أيها الذين آمنوا صلوا عليه وسلموا تسليما. صلى الله تعالى عليه وعلى آلـه وصحبه وسلموا تسليما آمين. سبحان ربك رب العزة عما يصفون وسلام على المرسلين والحمد لله رب العالمين.

Incantation par le biais de la "Basmala"

Il s'agit de faire deux unités de prières. Ensuite, faire 3 fois la sourate « al-Fâtiha » ; 5 fois « Âyatul Kursiyyi » ; 41 fois la sourate « al-Ikhlâs » et 800 fois la « Basmala ».
Et par la suite, dire :

185

« Allâhumma baligh sawâba mâ qara'atu, wa nûra mâ talawtu ilâ rûhi Sayyidinâ Muhammadine, sallal- Lâhu 'alayhi, niyâbatane 'anil qutbil ghawsil fardil jâmi-'i, sâhibiz- zamâni wal yawmi, sayyidinâ, wa mawlânâ, wa wasîlatinâ ilâ Rabbinâ Ahmad Ibn Muhammad Tijjânî, radiyal- Lâhu 'ane'hu, wa 'annâ bihî âmin. Wa as'aluka bimaqâmihî 'indaka, wa bisirri baynika wa baynahu illâ mâ qadayta hâjatî. (Et, ici, on précise le besoin) Wa bihaqqi asmâ'ika Allâhu- Ar-Rahmân- Ar-Rahîm. Wa sallal- Lâhu 'alâ Sayyidinâ Muhammadine, wa 'alâ âlihi, wa sahbihi, wa sallim ».

اللهم بلغ ثواب ما قرأت ونور ما تلوت إلى روح سيدنا محمد صلى الله عليه نيابة عن القطب الغوث الفرد الجامع صاحب الزمان واليوم سيدنا ومولانا ووسيلتنا إلى ربنا أحمد بن محمد التجاني رضي الله عنه وعنا به آمين وأسألك بمقامة عندك وبسر بينك وبينه إلا ما قضيت حاجتي (préciser le besoin) وبحق أسمائك الله الرحملن الرحيم وصلى الله على سيدنا محمد وآله وصحبه وسلم.

Puis, on mentionne 12 000 fois la « **Basmala** », pour une période de 7 jours consécutifs. Cependant, après chaque 1000 fois récitées, on lit 1 fois :

« Innahu mine Sulaymân. Wa innahu Bismil- Lâhir- Rahmânir- Rahîm. Allâ ta-'alû 'alayya wa'atûnî muslimîn. Mutî-'îna amrî musri-'îna lihâjatî. Bismil- Lâhir- Rahmânir- Rahîm. Wa sallal- Lâhu 'alâ Sayyidinâ Muhammadine, wa âlihî, wa sahbihi, wa sallim ».

إنه من سليمان وإنه بسم الله الرحمان الرحيم ألا تعلوا علي وأتوني مسلمين مطيعين أمري مسرعين لحاجتي. بسم الله الرحمان الرحيم وصلى الله على سيدنا محمد وآله وصحبه وسلم.

Celui qui désire trouver de l'argent de la part des humains, qu'il écrive ces versets coraniques et s'en lave les mains jusqu'au niveau des poignets. Ceci fait, la journée ne finira pas sans qu'il n'ait trouvé ce qu'il veut, par la grâce de Dieu. Il s'agit de ces versets :

بسم الله الرحمان الرحيم ما ننسخ من آية أو ننسها نأت. : fois 3 -

إن هذا لرزقنا ما له من نفاد : fois 3 -

ما عندكم ينفد وما عند الله باق : fois 3 -

بل يداه مبسوطتان ينفق كيف يشاء : fois 3 -

نشارع لهم في الخيرات بل لا يشعرون : fois 3 -

ومن الليل فتهجد به نافلة لك عسى أن يبعثك ربك مقاما محمودا : fois 3 -

ذلك فضل الله يؤتيه من يشاء والله ذو الفضل العظيم : fois 3 -

إن يشأ يذهبكم ويأت بخلق جديد وما ذلك على الله بعزيز : fois 3 -

يد الله فوق أيديهم والله غالب على أمره ولكن أكثر الناس لا يعلمون : fois 3 -

- 3 fois :

يا بني إنها إن تك مثقال حبة من خردل فتكن في صخرة أو في السماوات أو في الأرض يأت بها الله

- 3 fois :

الـهاكم التكاثر ثر ثر حتى زر زر زرتم المقابر بر بر ومكروا ومكرنا مكرا ولا حول ولا قوة إلا بالله العلي العظيم

Suivi de ce khâtim de la **BASMALA** et du **JAMI-'U** : (insérer la basmala dans le 1er carré, les chiffres dans le 2ème carré et dans le 3ème carré,

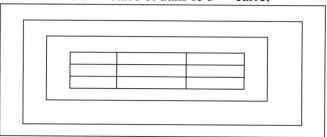

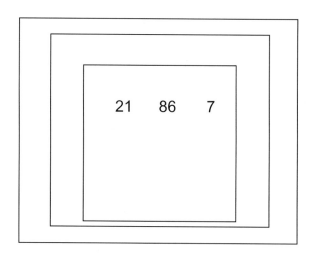

35   جامع   79

أموال

72   28   14

Il convient de réciter, par la suite la Sourate « *Al-Fâtiha* » en faisant d'abord le « *ta'awwuz* » et la « *basmala* » :
- 100 fois le « *Istighfâr* » ;
- 100 fois la « *Salâtul Fâtihi* » ;
- 700 fois le verset suivant : « *Yadul- Lâhi fawqa aydîhime* » ;
- 700 fois le verset suivant : « *Bal yadâhu mabsûtatâni* » ;
- 100 fois le Verset du Trône
- 100 fois la sourate: « *Al-Kâfirûn* » en compagnie de la « *basmala* » ;
- 100 fois la « *Salâtul Fâtihi* » ;
- 1 fois le Nom Divin Béni et codé dans cette figure :

1000. 10. 3. 20. 700. 10. 1000

Puis, on récite l'invocation ci-après :

« Allâhu ! Allâhu ! Allâhu ! yâ Hayyu ! yâ Qayyûm ! Antal Qâdir 'alâ kulli chaye'ine. As'aluka bihaqqi hazal ismis- charîf ane turziqanî matlûbî, wa tuyassira lî marghûbî (on précise le vœu) bihaqqi Alif-Lâm-Mîm ! Kâf-Hâ-Yâ-Aîn-Sâd ! Tâ-Hâ. Mâ anzalnâ 'alaykal- Qur'âna litache'qâ. Yâ-Sîn ! Wal-Qur'ânil Hakîm. Hâ-Mîm-Aïn-Sîn-Qâf ! Yâ Hayyu ! Yâ Qayyûm. Urzuqnil ijâbatal matlûbî bihaqqi Nabiyyinâ, wa Sayyidinâ wa Mawlânâ Chaykhinâ Mawlânâ Ahmad Ibn Mawlânâ Muhammad Al-Hasan At-Tijjânî, radiyal-Lâhu ta-'âlâ 'ane'hu, wa ardâhu, wa 'annâ bihî âmîn ».

الله الله الله يا حي يا قيوم أنت القادر على كل شيء أسألك بحق هذا الإسم الشريف أن ترزقني مطلوبي وتيسر لي مرغوبي وهو (préciser le besoin) بحق الم كهيعص طه ما أنزلنا عليك القرآن لتشقى يس والقرآن الحكيم

حمعسق يا حي يا قيوم ارزقني الإجابة المطلوبي بـحق نبينا سيدنا
ومولانا شيخنا مولانا أحمد بن مولانا محمد الـحسن التجانـي رضي الله
تعالى عنه وأرضاه وعنا به آمين.

Et enfin, on fait 300 fois la « *Jawharatul Kamâl* ».

A propos de la sourate « *Al-Ikhlâs* »

Faire 644 fois :

« Bismil- Lâhir- Rahmânir- Rahîm. Allâhumma salli 'alâ Sayyidinâ
Muhammadine, wa 'alâ âlihi, wa sah'bihi, wa sallim taslîmane. Al-haqqu
wâhidune. Huwal- Lâhu lâ ilâha illal- Lâhu Hayyune Qayyûm Mujîbune
wahhâbune ».

بـسم الله الرحمان الرحيم اللهم صل على سيدنا محمد وعلى آله وصـحبه
وسلم تسليما الـحق واحد هو الله لا إلـه إلا الله حي قيوم مـجيب وهاب.

Puis, faire cette invocation :

« Bismil- Lâhil- Malikil- 'Allâmil- Musawwiri jamî-'il anâm. Al-'Azîmu
cha'anuhu, al-Qawiyyu sultânuhu, al-Mujîbu limane da-'âhu. Al-Wâhidu !
Al-Ahad ! Al-Fard ! As-Samad ! Allazî lame yalid walam yûlad walam yakun
lahû kufu'ane ahad ».

بسم الله الـملك العلام الـمصور جميع الأنام العظيم شأنه القوي سلطانه
الـمجيب لـمن دعاه الواحد الأحد الفرد الصمد الذي لـم يلد ولـم يولد ولـم
يكن لـه كفؤا أحد.

Ensuite, faire 3 ou 7 ou encore 21 fois :

« Ajib yâ abdal Wâhid, wa anta abdus- Samad, wa anta abdur- Rahmân, billazî khalaqakume. Waf-'alû mâ amarakum bihi mine kulli mâ yardâhul-Lâhu. Al-wahâ (2 fois) ; as-sâ-'atu » (2 fois). « Wa sallal- Lâhu 'alâ Sayyidinâ Muhammadine wa âlihî, wa sah'bihî, wa sallim taslîmane ».

أجب يا عبد الواحد وأنت عبد الصمد وأنت عبد الرحمان بالذي خلقكم وافعلوا ما أمركم به من كل ما يرضاه اله الوحا 2 العجل 2 الساعة 2.

Bienfaits relatifs à ce nom divin codé

Il faut noter que ces noms ne sont utilisés que par celui à qui Dieu a déjà donné la Providence. Il s'agit de ce nom codé dans ces chiffres :

| 1030 20 6 3 3 ـه 40 14 20 23 ـه 10 3 10 |

Pour rendre opèrationnel ce Nom, prier deux rak'a. Dans la 1ère, réciter les Sourates « Al-Fâtiha » et « Alam nachrah » ; dans la 2ème, réciter la Sourates « Al-Fâtiha » et « Izâ jâ'a nasrul- Lâhi ». Et après le salut final, on fait :

- 70 fois « Astaghfirul- Lâhal- 'Azîma, allazî lâ ilâha illâ Huwal- Hayyul-

استغفر الله العظيم الذي لا إلـه إلا هو الحي القيوم Qayyûm ».

- 132 fois : « Allâhumma salli 'alâ Sayyidinâ Muhammadine, wa 'alâ âlihî, wa sah'bihî, wa sallim ». اللهم صل على سيدنا محمد وعلى آله وصحبه وسلم.
- 786 fois la « basmala ».

- 1 fois ce Nom Divin codé dans ces chiffres :

| 20 40 1000 900 1000 1000 |

- 488 fois « Allâhu al-Jalîl al-Qadîm al-Azaliyyu ». الله الجليل القديم الأزلي

- 70 fois : « Allâhumma ahlalune bukamadu junaïji, wakîlune. Summa sawwara Chatîsane, yâ Tahûju, yâ Maytatarûche, ajib yâ Zah'zayâ'îlu, wa anta Ahda kîlu bihaqqil hâ'i dâ'ir. Allâhumma, yâ mane Huwa ahûnu fâqune adumma humma hâ'une. Âmîne ».

اللهم أهلل بكمد جنيج وكيل ثم ياصور شطيثا يا طهوج يا ميططروش أجب يا زهزيائيل وأنت أهدكيل بـحق الهاء الدائر اللهم يا من هو أحون فاق أدم هم هاء آمين.

Et si on nous expose un besoin dont on souhaite sa réalisation positive, on mentionne 6 666 fois ces Noms : « Yâ Junaïji, Yâ Bukamadu, Yâ Ahlalune, Yâ Wakîl يا جينج يا بكمد يا أهلل يا وكيل ».

Dieu, par sa grâce et par sa permission exaucera ce besoin et on aura satisfaction. Que Dieu daigne répandre Son Salut et Sa Grâce sur le Saint Prophète Muhammad !

A propos de la sourate « *Yâ-Sîn* »

En fait, la sourate « Yâ-Sîn » constitue l'épée des Elus, l'argument des étudiants. Elle a en son sein des choses ésotériques évidentes pour quiconque l'emploi tout en étant convaincu de l'abondance de ses biens.

Le procédé de son emploi, de manière sommaire, présente deux façons distinctes. Dans chaque façon, elle est lue 10 fois. Ces deux façons sont :

1ère/façon : après la première lecture de la sourate, on répète 8 fois le verset « <u>Salâmune qawlane mine Rabbine Rahîmine</u> سلام قول من رب رحيم ».
Au terme de la seconde lecture, on répète ce verset-ci 10 fois.

A partir de la troisième lecture jusqu'à la fin de la série (à la 10ème fois), à chaque fois, ce verset est répété 100 fois.

Au total, nous aurons récité 10 fois la sourate et 818 fois le verset en question. Cette façon est plus constante et plus prompte par rapport aux besoins.

2ème/façon : elle a, également, comme utilité le fait d'exaucer les vœux et faciliter les affaires conformément au propos divin suivant : « <u>Salâmune qawlane mine Rabbine Rahîme</u> ». Il s'agit d'écrire la valeur mystique de ce verset dans un carré du *musallas* que l'on multiplie trois par trois comme le montre la figure suivante :

817	822	815
816	818	820
821	814	819

On l'écrit durant les premières heures du Samedi et on l'encercle de la Sourate « <u>Yâ-Sîn</u> » dans sa totalité. Et chaque nuit, on récite sur ce verset mentionné, 3 fois de suite la Sourate « <u>Yâ-Sîn</u> ». Après chaque lecture, on répète 818 fois le verset mentionné. On fait ce procédé durant 3 nuits. Par contre, le faire pendant 9 nuits ce serait mieux. On sera en mesure de voir des merveilles, de voir ses vœux réalisés sur l'immédiat. Cela fait partie des trésors stockés.

A la suite de la lecture de cette Sourate, quelque soit le procédé employé, on dit, 3 ou 7 fois, ce qui suit :

« Sub'hânal- Mufarriji ane kulli mahmûmine. Sub'hânal- Munaffisi ane kulli makrûbine wa madyûnine. Yâ mane ja-'ala khazâ'inuhû baynal kâf wan-nûn. Inna mâ amruhu, izâ arâda chaye'ane ane yaqûla lahû kune fayakûn. Fasub'hâna lazî biyadihi malakûtu kulli chaye'ine wa ilayhi turja-'ûne ».

سبحان المفرج عن كل مهموم، سبحان المنفس عن كل مكروب ومديون، يا من جعل خزائنه بين الكاف والنون. إنـما أمره إذا أراد شيئا أن يقول له كن فيكون فسبحان الذي بيده ملكوت كل شيء وإليه ترجعون.

Une telle invocation se fait lorsque l'on veut attirer vers soi le bonheur, les bonnes choses.

En revanche, si c'est en vue d'écarter, d'éloigner de soi le mal, ce qui nuit, on dit :
« Bismil- Lâhir- Rahmânir- Rahîm. Allâhul- lazî lâ ilâha illâ Huwa, Zul jalâli wal ikrâm. Bismil- Lâhil- lazî lâ yadurru ma-'a ismihi chaye'une fil ard walâ fis-samâ'i. wa Huwa Samî-'ul- 'Alîm. Allâhumma innî a'ûzu bika mine charri fulân ibn fulâna takfî charra'hu ».

بسم الله الرحمان الرحيم الله الذي لا إلـه إلا هو ذو الجلال والإكرام. بسم الله الذي لا يضر مع اسـمه شيء في الأرض ولا في السماء وهو السميع العليم. اللهم إني أعوذ بك من شر فلان بن فلانة تكفي شره.

Seigneur ! Daigne répandre Ton Salut et Ta Grâce sur le Saint Prophète, sa famille et ses compagnons. Louange à Dieu, Seigneur des mondes.

Procédé d'emploi de « *al-musabba-'at al-achr* »

المسـبـعات الـعـشـر

Parmi les *awrâds* de notre guide spirituel qu'il fait matin et soir, figure « *al-musabba-'ât al-'achera* » connu chez les hommes particuliers et chez le commun des hommes. Et nous proposons ici le procédé d'emploi. Réciter :
- 7 fois la sourate « Al-Fâtiha »
- 7 fois la sourate « An-Nâs »
- 7 fois la sourate « Al-Falaq »
- 7 fois la sourate « Al-Ikhlâs »
- 7 fois la sourate « Al-Kâfirûne »
- 7 fois la « Âyatul Kursiyyi »

- 7 fois « Sub'hânal- Lâhi ! Wal Hamdulil- Lâhi ! Wa lâ ilâha illal- Lâhu ! Wal- Lâhu akbar ! Walâ hawla walâ quwwata illâ bil- Lâhil 'Aliyyil 'Azîm ! Adada mâ 'alima, wa mil'a mâ 'alima, wa zinata mâ 'alima »

193

سبحان الله والحمد لله ولا إلـه إلا الله والله أكبر ولا حول ولا قوة إلا بالله العلي العظيم عدد ما علم وملء ما علم وزنة ما علم.

- 7 fois « Allâhumma salli 'alâ Sayyidinâ Muhammadine, Abdika wa Nabiyyika wa Rasûlika. An-Nabiyyil ummiyyi wa 'alâ âlihi wa sah'bihi wa sallim »

اللهم صل على سيدنا محمد عبدك ونبيك ورسولك النبي الأمي وعلى آلـه وصحبه وسلم.

- 7 fois « Allâhumma ighfirlî ; wa liwâlidayya ; wa lil mu'uminîn ; wal mu'uminât ; wal muslimîn wal muslimât ; al-ahyâ'i mine'hume wal amwât »

اللهم اغفر لي ولوالدي وللمؤمنين والمؤمنات والمسلمين والمسلمات الأحياء منهم والأموات.

- 7 fois « Allâhumma if-'al bî wa bihime 'âjilane wa âjilane fid-dîn wad-dunyâ wal âkhira mâ anta lahu ahlune. Walâ taf-'al binâ wa bihime yâ Mawlâna mâ nahnu lahu ahlune. Innaka Ghafûrune Halîmune Jawwâdune Karîmune Ra'ûfune Rahîm ».

اللهم افعل بي وبـهم عاجلا وآجلا في الدين والدنيا والآخرة ما أنت له أهل ولا تفعل بنا وبـهم يا مولانا ما نحن له أهل إنك غفور حليم جواد كريم رؤوف رحيم.

Bienfaits de l'invocation intitulée :

« *ya man az'haral jamil* »

Parmi ses invocations, figure, en plus, celle qui est connue sous l'emblème « *yâ mane az'haral jamîl* » dont voici le texte intégral :

« Yâ mane az'haral jamîla, wa sataral qabîha. Walam yu'âkhiz bil jarîra, walam yahtikis-sitra. Wa yâ 'Azîmal 'afwi, wa yâ Husna tajâwuzi, wa yâ

Wâsi-'a kullil maghfira, wa yâ Bâsital yadayni bir-rahma, wa yâ Sâmi-'a kulli najwâ, wa yâ muntahâ kulli chakwâ, wa yâ Karîmas- safʾhi, wa yâ 'Azîmal manni, wa yâ Muqîlal asarât, wa yâ Mubtadi'ane bin-ni-'ami qabla istihe qâqihâ. Yâ Rabbi ; yâ Sayyidî ; wa yâ Mawlâya, wa yâ Ghâyata raghe batî, as'aluka ane lâ tuchawwiha khilqatî bibalâ'i dunyâ walâ bi-'azâbin-nâr ».

يا من أظهر الجميل وستر القبيح ولم يؤاخذ بالجريرة ولم يهتك الستر ويا عظيم العفو ويا حسن التجاوز ويا واسع كل المغفرة ويا باسط اليدين بالرحمة ويا سامع كل نجوى ويا منتهى كل شكوى ويا كريم الصفح ويا عظيم المن ويا مقيل العثرات ويا مبتدئا بالنعم قبل استحقاقها يا رب ويا سيدي ويا مولاي ويا غاية رغبتي أسألك أن لا تشوه خلقتي ببلاء الدنيا ولا بعذاب النار.

Quant au mérite de cette invocation, on rapporte dans « *Al-Jawâhir al-Ma'ânî* » que Jibril est venu trouver le Prophète (PSL) en lui disant : « *Je t'ai apporté un cadeau* ». Et, il lui récita cette invocation. Alors, le Prophète (PSL) demanda : « *Quelle est la récompense relative à cette invocation* » ? Jibril lui répondit par ces termes : « *Si tous les Anges qui sont dans les sept cieux se regroupaient pour la décrire ; ils ne sauraient en donner une nette précision et ce, jusqu'à l'avènement de l'Heure. Et même si chaque Ange donnait une description différente de celle d'un autre Ange. Alors, Dieu dira :* « *Donnez-lui la récompense égale au nombre de ce que J'ai créé, en fait de créatures, dans les sept cieux, au nombre des habitants du Paradis, au poids du Trône (al-'arch), à la valeur de la Chaise (al-kursiyyi), au nombre de gouttes qui touchent la terre, à la quantité des eaux, au nombre des cailloux, à la quantité du sable* ». *De même, Dieu lui donnera la récompense égale aux récompenses de 70 Prophètes qui ont tous transmis leurs messages*[90] ».

Cette invocation est meilleure que le « *Sayfiyyu* ». Le Cheikh la faisait matin et soir, soit une fois, soit dans la mesure de son possible. Notre Cheikh recommanda de la

---

[90] Hadith reconnu authentique et mentionné d'après 'Umar et Ibn Chu-'ayb, d'après son père, d'après son grand-père, Abdallâh Ibn 'Amrû Ibn Al-'Âs qui figure parmi les grands Compagnons, que Dieu les agréé tous. Hâkim a authentifié ce hadith.

lire 20 fois : 10 fois le jour et 10 fois la nuit. A défaut, la faire 4 fois après chacune des cinq prières obligatoires.

« Allâhumma 'alayka mu-'awwilî, wa bika mulâzî, wa ilayka iltijâ'î, wa 'alayka tawakkulî, wa bika siqatî, wa 'alâ hawlika wa quwwatika i-'itimâdî wa lijamî-'i majârî, ahkâmuka ridâ'î wa bi'iqrârî bisur'yâni qayû miyyatika fî kulli chaye'ine, wa 'adami ihtimâli khurûji chjaye'ine daqqa awe jalla 'ane 'ilmika wa qahrika hattâ lahzata sukûnî ».

اللهـم عليك معولي وبك ملاذي وإليك التـجائي وعليك توكلـي وبك ثقتـي وعلى حولك وقوتك اعتمادي ولجميع مـجاري أحكامك رضائـي وبإقراري بسريان قيموميتك في كل شيء وعدم احتـمال خروج شيء دق أو جل عن علمك وقهرك حتـى لـحظـة سكونـي.

Notre cheikh dit : « Si le pratiquant observe l'assiduité dans l'usage de ce zikr et qu'il voit en lui des comportements et des attitudes qui ne collent pas avec le contenu de cette invocation, qu'il revoie son comportement en supportant avec patience les exigences de ce zikr. Et pour ce, il doit connecter son cœur à Dieu en réfutant tout ce qui n'est pas Dieu et tout ce qu'Il ne veut pas ».

Voilà les quelques précautions que doit prendre celui qui a un peu goûté les saveurs des Savants en Dieu. Et il ne convient point de négliger la pratique de cette invocation.

Il ajouta : « Il nous incombe de parfaire notre âme dans la mesure du possible, car la vie est courte, le voyage est long, la montée est intenable, le fardeau est lourd, le règlement de Dieu est chose terrible. Il nous revient d'œuvrer partant des recommandations de Dieu afin d'être à l'abri de ces éléments précités. Par conséquent, je te prie, cher frère en la foi, d'être l'interlocuteur de ces recommandations. Alors prépare-toi de les adopter dans ta vie et tu réussiras dans la vie d'ici-bas et dans l'au-delà, par la grâce de Dieu ».

Parmi les invocations du cheikh

Notre vénéré faisait 40 fois cette invocation :

« Allâhumma haqqiqnî tah'qîqane yasqutun- nasaba, war- ratba, wa ta-
'ayyunât, wat-ta-'alluqât, wal i-'itibârât, wat-tawahhumât, wat-takhayyulât
mine haysu lâ ayna, walâ kayfa, walâ rasma, walâ 'ilma, walâ wasfa, walâ
musâkana, walâ mulâhaza mustaghe'riqane fîka bimah'wil khayri wal
ghayriyya, bitah'aqîqî bika mine haysu anta, kamâ anta, wa kayfa anta,
haysu lâ hissa, walâ i-'itibâra illâ anta, bika laka, 'ane'ka mine'ka, la'akûnu
laka khâlisane, wa bika qâ'imane, wa ilayka dâ'imane, wa fîka zâhibane
bi'isqâti damâ'ir, wal idâfât. Waj-'alnî fî jamî-'i zâlika masûnane bi-
'inâyatika lî, wata walluyika lî, was tifâ'ika lî, wa nasrika lî. Âmine ».

اللـهم حققنـي تـحقيقا يسقط النسب والرتب والتعينات والتعلقات
والاعتبارات والتوهـمات والتخيلات من حيث لا أين ولا كيف ولا رسم
ولا علم ولا وصف ولا مساكنة ولا ملاحظة مستغرقا فيك بـمحو الغير
والغيرية بتـحقيقي بك من حيث أنت كما أنت وكيف أنت حيث لا حس ولا
اعتبار إلا أنت بك لك عنك منك لأكونلك خالصا وبك قائما وإليك دائـما
وفيك ذاهبا بإسقاط الضمائر والإضافات واجعلني في جميع ذلك مصونا
بعنايتك لي وتوليك لي واصطفائك لي ونصرك لي آمين.

Le Cheikh montre que cette invocation est réservée aux déconnectés vis-à-vis de
Dieu.

Certains détails se rapportant à l'invocation, par le biais du Nom Sublime

Celui qui parvient à en connaître la valeur et la portée s'y cramponnera. Car
l'invocation faite par le biais de ce Nom Sublime favorise la satisfaction du besoin
désiré. Entre autres bienfaits, il illumine le cœur et le rend lucide, il augmente la
certitude, il favorise l'accès aux éléments convoités et loués dans leur essence, il
favorise l'acquisition des nobles qualités et, enfin, il rend grandiose les actes.

197

Le Cheikh Ahmad Tijjânî dit, en interpellant les élites parmi ses disciples : « Si l'on envisage quitter les mauvaises habitudes dans le but d'illuminer et de rendre lucide le cœur ; il convient de tout rompre, hormis Dieu, d'entamer le voyage spirituel vers lui, en s'isolant à tel enseigne que c'est Lui Seul qui nous aperçoit, s'efforcer de dissiper en soi tout désir pour répondre à la Volonté Divine, se consacrer à Le mentionner constamment. Ceci fait, il est fort évident de voir des merveilles.

Quant au Faqîh, Cheikh Muhammad Ibn Ahmad Kansûs, il répondit à une question qui lui a été posée en ces termes : « Partant de ce que je me rappelle des écrits secrets rapportés de notre guide spirituel, les hommes sont répartis en deux niveaux : les gens du commun (*Al-'Âmm*) et les particuliers (*Al-Khâs*). Et chacun de ces deux groupes doit s'occuper de ce que Dieu lui a confié ».

Ce que nos disciples doivent faire après avoir accompli les exigences de la Tarîqa, c'est qu'ils ne doivent pas rester insouciants par rapport à la mention du Nom Sublime de Dieu (*zikrul- Lâh*), et ce, dès l'instant qu'ils auraient terminé de faire leurs Lâzim et leurs Awrâds. Ils doivent Le mentionner en permanence et librement, en arrêtant un nombre de son choix, qu'ils soient debout, assis, en monture ou en marche. Ils peuvent, en plus, prendre un temps bien déterminé qu'ils consacreront à la mention de ce Nom tout en arrêtant un nombre de son choix qu'ils appliqueront constamment et régulièrement. Donc, il est possible de fixer le barème de ce zikr à 1000 fois ou plus. Celui qui augmente sera augmenté. En effet, nos maîtres spirituels pratiquaient ce zikr 16000 fois. A noter que ce nombre représente le nombre de souffle respiratoire par jour, chez l'individu.

C'est là, également, la pratique des Particuliers. Celui que Dieu met sur cette voie n'aura pas besoin d'autres choses. Et notre maître spirituel n'en a donné l'autorisation qu'aux disciples particuliers qui le feront par la retraite spirituelle (*khalwa*) en considérant toutes les conditions requises pour la circonstance.

Il nous a montré, d'abord, que celui qui ne peut pas tout faire, ne peut pas, également, tout laisser. Donc, qu'il fait dans la mesure du possible en se basant sur ce propos divin : « **Souvenez-vous de Moi donc, Je Me souviendrai de vous** »[91] et sur celui-ci : « **... Certes, c'est par l'évocation d'Allah que se tranquillisent les**

---

[91] Sourate : Al-Baqara ; verset : 152.

cœurs »[92] de même que sur celui-ci : « **Souvenez-vous de Dieu dans l'aisance, Il se souviendra de vous dans la gêne** » et sur celui-ci « **Dis : Dieu. Puis laisse les s'ébattre dans leurs discours frivoles** ». Celui qui s'adonne à cette pratique doit se sentir présent dans son cœur et mentionner Dieu de la manière la plus belle. Il doit être en pureté et s'asseoir comme s'il était en prière la tête orientée vers la Qibla. En prononçant le terme « Allah » il lui est possible de prononcer le « *hamza* » avec la voyelle *fatha* pour avoir « a » et allonger la lettre « *lâm* » pour donner « *lâ* », car si ces points ne sont pas respectés, il ne sera pas possible d'en tirer large profit. Celui qui répète fréquemment ce Nom Sublime, selon ce procédé, dans un endroit isolé, il sera accueilli aussi bien dans le monde des esprits que dans le monde des âmes sensibles.

Et celui qui y reste assidu pendant 7 jours tout en les jeûnant et en multipliant ce zikr, alors qu'il est dans un endroit isolé, celui-là verra son appel répondu sur le champ et sera obéi par les Esprits (*Rûhâniyyîne*).

On prend de notre Maître Spirituel cette noble invocation relative au Nom Sublime :

« Allâhumma innî as'aluka bi-'azamatil ulûhiyya, wa bi'asrâri rubûbiyya, wabil qudratil azaliyya, wabil quwwati wal-'izzati sarmadiyya, wabi haqqi zâtikal munazzaha 'anil kayfiyyati wa chub'hiyyati, wabi haqqi nûril mutlaq, wal bayânil muhaqqaq, wal hadratil ahadiyya, wal hadrati sarmadiyya, wal hadrati rubûbiyya, wal hadratil ilâhiyya. ».

اللهم إني أسألك بعظمة الألوهية وبأسرار الربوبية وبالقدرة الأزلية وبالقوة والعزة السرمدية وبحق ذاتك المنزهة عن الكيفية والشبهية وبحق النور المطلق والبيان المحقق والحضرة الأحدية والحضرة السرمدية والحضرة الربوبية والحضرة الإلهية.

« Allâhumma innî as'aluka bisut'watil ulû'hiyya, wa bisubûti rubûbiyya, wabi-'izzatil wâhidiyya, wabi qadril kaynûniyya, wabi qudûsil jabarûtiyya, wabi dawâmi samadiyya, wabi haqqi malâ'ikatika, ahli sifatil jaw'hariyya, wabi haqqi 'archika allazî taghe'châhul anwâru, wa bimâ fîhi minal asrâri ».

---

[92] Sourate : Ar-Ra-'ad ; verset : 28.

199

اللهم إني أسألك بسطوة الألوهية وبثبوت الربوبية وبعزة الواحدية وبقدر الكينونية وبقدوس الجبروتية وبدوام الصمدية وبحق ملائكتك أهل الصفة الجوهرية وبحق عرشك الذي تغشاه الأنوار وبما فيه من الأسرار.

« Wa as'alukal- Lâhumma bismikal qadîmil azaliyyi, wa Huwa Allah ! Allah ! Allah ! Antal 'Azîmil a-'azam allazî khassasta lahu samâwâtu, wal ard, wal mulk, wal malakût, wal jabarûtu ane tu-'ayyinanî wa tumiddanî bi-'izzati mine qahramâni jabarûtika ».

وأسألك اللهم باسمك القديم الأزلي وهو الله الله أنت العظيم الأعظم الذي خصصت له السماوات والأرض والملك والملكوت والجبروت أن تعينني وتمدني بعزة من قهرمان جبروتك.

« Wa as'alukal- Lâhumma bismikal fardil jâmi-'i lima-'ânil asmâ'i kulliha, asmâ'u zâti, wa asmâ'u sifât allazî lâ yuchabbihuhu kullu ismine fî ta'sîrihi. Wa huwa Allahu ! Allahu ! Allahu. Sammayta bihi zâtika. Wa lam yusammi bihi ahadune ghayruka amuddanî biquwwatine mine'hu ya'akhuzu bihil arwâ'hu al-anfâs. Wa tansarifu bihi fil ma-'ânî wal-hawwâs ».

وأسألك اللهم باسمك الفرد الجامع لمعاني الأسماء كلها أسماء الذات وأسماء الصفات الذي لا يشبهه كل اسم في تأثيره وهو الله الله سميت به ذاتك ولم يسم به أحد غيرك أمدني بقوة منه يأخذ به الأرواح الأنفاس وتنصرف به في المعاني والحواس.

« Allâhumma innî as'aluka bismika Allah ! Allah ! Al-'Azîmil a-'azam, al-Kabîr al-akbar allazî mane da-'âka bihi ajabta'hu, wa mane sa'alaka bihi a-'ataytahu ».

اللهم إني أسألك باسمك الله الله العظيم الأعظم الكبير الأكبر الذي من دعاك به أجبته ومن سألك به أعطيته.

« Wa as'alukal- Lâhumma bismika Allâh ! Allah ! Allahul lazî lâ ilâha illâ Huwa Rabbul 'archil 'Azîm illâ mâ qadayta hâjatî. Yâ Quddûs ! Yâ Quddûs qaddisnî minal 'uyûbi wal âfâti. Wa tahhirnî mina zunûbi was- sayyi'ât. Yâ Allah ! Yâ Allah ! Yâ Allah nawwirnî binûrika, walâ taj-'alnî mimane taghchâ qulûbuhume bizullâmi zulumât. Yâ Rabbal 'âlamîne ».

200

وأسألك اللهم باسمك الله الله الذي لا إلـه إلا هو رب العرش العظيم إلا
ما قضيت حاجتي يا قدوس يا قدوس قدسني من العيوب والآفات وطهرني
من الذنوب والسيئات يا الله يا الله ونورنـي بنورك ولا تجعلني مـمن
تغشى قلوبـهـم بظلام الظلمات يا رب العالمين.

« Allâhumma innî as'aluka bisibâti ismika wahuwa Allahu, allâzi lâ ilâha illâ
huwa, lahul asmâ'ul husnal lazî hâzihil asmâ'u mine'hu, wahuwa mine'ha ».

اللهم إني أسألك بثبات اسمك وهو الله الذي لا إلـه إلا هـو له الأسماء
الحسنى الذي هذه الأسماء منه وهو منها.

« Allâhumma, yâ mane Huwa hakaza, walâ yakûnu hakaza ahadune
ghayruka minal muttaqîna wamine 'ibâdika sâlihîne, wa awliyâ'ikal
muhsinîne. Ilâhî haza zullî bayna yadayka ».

اللهم يا من هو هكذا ولا يكون هكذا أحد غيرك من المتقين ومن عبادك
الصالـحين وأوليائك المحسنين إلـهي هذا ذلـي بين يديك.

« As'aluka bikhafiyyine khafiyyi lutfika bilatîfine latîfi sun-'ika, bijamîline
jamîli sitrika, bi-'azîmine 'azîmi 'azamatika, bisirrine sirri asrâri qudratika,
bimaknûnine maknûni ghaybika, tahassantu bismika, tachafa-'atu bi
Muhammadine Rasûlika, sallal- Lâhu 'alayhi wa sallam ».

أسألك بـخفي بـخفي لطفك بلطيف صنعك بـجميل جميل سترك
بعظيم عظيم عظمتك بسر سر أسرار قدرتك بـمكنون مكنون غيبك
تـحصنت باسمك تشفعت بـمحمد رسولك صلى الله عليه وسلم.

« Allâhumma uje'zubnî ilayka yâ Sayyidî, wa Mawlâya, war'zuqnî al-fanâ'a
fîka 'annî. Walâ taj-'alnî maftûnane binafsî mahjûbane bihissî, wa-'asimnî fil
qawli wal fi-'ili ».

اللهم اجذبنـي إليك يا سيدي ومولاي وارزقني الفناء فيك عنـي ولا
تـجعلني مفتونا بنفسي محجوبا بـحسي واعصمني في القول والفعل.

« Allâhumma ! Yâ mane kasâ qulûbal 'ârifîne mine nûril ulûhiyya, falam
tastati-'i al malâ'ikatu raf-'i ru'ûsihime mine sutwatil jabarût. Yâ mane qâla
fî muhkami kitâbihil 'azîze, wa kalimâtihil azaliyya, ud'ûnî astajibe lakume
».

201

اللهم يا من كسا قلوب العارفين من نور الألوهية فلم تستطع الملائكة رفع رؤوسهم من سطوة الجبروت يا من قال في محكم كتابه العزيز وكلماتـه الأزلية ادعوني استجب لكم.

« Allâhumma istajib lanâ mâ zakarnâ, wamâ nasînâ. Istajib lanâ du-'anâ fadlane mineka. Âmîne ! Âmîne ! Âmîne ! Yâ mane yaqûlu li chaye'ine kune fayakûn ».

اللهم استجب لنا ما ذكرنا وما نسينا استجب لنا دعاءنا فضلا منك آمين آمين آمين يا من يقول للشيء كن فيكون.

« Allâhu ! Nûru samâwât wal ard. Masalu nûrihi kamiche'kâtine fîhâ misbâhune. Al-misbâhu fî zujâjatine. Az-zujâjatu ka'annahâ kawkabune duriyyune yûqadu mine chajaratine mubârakatine, zaytûnatine, lâ charqiyyatine walâ gharbiyya. Yakâdu zaytuhâ yudî-u, walaw lam tamsas'hu nârune. Nûrune 'alâ nûrine. Yahdil- Lâhu linûrihi mane yachâ'u. Wa yadribul- Lâhul amsâla linnâsi. Wal- Lâhu bikulli chaye'ine 'alîm. Fî buyûtine azinal- Lâhu ane turfa-'a ».

الله نـوره السماوات والأرض مثل نوره كمشكاة فيها مصباح المصباح في زجاجة الزجاجة كأنـها كوكب دري يـوقد من شجرة مباركة زيتونة لا شرقية ولا غربية يكاد زيتها يضيء ولـو لـم تمسسه نار نور على نور يهد الله لنوره من يشاء ويضرب الله الأمثال للناس والله بكل شيء عليم في بيوت أذن الله أن ترفع.

« Allahumma salli 'alâ Sayyidinâ Muhammadine, wa 'alâ âli Sayyidinâ Muhammadine, wa ane taf-'ala binâ, yâ Rabbal 'âlamîne mâ anta lahu ah'lune. Innaka ah'lu taqwâ, wa ah'lul maghfira. Innaka 'alâ kulli chaye'ine qadîrune, yâ rabbal 'âlamîne. Wa sallal- Lâhu 'alâ Sayyidinâ Muhammadine kasîrune ilâ yawmi dîne ».

اللهم صل على سيدنا محمد وعلى آل سيدنا محمد وأن تفعل بنا يا رب العالمين ما أنت لـه أهل أنك أهل التقوى ةأهل المغفرة إنك على كل شيء قدير يا رب العالمين وصلى الله على سيدنا محمد كثير إلى يوم الدين.

Le Cheikh Sayyid Ahmad Tijjânî a fait savoir qu'il a eu la permission et a reçu sa licence des mains de sayyid Charîf Al-Hâdj Abbâs Al-Maghribî qui les a reçues des mains de son Vénéré Cheikh Sayyid Muhammad Simân Qâtine qui est bâsé à Médine al-Munawwra, la ville bénie du Prophète (PSL).

Procédé d'emploi de la prière
dénommée « *salâtul-'uzmâ* »

صلاة العظمى

Il s'agit de lire 7 fois la « *Al-Musabba-'ât al- 'Achra* ». Ensuite 7 fois cette invocation-ci :

« Bismil- Lâhir- Rahmânir- Rahîm. Salli wa sallim 'alâ tirâzi nûri fawâ'idil ma-'ânil muttasif, bizînati asrâril kâ'inâti rabbânî ; mawji miyâhil buhûril mustafidati fil qur'ânil mutajallî bidiyâ'il barqil lâmi-'ât mine sahâbil mâtirât bimiyâhi nûri ismi khâliqil akwâni, kawzi asrâri, haqâ'iqil ma-'ânî, daqâ'iqil 'irfânî, mane jama-'ate 'irfâna asrâri âyâtihî nûrâniyyi ; wa 'alâ âlihi, wa as'hâbihil muhtadîne bayna nûril mustafidati mina lawhil maktûbi bil qalamil maghsûsi fî wasati bahri, midâdi nûri rahmâniyyi, wa 'alâ âlihi, wa sa'hbihi, wa sallim ».

بسم الله الرحمان الرحيم اللـهم صل وسلم على طراز نور فوائد المـعاني المـتصف بزينة أسرار الكائنات الرباني موج مياه البحور المصتفيضة في القرآن المتجلي بضياء البرق الامعات من سحاب المـاطرات بـمياه

نور اسم خالق الأكوان كوز أسرار حقائق المعاني الدقائق العرفاني من جمعت عرفان أسرار آياته النوراني وعلى آله وأصحابه المهتدين بين نور المصتفيضة من اللوح المكتوب بالقلم المغصوص في وسط بحر مداد النور الرحماني وعلى آله وصحبه وسلم.

A propos de la prière dénommée :

« *salatu zatikal kamal* »

صلاة ذاتك الكمال

Nous avons ici cette prière connue sous le nom de « *Salâtu zâtil kamâl* » ou « la prière de l'essence intégrale » adressée au Prophète Muhammad (PSL). Cette invocation est récitée 8 fois, entre le « *Lâzim* » et la « *Wazîfa* » avec une pureté rituelle extrême. Il s'agit de celle-ci :

« Allâhumma salli wa sallim 'alâ Sayyidil kâmil al- Mukhtâr, Muhammadinil fâtihil khâtim ; Nûri anwâril ma-'ârif ; wa Sirri asrâril 'awârif bimaknûnika, wa makhzûnika, wa safwati khalqika, wa fatrati khalqika, wa sirri 'ilmika, wa mir'âti zâtika, wa mache'hadi sifatika, wa nûri waje'hika, wa bizâti rahmatika, wa bis-sab-'ati, was-samâniya, wal anwâril muttasila »

اللهم صل وسلم على سيد الكامل المختار بمحمد الفاتح الخاتم نور أنوار المعارف وسر أسرار العوارف بمكنونك ومخزونك وصفوة خلقك وفطرة خلقك وسر علمك ومرآة ذاتك ومشهد صفتك ونور وجهك وبذات رحمتك وبالسبعة والثمانية والأنوار المتصلة.

« Allâhumma salli wa sallim 'alâ zâtil muhammadiyya, al-aïnil bâriqa, wal-latîfatil ahmadiyya, al-misbâhil ibrâhîmiyya, wal haqîqatil hanafiyya, chamsis- samâ'i, wa sirril asrâri, wa maz'haril anwâri, wa qutbi falakil jamâli, wa markazi midâril jalâli »

اللهم صل وسلم على الذات المحمدية العين البارقة واللطيفة الأحمدية المصباح الإبراهيمية والحقيقة الحنفية شمس السماء وسر الأسرار ومظهر الأنوار وقطب فلك الجمال ومركز مدار الجلال.

« Allâhumma salli wa sallim ‘alâ ‘aïnil bachariyya mine jamâlika, wal qabil mâli’ati mine fuhûmatika, wal-lafzi nâtiqa mine jalâlika, wal-iznis- sâmi-‘ati mine kalâmika, Nabiyyikal Mustafâ, wa Rasûlikal Murtadâ, wa bi nûrihil abyad, wa nûrihil akhdar, wa binûrihil asfar, wa binûrihil ahmar, wa binûrihil akbar, wa sadrihil mutalsam, wa bijismihî, wa zâtihî, Ahmad al-Khâtim, Sâhibil haqq, wa miqdârihil ‘azîm, Sahibil- lâzimi wal wazîfa, wa bisirrihî, wa bisirrika laday’hi salâtane tu-‘arrifunâ bihâ ladayka ».

اللهم صل وسلم على عين البشرية من جمالك والقلب المالئة من فهومتك واللفظ الناطقة من جلالك والإذن السامعة من كلامك نبيك المصطفى ورسولك المرتضى وبنوره الأبيض وبنوره الأخضر وبنوره الأصفر وبنوره الأسفر وبنوره الأحمر وبنوره الأكبر وصدره المطلسم وبجسمه وذاته أحمد الخاتم صاحب الحق ومقداره العظيم صاحب اللازم والوظيفة وبسره وبسرك لديه صلاة تعرفنا بها لديك.

Une seule lecture ou récitation de cette oraison équivaut à 401 fois la récitation d'une autre invocation. Cette oraison renferme des arcanes ésotériques et des lumières.

Prière précieuse des élus

et des vertueux.

Quiconque désire bénéficier des bonnes choses d'ici-bas et de l'au-delà, qu'il redouble d'effort et consacre une partie de son temps pour accomplir cette prière. Car elle renferme des bienfaits comme le fait de gagner la confiance des gens, d'être bien considéré, de jouir d'un rang élevé aux yeux de Dieu, des Anges, des Jinns et même des Humains. Il s'agit de faire deux rak'a dans lesquelles, on récite la sourate « Al-Fâtiha » et 11 fois la sourate « Al-Qadri ». Et lors de chaque prosternation (sujûd), on récite la « Salâtane tunadjînâ » jusqu'à la fin. A la fin de la prière, réciter 333 fois : « Wa tuballighunâ bihâ aqsal ghâyât mine jamî-‘il khayrât fîl hayât wa ba-‘adal mamât ».

On respecte ce procédé d'emploi [93] :
La réciter d'abord 3 fois et 7 fois la sourate « Al-Fâtiha ». Puis, demander à Dieu son vœu. Ensuite, la réciter 30 fois suivi de 7 fois la sourate « Al-Fâtiha », et on demande ce que l'on veut. Et enfin, la faire 300 fois suivi de 7 fois la sourate « Al-Fâtiha », et on demande son désir. Quiconque fait cette prière selon ce schéma verra son désir réalisé, par la grâce de Dieu.

« Bismil- Lâhir- Rahmânir- Rahîm. Allâhumma innî nawaytu ane ataqarraba ilayka biqirâ'ati salâtil fâtihi limâ ughliqa biniyyati martabatihâ zâhira, wal bâtina, wa bâtinul bâtina, wa bi-'itiqâd annahâ mine kalâmil qadîm 'alâ Rasûlika Nabiyyil Karîm, 'ibâdatane wa ta-'azîmane, wa ijlâlane laka, wabtighâ'a mardâtika, wa mardâti Rasûlika, wa qasdane liwaje'hikal karîm mukhlisane laka mine ajelika antal- lazî mananta bihâ 'alayya, wa tafaddalta bihâ 'alayya, wa annahâ aïnuz- zâtil muhammdiyya, wa sirri zâtil ahmadiyya, wa rûhi liz- zawâtil mawjûdâtil 'ulwiyya, was-sufliyya, wa annahâ mine kalâmikal qadîm ».

بسم الله الرحمان الرحيم اللهم إني نويت أن أتقرب إليك بقراءة صلاة الفاتح لما أغلق بنية مرتبتها الظاهرة والباطنة وباطن الباطنة وباعتقاد أنها من كلام القديم على رسولك النبي الكريم عبادة وتعظيما وإجلالا لك وابتغاء مرضاتك ومرضات رسولك وقصدا لوجهك الكريم مخلصا لك من أجلك أنت الذي مننت بها علي وتفضلت بها علي وأنها عين الذات المحمدية وسر الذات الأحمدية وروح للذوات الموجودات العلوية والسفلية وأنها من كلامك القديم.

Ensuite, on continue :
- 1 fois la sourate « *Al-Fâtiha* »
- 97 fois la « *Salâtul Fâtihi* »
- 27 fois le Nom Sublime « Al-Latîf » en y recherchant l'acquisition de tous les bienfaits et en disant : « *Qâsidane bizâlika jamî-'al khayrâti mine jamî-'il jihât, hattâ nache'hada zâlika bi 'aïnil aïni, wa bisirril aïni. Innaka 'alâ kulli chaye'ine qadîrune* »

---

[93] A noter que dans le chiffre **333**, nous avons d'abord le chiffre **3** suivi de **30** et enfin de **300**.

- 27 fois la sourate « *Al-Fâtiha* »
- 27 fois le « Istighfârul Hayyil Qayyûm »
- 27 fois la « Hawqala » c'est-à-dire la formule « <u>lâ hawla walâ quwwata illâ bil-Lâhi</u> »
- 27 fois la « Salâtul kamâl » c'est-à-dire « Allâhumma salli 'alâ Sayyidinâ Muhammadine, Miftâhil 'atâyâ, wa nûril ijâbat, bi sirri 'izzikal qadîm, salâtane wa salâmane »
- 1000 fois la « *Salâtul Fâtihi* »
- 1000 fois le Nom Sublime « Yâ Latîf ».

Un tel procédé garantit l'acquisition d'une réponse positive du besoin escompté de la part de Dieu et de par Sa Grâce Infinie.

Pour la satisfaction d'un besoin

Pour avoir satisfaction par rapport à un besoin ici-bas et dans l'au-delà, il suffit de faire deux rak'a. Dans chacune, réciter une fois la sourate « Al-Fâtiha » et une fois la sourate « Alam nache'raha ». Une arrivée au niveau du verset « Wa rafa-'anâ laka zikraka ورفعنا لك ذكرك », on dit 3 fois :

« Allâhumma irfa-'a 'indaka zikrî bil hitâti wizrî. Waje-'allî nûrane fî kulli zikrine mine azkârî. Allâhumma innî raghibtuka bi Nabiyyika Sayyidinâ Muhammadine. Sallal- Lâhu 'alayhi wa sallim fî jamî-'i maqâsidî ».

اللهم ارفع عندك ذكري بالحطاط وزري واجعل لي نورا في كل ذكر من أذكاري اللهم إني رغبتك بنبيك سيدنا محمد صلى الله عليه وسلم في جميع مقاصدي.

Et on termine en disant : « Allâhumma ije-'allî kazâ wa kazâ (en précisant le besoin). On termine la sourate. Cette forme de lecture est répétée dans les deux rak'a. Il est possible de faire cette forme de prière à n'importe quel moment. Une telle formule émane du Prophète Muhammad (PSL).

D'après Hâdj Ali Harâzim Barrada, la permission de rendre pratique cette prière provient de Ibn 'Umar, petit-fils du Cheikh Sîd Ahmad Tidjânî. Louange à Dieu à la mesure du degré de ses hommages ; et que la paix et le salut soient sur Muhammad, sa famille et ses nobles compagnons.

Litanies réservées pour
le vendredi et le lundi

Nous avons dans ce qui suit la pratique consécutive des litanies à faire le Vendredi et le Lundi. Il s'agit de faire :

- 10 fois : « A-'ûzu bil- Lâhi minachaye tâni rajîm ». Et la « *Salâtul Fâtihi* » ;

suivi de : « Allâhumma ije-'al Habîbî Sayyidinâ Muhammadine râdiyane 'annî, walâ taje'al'hu ghâdibane 'alayya, wa chafi-'ihu fiyya, wa mane yarânî fî hâzaynil yawmayni, mine kulli mane yu'uminu bi- Lâhi, wa yache'hadu bi Rasûlihi, sallal- Lahu 'alayhi wa sallim ».

اللهم اجعل حبيبي سيدنا محمد راضيا عني ولا تجعله غاضبا علي وشفعه في ومن يراني في هذين اليومين من كل من يؤمن بالله ويشهد برسوله صلى الله عليه وسلم.

- 3 fois : « Wa anta wâdi-'une 'alayya 'aïnaïka ».
- 2 fois : « Sub'hânal muhît bil kulli lazî ya-'alamu mâ biyadil kulliyatil kulli ».
- 33 fois : la « Salâtul Fâtihi ».

C'est là, une litanie ésotérique significative réservée pour le Vendredi et pour le Lundi. Cette litanie est faite juste après la prière du matin avant de quitter les lieux. Et celui qui voit le pratiquant de cette litanie, durant ces deux jours, sera un admis du Paradis. Alors que dire pour celui qui l'accomplit en personne ?

Bienfaits assortis de « *ya mane az'haral jamîl* » « يا من

» أظهر الجميل

Voici d'abord le texte intégral de cette invocation :

« Yâ mane az'haral jamîla, wa sataral qabîha. Walam yu'âkhiz bil jarîra, walam yahtikis-sitra. Wa yâ 'Azîmal 'afwi, wa yâ Husna tajâwuzi, wa yâ Wâsi-'a kullil maghfira, wa yâ Bâsital yadayni bir-rahma, wa yâ Sâmi-'a kulli najwâ, wa yâ muntahâ kulli chakwâ, wa yâ Karîmas- saf'hi, wa yâ 'Azîmal manni, wa yâ Muqîlal asarât, wa yâ Mubtadi'ane bin-ni-'ami qabla istihe qâqihâ. Yâ Rabbi ; yâ Sayyidî ; wa yâ Mawlâya, wa yâ Ghâyata raghe batî, as'aluka ane lâ tuchawwiha khilqatî bibalâ'i dunyâ walâ bi-'azâbin-nâr ».

يا من أظهر الجميل وستر القبيح ولـم يؤاخذ بالجريرة ولـم يهتك الستر ويا عظيم العفو ويا حسن التجاوز ويا واسع كل المغفرة ويا باسط اليدين بالرحمة ويا سامع كل نجوى ويا منتهى كل شكوى ويا كريم الصفح ويا عظيم المن ويا مقيل العثرات ويا مبتدئا بالنعم قبل استحقاقها يا رب ويا سيدي ويا مولاي ويا غاية رغبتي أسألك أن لا تشوه خلقتي ببلاء الدنيا ولا بعذاب النار.

Il consiste à faire ce qui suit par ordre :
- 100 fois « Astaghfirul- Lâha »
- 1 fois la sourate « Al-Fâtiha »
- 100 fois la « Salâtul Fâtihi »
- 99 fois ce verset : « Wa innahû la Qur'ânun Karîmun. Fî kitâbine maknûnine. Lâ yamassuhû illal mutahharûne ».
- 2278 fois « Yâ mane az'haral jamîl ». Mais, après chaque 100 fois lu, on dit, une fois : « Allâhumma usturnî bisitrikal jamîl ».

Il est possible de faire cette invocation une fois par an. En fait, elle renferme un bienfait immense profitable ici-bas et dans l'au-delà. Que la paix et le salut soient sur le Prophète Muhammad, sur sa famille et sur ses compagnons.

Prière de la glorification

« SALATUT- TASBÎH »

Selon la majorité des savants, il est recommandé d'être assidu dans les prières surorégatoires comme la « *Salâtut- Tasbîh* » qui permet d'éponger tout acte non-conforme aux principes de l'Islam. Elle comprend quatre rak'a que l'on peut faire de jour comme de nuit.

Elle s'accomplit comme suit :

- Après la « takbîratul ihrâm » (c'est-à-dire la formule « Allâhu Akbar »), on récite 15 fois ce Tasbîh : « Sub'hânal- Lâhi ; Wal Hamdul- Lâhi ; Wa lâ ilâha illal- Lâhu ; Wal- Lâhu akbar ; Wa lâ hawla walâ quwwata illâ bil- Lâhil 'Aliyyil 'Azîm ».

سبحان الله والـحمد لله ولا إلـه إلا الله والله أكبر ولا حول ولا قوة إلا بالله العلي العظيم.

- On récite une fois la sourate : « *Al-Fâtiha* »
- 10 fois la sourate « *Al-Ikhlâs* » pour chaque unité de prière
- 10 fois ce *Tasbîh* avant d'exécuter la génuflexion
- 10 fois ce *Tasbîh* durant la génuflexion et après avoir récité 3 fois : « Sub'hâna Rabbiyal 'Azîm wa bi hamdihî »
- 10 fois ce *Tasbîh* en se relevant de la génuflexion pour reprendre la position debout.
- 10 fois ce *Tasbîh* lors de la première prosternation et après avoir récité 3 fois : « Sub'hâna Rabbiyal A-'alâ wa bihamdihî »
- 10 fois ce *Tasbîh* lors de la première position assise après s'être relevé de la prosternation
- 10 fois ce *Tasbîh* lors de la seconde prosternation
- Lorsqu'on se relève pour la deuxième rak'a, on fait 15 fois ce *Tasbîh*, juste après la formule « Allâhu akbar »
- Réciter, une fois, la sourate « Al-Fâtiha »
- 10 fois la sourate « Al-Ikhlâs », que l'on fera pour les deux rak'a restantes. Ce qui fera un nombre égal de 40 fois cette sourate.
- Réciter 2 fois la sourate « Alam Nache'raha » et 2 fois la sourate « Nasrul- Lâhi ».

Au total, nous aurons 75 fois ce *Tasbîh* par rak'a, ce qui fera pour les rak'a un nombre de *Tasbîh* égal à 300. Cette forme de prière peut être accomplie quotidiennement, ou une fois par semaine, ou une fois par mois, ou une fois par an, ou une fois dans la vie.

Il n'est pas compté parmi les gens du bien celui qui la connaît et la néglige. Par conséquent, toi fidèle serviteur de Dieu accoures-toi vers les bonnes choses et sois parmi ceux qui désirent avoir ces bonnes choses. Après avoir fait preuve d'assiduité dans l'accomplissement des prières quotidiennes et dans la pratique régulière de la prière sur le Saint Prophète (PSL), alors tournes-toi vers le Cheikh de cette Voie pour voir les azkârs qu'il a adoptés pour que tu puisses les faire à ton tour. Mais, aie la permission de les employer, même par un intermédiaire. Et jamais tu ne dois te détourner de ton « médecin spirituel ». Saches que cette prière-ci constitue le trésor des pauvres. Celui qui la pratique avec assiduité connaîtra toujours l'aisance.

Le procédé en vigueur est de faire après la prière :
- 100 fois le « Istighfâr »
- 100 fois la « Salâtul ummiyyi » ; ou 100 fois la « Salâtul Fâtihi »
- 1956 fois : »Yâ Fattâh »
- 1000 fois la « Salâtul Ghaybiyya الصلاة الغيبية» à savoir : « Allâhumma salli salâtakal muqaddasa 'alâ 'aïni zâtikal 'aliyyati allatî tafazza-'at mine'hâ al-jamî-'u, wa 'alâ âlihi haqqa qadrihi, wa miqdârihil 'azîm ».

اللهم صل صلاتك المقدسة على عين ذاتك العلية التـي تفـزعت منــها الجميع وعلى آلـه حق قـدره ومقـداره العظـيم.

Ensuite, on écrit ce « khâtim » que l'on met dans la poche lorsque l'on fait cette prière. Puis, on l'écrit de nouveau pour en faire de l'eau bénite que l'on boit chaque matin. Voici ce « khâtim », suivi de l'invocation en question :

121	124	130	114
129	115	120	125
116	123	122	119
123	118	117	131

« Bismil- Lâhir- Rahmânir- Rahîm. Allâhumma salli 'alâ sayyidinâ Muhammadine, wa 'alâ âlihi, wa sah'bihi, wa sallim.

Réciter, ensuite, ces versets en consultant les références données :

- les versets 22, 23 et 24 de la Sourate « Al-Hachr ».
- Les versets 54, 55 et 56 de la Sourate « Al-An'âm ».
- Le verset 154 de la Sourate « Âl-Imrâne ».
- Le verset 29 de la Sourate « Al-Fath ».
- Les versets 17, 18 et 19 de la Sourate « Ar-Rûm ».
- On récite une fois « Wa bihî nasta'înu, wa bihil hawla wal quwwata. Rabbi sahhile, wa yassir, walâ tu'assir 'alaynâ, yâ Muyassir kulli 'asîrine. Wa bihaqqi » et on mentionne ce Nom Divin Codé :

21 400 500 3 8 600 4 700 200 7 300 1000 40 60 9 800 70 900 80 100 20 30 40 50 6 31 10.

Ensuite, faire selon ce procédé :
- 10 fois la formule « Astaghe'firul- Lâh allazî lâ ilâha illâ Huwal Hayyul Qayyûm »
- 10 fois la formule « Lâ ilâha illal- Lâhu »
- 7 fois la formule « Allahu akbar ; Allahu akbar ; wa Lâ ilâha illal- Lâhu ; wal- Lâhu akbar ; wa lil- Lâhil hamdu »
- 10 fois la « Salâtul Fâtihi »
- 1 fois la sourate « Al-Fâtiha ». Et ici, on formule l'intention en précisant son vœu et en soulevant les mains.

Par la suite, on récite le « Hizb ». Et quiconque a un besoin quelconque et récite 7 fois la sourate « Al-Fâtiha » ; 21 fois la sourate « Quraych » et 3 fois le « Hizb », il aura pleine satisfaction de son désir.

Litanie à faire après autorisation
de la part d'un muqaddam

Celui qui reçoit la permission singulière de rendre pratique à son compte cette litanie ésotérique, peut la faire selon le schéma suivant :
- 39 fois « Bismil- Lâhir- Rahmânir- Rahîm. Al-Hamdul- Lâhi Rabbil 'âlamîne »

- 20 fois « Allâhumma salli 'alâ Sayyidinâ Muhammadine »
- 12 fois la « Jawhara al-Kamâl »
- 13 fois « Ar- Rahmânir- Rahîm »
- 13 fois « Al-Fâtihi limâ ugh'liqa »
- 12 fois la « Jawhara al-Kamâl »
- 11 fois « Maliki yawmid- dîn »
- 13 fois « Wal khâtimi limâ sabaqa »
- 12 fois la « Jawhara al-Kamâl »
- 19 fois « Iyyâka na-'abudu. Wa iyyâka nasta-'în »
- 13 fois « Nâsiral haqqi bil haqqi »
- 19 fois « Ihidin- nassirâtal mustaqîm »
- 24 fois « Wal Hâdî ilâ sirâtikal mustaqîm »
- 12 fois la « Jawhara al-Kamâl »
- 19 fois « Sirâtal-lazîna an-'amta 'alaïhim »
- 17 fois « Wa 'alâ âlihi haqqa qadrihî »
- 12 fois la « Jawhara al-Kamâl »
- 12 fois « Ghayril maghe'dûbi 'alaïhim. Walad- dâlîne. Âmîne »
- 13 fois « Wa miqdârihil 'azîm »
- 19 fois « Yâ Nûrul fâtihi wal-miftâhi, iftaha lî khayrad- dunyâ wal âkhira, fathane mubînane ilâhiyyane »
- 12 fois la « Jawhara al-Kamâl »
- et une fois « Allâhumma salli 'alâ Sayyidinâ Muhammadine wa sallim taslîmane. Âmîne.
- faire, 55 fois, ces deux Noms Divins Codés :
* le premier : **1000 600 1000 1000 1000 60 100 7**
* le second : **1000 600 1000 100060 1000 900 7**
Suivi de 55 fois la Salâtul Fâtihi.

NB : La valeur mystique du premier Nom est de 4767 ; alors que la valeur mystique du second est de 5567. L'évocation de chacun de ces deux Noms équivaut à 1000 fois la Salâtul Fâtihi.

Litanie efficace

213

Nous avons dans ce qui suit le procédé permettant d'exécuter le Nom Sublime. Il s'agit de faire d'abord le « *Ta-'awwuz* » suivi de la « *Basmala* » et ensuite :
- 100 fois le « Istighe'fâr »
- 100 fois la « Salâtul Fâtihi »
- 19 fois la « Basmala »
- 7 fois la sourate « Al-Fâtiha »
- 1 fois le Nom Sublime
- 11 fois la « Salâtoul faradj »
- 10 fois le Nom Sublime
- 11 fois la « Salâtoul faradj »
- 100 fois le Nom Sublime
- 11 fois la « Salâtoul faradj »
- 1000 fois le Nom Sublime
- 11 fois ces Noms divins « Yâ Allahu ; yâ Hâdî ; yâ Mâlik ; yâ Salâm ; yâ Qahhâr ; yâ Kâfî ; yâ Halîm ; yâ Latîf ; yâ 'Alîm ; yâ Yaqîne ; yâ Samad »,

يا الله. يا هادي. يا مالك. يا سلام. يا قهار. ياكافي. يا حليم. يا لطيف. يا عليم. يا يقين. يا صمد.

- suivi de ce Nom Sublime codé 1 5 40 300 100 20 8 30 70 10 60
et de la litanie-ci, une fois : « Allâhumma salli 'alâ Sayyidinâ Muhammadine, wa 'alâ âli Sayyidinâ Muhammadine, salâtane tahullu bihâ 'uqdatî, wa tufarriju bihâ kurbatî, wa tanquzu bihâ wahlatî, wa taqdî bihâ hâjatî »

اللهم صل على سيدنا محمد وعلى آل سيدنا محمد صلاة تحل بها عقدتي وتفرج بها كربتي وتنقذ بها وحلتي وتقضي بها حاجتي.

- 313 fois « Allahul Hayyul Qayyûmul 'Aliyyul Azîm »

- 66 fois « Yâ Allahu »

- 174 fois « Yâ Hayyu ; yâ Qayyûm ».

Ensuite, lire cette oraison : « Allâhumma innî as'aluka bi'alfil qâ'imi allazî laysa qablahu sâbiqune wa bi lâmayni allazîna buniyat bihal asrâr, wa bihal huwiyyatu zâtiyyatul kamâliyyatul qudsiyyatu chamsiyyatul ghaybiyyatul abadiyya. As'aluka bismikal makhzûnil muqaddasil mu-'uzamil mubâraki. Allahul Hayyul Qayyûmul 'Aliyyul 'Azîmul Kabîrul Muta-'âlî. As'aluka bisirri zâtil karîm, wa bizâti sirril 'azîm ; ane tusalliya 'alâ Sayyidinâ Muhammadine, wa 'alâ âli Sayyidinâ Muhammadine, wa ane taf-'ala lî kazâ » (on précise le besoin).

اللهم إني أسألك بألف القائم الذي ليس قبله سابق وبلامين الذين بنيت بـها الأسرار وبـهاء الـهوية الذاتية الكمالية القدسية الشمسية الغيبية الأبدية أسألك باسـمك المخزون المقدس المعظم المبارك الله الحـي القيوم العلي العظيم الكبير المتعالي أسألك بسر الذات الكريـم وبذات سـر العظـيم أن تصلي على سيدنا محمد وعلى آل سيدنا مـحـمـد وأن تفـعـل لـي (préciser le .(besoin

Puis, faire 75 fois « Yâ Sarî-'u », suivi de : « Yâ Sarî-'u asri-'i bil ijâba. Allâhumma innî as'aluka bismika Sarî-'il Qarîbil Mujîb allazî khazanta bihi fawâtiha rahmatika, wa khawâtima irâdatika, wa sur-'ati ijâbatika. Yâ Sarî-'u limane qasadahu ; yâ Qarîbu limane sa'alahu ; yâ Samî-'u limane da'âhu ; yâ Mujîbu limane da'âhu, asri-'i biqadâ'i hawâ'ijî, wa bulûghi irâdatî. Yâ Samî-'u ; yâ Sarî-'u ; yâ Qarîbu ; yâ Mujîbu. Âmine ».

يا سريع أسرع بالإجابة اللهم باسـمك السريع القريب المجيب الذي خزنت به فواتح رحمتك وخواتم إرادتك وسرعة إجابتك يا سريع لـمن قصده يا قريب لـمن سأله يا سميع لـمن دعاه يا مجيب لـمن دعاه أسرع بقضاء حوائجي وبلوغ إرادتـي يا سـميع يا سريع يا قريب يا مـجيب آمين.

« Awa laysal-lazî khalaqa samâwâti wal ard biqâdirine 'lâ ane yakhluqa mislahum. Balâ. Wa 'izzatu Rabbinâ laqâdirune ane yaf-'ala lî (préciser le besoin). Wa salâmune 'alal Mursalîne. Wal hamdul- Lâhi Rabbil 'âlamîne. Wa sallal- Lâhu 'alayhi, wa 'alâ âlihi, wa sah'bihi, wa sallim taslîmane. Âmîne ».

أو ليس الذي خلق السماوات والأرض بقادر على أن يـخلق مثلهم بلى وعزة ربنا لقادر أن يفعل لي (préciser le besoin) وسلام على المرسلين والحمد لله ر بالعالـمين وصلى الله عليه وعلى آله وصحبه وسلم تسليما آمين.

Pour l'acquisition de la fortune, la satisfaction des désirs, la lutte contre la pauvreté et la protection contre les calamités

Il s'agit de faire d'abord le « *Ta-'awwuz* », suivi d'une seule fois la sourate « *Al-Fâtiha* », de 100 fois le « *Istighe'fâr* », de 100 fois la « *Salâtul Fâtihi* », de 100 fois :

« Allâhumma salli 'alâ Sayyidinâ Muhammadine, wa 'alâ âlihi salâtane taftahu lanâ abwâba ridâ, wat-taysîr ; wa tughalliqu bihâ 'annâ abwâba charri, wat-ta-'asîr, wa takûnu lanâ bihâ waliyyane. Yâ Ni-'imal Mawlâ, wa Ni-'iman- Nasîr ».

اللهم صل على سيدنا محمد وعلى آله صلاة تفتح لنا بـها أبواب الرضى والتيسير وتغلق بـها عنا أبواب الشر والتعسير وتكون لنا بـها وليا يا نعم المولى ونعم النصير.

Ensuite, on formule l'invocation que l'on fait 3 fois en ces termes :

« Allâhumma bijâhil Fâtihi limâ ugh'liqa iftaha lî mine kulli bâbine khayrane fatah'tahu 'alâ Sayyidinâ Muhammadine, Rasûlika ; wa bijâhil Khâtimi limâ sabaqa ikhtum lî bikhâtimati nâjîna râjîna allazîna qîla lahume : yâ ibâdîl lazîna asrafû 'alâ anfusihime lâ taqnatû mine rahmatil-Lâhi ; wa bijâhi Nâsiril haqqi bil haqqi unsurnî 'alâ jamî-'il a-'adâ'i nasrallazî qîla lahu : atattakhizunâ huzu'ane. Qul a-'ûzu bil- Lâhi ane akûna minal jâhilîne ; wa bijâhil Hâdî ilâ sirâtikal mustaqîm ihdinâs- sirâtal-lazîna ane-'amta 'alaïhime mina Nabiyyîne, was- Siddîqîne, wach- Chuhadâ'i, was- Sâlihîne, wa hasuna ulâ'ika rafîqane. Zâlikal fadlu minal- Lâhi ».

216

اللهم بجاه الفاتح لـما أغلق افتح لـي من كل باب خير فتحته على سيدنا محمد رسولك وبجاه الخاتم لـما سبق اختم لـي بخاتمة الناجين الراجين الذين قيل لـهم يا عبادي الذين أسرفوا على أنفسهم لاتقنطوا من رحمة الله وبجاه ناصر الحق بالحق انصرني على جميع الأعداء نصر الذي قيل لـه أتتخذنا هزوا قل أعوذ بالله أن أكون من الجاهلين وبجاه الـهادي إلى صراطك الـمستقيم اهدنا الصراط الذين أنعمت عليهم من النبيـين والصديقين والشهداء والصالحين وحسن أولئك رفيقا ذلك الفضل من الله.

On doit y rester assidu matin et soir.

Incantation relative au Nom par
Essence de Dieu

Celui qui répète 5000 fois le Nom par Essence de Dieu (ismuz- zâti), puis 1000 fois « Yâ Hayyu ; Yâ Qayyûm » verra des merveilles et des miracles. De même, il verra sa subsistance augmenter et toutes ses affaires se réaliser.

Aussi, celui qui désire la satisfaction de ses besoins, qu'il fait 1000 fois les noms divins : « Yâ Hayyu ! Yâ Qayyûm » et 7 fois :

« Allâhumma yâ Sâmi-'a kulli sawtine, wa yâ Sâbiqa kulli fawtine, wa yâ Kâsil 'izâmi lahmane, wa munchiruhâ ba-'adal mawti. As'aluka bi'asmâ'ikal 'izâmi, wa bismikal a-'azamil akbaril makhzûn allazî lâ yattali-'u 'alaïhi ahadune minal makhlûqîna. Yâ Halîmane, zâ anâtine lâ yaqdiru 'alâ anâtihi ; yâ zal ma-'arûf allazî lâ yanqati-'u ma-'arûfuhu abadane ; walâ yuhsâ »,

اللهم يا سامع كل صوت ويا سابق كل فوت ويا كاسي العظام لحما ومنشرها بعد الـموت أسألك بأسمائك العظام وباسمك الأعظم الأكبر

المـخزون الذي لا يطلع على أحد من الـمخلوقين يا حليما ذا أناءة لايقدر على أناته يا ذا الـمعروف الذي لا ينقطع مـعروفـه أبـدا ولا يـحصى.

Suivi d'une seule fois : « Wa sallal- Lâhu 'alâ Sayyidinâ Muhammadine, wa âlihî, wa sah'bihi, wa sallama taslîmane. Âmîne. »

A propos du Nom « *Al-Latif* »

L'esclave et le serviteur de Dieu, Idrîs Ibn Muhammad Ibn al-Âbid al-Irâqî dit : « *J'ai eu la permission et j'ai obtenu la licence de pratiquer le zikr et de le transférer à celui qui en veut parmi ses adeptes et ses disciples. Ce zikr consiste à utiliser le Nom Divin « Al-Latîf ». Ce zikr est très efficace en réponse positive pour toute demande formulée. C'est la même pratique que faisait le Pôle Suprême, notre Vénéré Ahmad Tijânî. Il s'agit de cette invocation :

« A-'ûzu bil- Lâhi minachaye tâni rajîm. Bismil- Lâhi Rahmân Rahîm. Allâhumma innî nawaytu ane ataqarraba ilayka bitilâwati ismikal 'azîmil a-'azâmil latîf ; ta-'abbudane laka wa ta-'azîmane liwaje'hikal karîm mine awwalil amri ilâ âkhirihî, qâsidane bizâlika jamî-'al khayrât mine jamî-'il jihât hattâ nache'hada zâlika bi-'aïnil aïni, wa sirril aïni. Innaka 'alâ kulli chaye'ine qadîrune ».

أعوذ بالله من الشيطان الرجيم بسم الله الرحمان الرحيم اللهم إني نويت أن أتقرب إليك بتلاوة اسمك العظيم الأعظم **اللطيف** تعبدا لك وتعظيما لوجهك الكريم من أول الأمر إلى آخره قاصدا بذلك جميع الخيرات من جميع الجهات حتى نشهد ذلك بعين العين وبسر العين إنك على كل شيء قدير.

Ensuite, on fait :
- 27 fois la sourate « *Al-Fâtiha* »

- 27 fois « Astaghe'firul- Lâhal 'Azîma, allazî lâ ilâha illâ Huwal Hayyul Qayyûm »
- 27 fois « Lâ hawla walâ quwwata illâ bil- Lâhil 'Aliyyil 'Azîm »
- 27 fois la « *Salâtul Fâtihi* »
- 1000 fois « *Yâ Latîf* »
- 27 fois « Allâhumma salli 'alâ Sayyidinâ Muhammadine, miftâhil 'atâya, wa nûril ijâba, bisirri 'azzikal qadîm salâtane wa salâmane »
- une fois le « zajr » que voici :

« Allâhumma, yâ Latîfa bijamî-'il makhlûqât, wa yâ Mu-'utiya jamî-'al khayrât, wa yâ Mujîba da-'awât, wa yâ Muqîlal 'asarât, wa yâ Mufarrijal kurubât, wa yâ Mughîsal ijâbât, wa yâ Mu-'izzal azillati, wa yâ Mukawwinal akwâni ; as'aluka bisirri 'azamatika, wa zâtikal bahiyyati, wa nûri sutwatikal qawiyyati ane tughe'miranî bihadratikal muhammadiyya, hattâ nache'hada khayral bariyya, bisirri 'aïnikal abadiyya, wa hattâ tufîda 'alayya buhûril anwâril qudusiyya minal hadratil ahmadiyyatil ibrâhîmiyya tijjâniyya bikulli khayrine sa'alaka mine'hu Sayyidunâ Muhammadune, sallal- Lâhu 'alaïhi wa sallam ma-'a salâma, wallutfi, wal 'âfiya ».

اللهم يا لطيف بـجميع الـمخلوقات ويا معطي جميع الـخيرات ويا مجيب الدعوات ويا مقيل العثرات ويا مفرج الكربات ويا مغيث الإجابات ويا معز الأذلة ويا مكون الأكوان أسألك بسر عظمتك وذاتك البهية ونور سطوتك القوية أن تغمرني بحضرتك الـمحمدية حتى نشهد خير البرية بسر عينك الأبدية وحتى تفيض علي بحور الأنوار القدسية من الحضرة الأحمدية الإبراهيمية التجانية بكل خير سألك منه سيدنا محمد صلى الله عليه وسلم مع السلامة واللطف والعافية.

- 3 fois la « Jawharatul- Kamâl ».

Ensuite, demande ce que tu veux et tu seras satisfait de manière prompte. Il est possible de le faire matin et soir.

Des invocations pour diverses préoccupations

* **Pour la continence de l'urine**, écrire sur une feuille propre, puis l'attacher au niveau de la cuisse gauche ce qui suit :

بسم الله بإذن الله الشفاء من كل سقم لا تدركه الأبصار وهو يدرك الأبصار وهو اللطيف الخبير وسارون سارعون سأكدرا صلدا صلدا بسو هو مطي فـه فاصله.

* **Pour exciter l'érection,** écrire dans une feuille encensée de parfum du Liban ou tout autre parfum et attacher au niveau de la cuisse droite. L'employer avec les racines dites « neb neb » en wolof[94] avec un litre de lait de mouton ou tout autre type d'ovins ou de lait de chèvre que l'on emploie durant une semaine. Ecrire ceci :

ح 17 87 581 1111 ك 5 1 8 1111 ك 11 88 بالمسلعلعوو 1111 ك هـ ـ 118 1117 ك اه

الط.

Ecrire dans une peau noire ce tableau suivant et l'attacher au niveau des reins. Celui qui fait cela sera en état d'excitation sexuelle intense. Il s'agit de ce tableau :

و	ه	د	ج	ب	ا
ا	25	22	19	32	ب
ب	20	31	26	21	ج
ج	30	17	14	27	د
د	23	28	29	18	ه
ه	د	ج	ب	ا	و

* **Par rapport au sommeil**, on écrit ces lettres et on les place sous l'oreiller ou sous le coussin :

صمح سعلسلع لطاط سفلفلح متهملج ملطح عليط هسلطس فجه فجه فجه

* **Par rapport à la crainte** lors du sommeil et aux pleurs intensifs des enfants, on écrit ces versets que l'on attache chez l'enfant qui pleure beaucoup et qui est gagné par la peur lors du sommeil et il sera quitte avec ces deux méfaits. Il s'agit de ces versets :

---

[94] Un des langues nationales la plus parlée au Sénégal.

220

إذ أوى الفتية إلى الكهف فقالوا ربنا آتنا من لدنك رحمة وهيئ لنا من أمرنا رشدا فضربنا على آذانهم في الكهف سنين عددا. وخشعت الأصوات للرحمان فلا تسمع إلا همسا.

Suivi des sourates « *An-Nâs* » et « *Al-Falaq* ».

* **Par rapport aux pleurs de l'enfant**, écrire ces versets et les attacher sur lui :

أفمن هذا الحديث تعجبون وتضحكون ولا تبكون وأنتم سامدون ولبثوا في كهفهم ثلاث مائة سنين وازدادوا تسعا وصلى الله على سيدنا محمد وآله وصحبه وسلم تسليما آمين

* **Pour les maux de tête**, écrire ces versets et les attacher sur la tête :

بسم الله الكبير نعوذ بالله العظيم من شر كل عرق نعار ومن عذاب النار.

* **Pour protéger l'enfant contre les esprits maléfiques**, contre la langue et le regard, écrire ceci et le porter sur lui :

أعوذ بكلمات الله التامة من كل شيطان وهامة ومن كل عين لامة ما شاء الله لاقوه إلا بالله وإن يكاد الذين كفروا ليزلقونك بأبصارهم لما سمعوا الذكر ويقولون إنه لمجنون وما هو إلا ذكر للعالمين.

On rapporte du « Musnad » de Dârimî que Abdulahi Ibn Mas'ûd raconte qu'un des compagnons du Prophète (PSL) a rencontré un jinn avec qui il a lutté. Et ce compagnon le terrassa. Alors, le jinn lui dit : « tu es très faible, chétif, mal déformé. Mais viens me trouver la deuxième fois et si tu me terrasses encore de nouveau, je t'apprendrai quelque chose qui te sera utile ». Le compagnon accepta. Celui-ci le terrassa de nouveau. Et le jinn lui dit : « Est ce que tu récites le Verset du Trône ? ». Il lui répondit par l'affirmatif. Alors il lui fit savoir que toute maison où ce verset est récité, Satan la fuira en criant comme crie l'âne. Il n'y reviendra que le surlendemain.

On rapporte dans « Al-Muwatta'a », d'après un hadith de Abî Hurayra, le Prophète (PSL) a dit : « J'ai aperçu, lors de mon voyage nocturne, un redoutable jinn me demander une tison de feu. Et chaque fois que je me retourne, je l'aperçois. Alors, Jibril me dit : « Ne vais-je pas t'enseigner des termes, en les récitant, le feu s'éteindra et le jinn se jettera prosterné devant toi » ? Je lui répondis : « J'en ai fort besoin ». Et il me dit : « Alors, dans ce cas, dit :

« A-'ûzu biwaje'hil Lâhil Karîme, wa bikalimâtil- Lâhi Tâmmâti, allatî lâ yujâwizu hunna barrune walâ fâdjirune, mine charri mâ yunazzilu minassamâ'i, wa mine charri mâ ya-'aruju fîhâ, wa mine charri mâ zara'a fil ard, wa mine charri mâ yakh'ruju mine'hâ, wa mine charri fitani layli wan-nahâri, wa mine charri tawâriqi layli wan- nahâr illâ târiqane yatruqu bikhayrine ; yâ Ar'hama râhimîne ».

أعوذ بوجه الله الكريم وبكلمات الله التامات التي لا يجاوزهن بر ولا فاجر من شر ما ينزل من السماء وما يعرج فيها ومن شر ما ذرأ في الأرض ومن شر ما يخرج منها ومن شر فتن الليل والنهار ومن شر طوارق الليل والنهار إلا طارقا يطرق بخير يا أرحم الراحمين.

* <u>Contre les adversités et les malheurs</u>

Le Cheikh Muhammad Ghawsi rapporte dans son livre « <u>Al-Jawâhir al khamsa</u> » que, chaque année, 300 000 adversités descendent sur terre dont les 20 000 descendent le dernier Mercredi du mois de Safar. C'est la raison pour laquelle, ce jour constitue le jour le plus pénible de l'année. Et quiconque fait quatre raka'a, ce jour-là comme suit : lire, dans chaque raka'a, une fois la sourate « *Al-Fâtiha* » ; 17 fois la sourate « *Al-Kawsara* » ; 3 fois la sourate « *Al-Ikhlâs* » ; une fois la sourate « *Al-Falaq* » et une fois la sourate « *An-Nâs* ».

Après la prière, réciter l'invocation suivante. Alors, Dieu lui suffira et lui préservera, ainsi que ses biens et sa famille, de ces calamités. Il s'agit de cette invocation :

« Allâhumma salli 'alâ Muhammadine, Abdika wa Rasûlika, an- Nabiyyil Ummiyyi. Wa bârikal- Lâhumma. Innî a-'ûzu bika mine charri haza chahri, wa mine kulli balâ'ine, wa chiddatine, wa baliyyatine qaddartahâ fîhi. Yâ Dayhûru, yâ Dayhâru, yâ Kâna, yâ Kaynûne, yâ Kaynâne, yâ Azal, yâ Abad, yâ Mubdi 'u, yâ Mu-'îd, yâ Zal jalâl wal ikrâm, yâ Zal 'archil majîd. Anta taf-'alu mâ turîdu.

اللهم صل على محمد عبدك ورسولك النبي الأمي وبارك اللهم إني أعوذ بك من شر هذا الشهر ومن كل بلاء وشدة وبلية قدرتها فيه يا دهيور يا كان يا كينون يا كينان يا أزل يا أبد يا مبدئ يا معيد يا ذالجلال والإكرام يا ذا العرش المجيد أنت تفعل ما تريد.

« Allâhumma ihris bi-'aïnika nafsî, wa mâlî, wa ahlî, wa awlâdî, wa dînî, wa dunyâya allatî ibtalaytanî bisuh'batinâ bihurmatil abrâr, wal akhyâr, birahmatika yâ Ar'hama râhimîne.

اللهم احرس بعينك نفسي ومالـي وأهلـي وأولادي وديني ودنياي التي ابتليتني بصحبتنا بـحرمة الأبرار والأخيار برحمتك يا أرحم الراحمين.

« Allâhumma, yâ chadîdal quwâ, yâ chadîdal mihâl, yâ 'Azîz, yâ karîm. Azlalta bi-'izzika jamî-'a khalqika. Yâ Muhsin, yâ Mujmal, yâ Mutafaddil, yâ Mun-'im, yâ Mukrim, yâ mane lâ ilâha illâ anta. Yâ Latîfane, latafta bikhalqi samâwâti wal ard, ultuf bî fî qadâ'ika, wa âfinî mine balâ'ika. Walâ hawla walâ quwwata illâ bil- Lâhil 'Aliyyil 'Azîm. Wa sallal- Lâhu 'alâ sayyidinâ Muhammadine, wa âlâ âlihi wa sah'bihi, wa sallim ».

اللهم يا شديد القوي يا شديد الـمحال يا عزيز يا كريم أذللت بعزك جميع خلقك يا محسن يا مـجمل يا متفضل يا منعم يا مكرم يا من لا إلـه إلا أنت يا لطيفا لطفت بخلق السماوات والأرض بـي في قضائك وعافني من بلائك ولا حول ولا قوة إلا بالله العلي العظيم وصلى اللع على سيدنا محمد وعلى آلـه وصحبه وسلم.

Ensuite, écrire les versets débutés par le terme « salâm » (paix) dans une vase en cuivre que l'on éponge avec de l'eau de source et boire. Il s'agit de ces versets :

سلام قولا من رب رحيم * سلام على نوح في العالمين * سلام على موسى وهارون إنا كذالك نجزى المحسنين * سلام على إل ياسين إنا كذالك نجزى المحسنين * سلام عليك * سلام عليكم بما صبرتم فنعم عقبى الدار * سلام عليكم طبتم فادخلوها خالدين * سلام هي حتى مطلع الفجر.

De même, il est possible d'invoquer Dieu en début d'année et en fin d'année par ces termes :

" Allâhumma antal abadil qadîme. Wa hazihi sanatune jadîdatune. As'alukal 'ismata fîhâ minachaye'tâni rajîme, wa awliyâ'ihi ; wal amni minachaye'tâni. Wa mine charri kulli zî charrine, wa minal balâyâ, wal âfâti. Wa as'alukal

223

'awna 'alâ hazihi nafsil ammârati bis- sû'i, wal ichetighâli bimâ yuqarribunî ilayka. Yâ Ra'ûf ; yâ Rahîm ; yâ Zal jalâl wal ikrâm".

اللهم أنت الأبدي القديم وهذه سنة جديدة أسألك العصمة فيها من الشيطان الرجيم وأوليائه والأمن من الشيطان ومن شر كل ذي شر ومن البلايا والآفات وأسألك العون على هذه النفس الأمارة بالسوء والاشتغال بما يقربني إليك يا رؤوف يا رحيم يا ذا الجلال والإكرام.

Et si le fidèle serviteur prononce ces mots, Satan dira : « je n'ai plus d'espoir en lui pour cette année ».
Par contre, nous avons dans ce qui suit l'invocation de fin d'année :

« Allâhumma mâ 'alimtu fî hazihi sanati mimmâ nahaytanî 'ane'hu. Wa lame tardahu, wa nasîtuhu, walam tansahe, wa hamilta 'alâyya ba-'ada qudratika 'alâ 'uqûbatî. Wa da-'awtanî ila tawbati ba-'ada jarâ'atî 'alâ ma-'asiyatika. Fa'innî astaghe'firuka mine'hu, faghe'firlî, wamâ 'alimtu fîhâ mimmâ tardâhu, wawa 'adtanî 'alaïhi sawâba, fata-'amaluhu minnî. Walâ taqta-'a rajâ'î mine'ka, yâ Karîme ».

اللهم ما علمت في هذه السنة مما نهيتني عنه ولم ترضه ونسيته ولم تنسه وحملت على بعد قدرتك على عقوبتي ودعوتني إلى التوبة بعد جرائتي على معصيتك فإني أستغفرك منه فاغفر لي وما علمت فيها مما ترضاه ووعدتني عليه الثواب فتعمله مني ولا تقطع رجائي منك يا كريم.

* Contre l'affliction et l'anxiété

D'après Mahdî, d'après son père, d'après son grand-père, d'après Ibn Mas-'ûd, le Prophète (PSL) disait, lors d'une telle situation :

« Bismil- Lâhi, wa bil- Lâhi, walâ hawla walâ quwwata illâ bil- Lâhi, i-
'itasamtu bil- Lâhi, wa tawakkaltu 'alal- Lâhi, hasbiyal- Lâhu, walâ hawla
walâ quwwata illâ bil- Lâhil 'Aliyyil 'Azîm ».

بسم الله وبالله ولا حول ولا قوة إلا بالله اعتصمت بالله وتوكلت على الله
حسبي الله ولا حول ولا قوة إلا بالله العظيم.

Toujours d'après le Prophète (PSL) : « celui qui dit, durant la nuit du Vendredi, 10
fois :

« Yâ Dâ'imal fadli 'alal bariyyati. Yâ Bâsital yadayni bil-'ut'yati. Yâ Sâhibal
mawâhib siniyyati, salli 'alâ Muhammadine, khayril warâ, sajiyyatane.
Wahge'firlanâ, yâ Zal 'ulâ », on lui inscrira 100 000 bonnes actions.

يا دائـم الفضل على البرية يا باسط اليدين بالعطية يا صاحب الـمواهب
السنية صل على محمد خير الورى سجية واغفر لنا يا ذا العلي في هذه
العشية.

De même, on trouve dans le livre « <u>Al-jâmi-'i ilâhî fî da-'awâti Nabiyyi</u> الجامع
الإلـهي فـي دعوات النبـي », que Abû Tâlib rapporte qu'il est recommandé de dire,
juste après la prière du Vendredi : « <u>Yâ Ghaniyyu ; yâ Hamîd ; yâ Mubdi'u ; yâ
Mu-'îd ; yâ Rahîm ; yâ Wadûd, aghe'ninî bihalâlika 'ane harâmika, wa bifadlika
'ammane siwâka</u> ».

يا غنـي يا حميد يا مبدئ يا معيد يا رحيم يا ودود أغنني بـحلالك عن
حرامك وبفضلك عمن سواك.

Celui qui reste constant et assidu à cette invocation, Dieu le rendra riche et lui
accordera Ses dons par des moyens sur lesquels il ne comptait pas.

* <u>**Pour le sevrage de l'enfant**</u>
Pour sevrer l'enfant, on écrit sur l'œuf d'une poule ou sur du pain et donner à
l'enfant à manger :
وحرمنا عليه المراضع من قبل كذلك فطمت فلانا عن ثدي أمه فلا أنساب بينهم يومئذ ولا
يتساءلون انس ثدي أمك أيها الطفل كما نسي يوشع الحوت وقال ما أنسانيه إلا الشيطان أن
أذكره فكذلك انس ثدي أمك لا ترضعه أبدا.

Lorsque Rachîd fut envoyé chez Imâm Châfi-'i, ce dernier fit cette invocation :

« Allâhumma innî a-'ûzu binûri qudsika, wa barakati tahâratika, wa 'azamati jalâlika mine kulli 'âhatine, wa âfatine, wa târiqil jinni, wal insi, illâ târiqane yatruqu bikhayrine ; yâ Ar'hama râhimîne. Allâhumma anta mulâzî fîka alûzu, wa anta ghiyâsî fîka aghâsu. Yâ mane zallat lahu riqâbal jabâbirati, wa khada-'ate lahu riqâbal farâ-'inati. Allâhumma zikruka chi-'ârî wa disârî fî nawmî wa qarârî. Ache'hadu ane lâ ilâha illâ anta. Adrib 'alâ surâdiqâti hifzika ; wa qinî Rabbî birah'matika, yâ Ar'hama râhimîne ».

اللهم إني أعوذ بنور قدسك وبركة طهارتك وعظمة جلالك من كل عاهة وآفة وطارق الجن والإنس إلا طارقا يطرق بخير يا أرحم الراحمين اللهم أنت ملاذي فيك ألوذ وأنت غياثي فيك أغاث يا من ذلت له رقاب الجبابرة وخضعت له رقاب الفراعنة اللهم ذكرك شعاري ودثاري في نومي وقراري أشهد أن لا إله إلا أنت أضرب علي سرادقات حفظك وقني ربي برحمتك يا أرحم الراحمين.

On rapporte, d'après Abil Hasan Châzilî, d'après Abd Salâm Ibn Machîch, la manière dont le Prophète (PSL) accomplissait ses invocations. En fait, après chaque prière obligatoire, il faisait 100 fois :

« Wa sallal- Lâhu 'alâ Sayyidinâ Muhammadine, wa 'alâ âlihi, wa sahe'bihi wa sallim »,

Suivi de 10 fois cette invocation :

« Ilâhî, bijâhihi 'indaka ; wa makânatihi ladayka, wa mahabbatuka lahu, wa mahabbatuhu laka, as'aluka ane tusalliya wa tusallima 'alâ Sayyidinâ Muhammadine, wa 'alâ âlihi, wa sahe'bihi wa sallim, wa dâ'ife. Allâhumma, mahabbatî fîhi, wa 'arrifnî bi'haqqihi, wa rutbatihi, wa waqifnî li'itti bâ-'ihi, wal qiyâmi bi âdâbihi, wa adâ'i sunnatihi, waje'ma-'anî 'alayhi, wa mati-'inî biru'uyatihi, wa qarribnî mine hadratihi, wa as-'idnî bimakânatihi, wad-fa'a 'annil-'alâ'iqa, wal-'awâ'iqa, wal-wasâ'ita, wal hijâba, wa chaffi same-'î mine'hu bilazîzil khitâbi, wa hayyi'i litalaqqî mine'hu, wa ahilnî lil'akhezi 'ane'hu, waje-'al salâtî 'alaïhi nûrane, nâ'irane, kâmilane, tâhirane, mutahhirane, mâhiyane kulli zulmine, wa zulmatine, wa chakkine, wa chirkine, wa ifkine, wa zûrine, wa kufrine, wa isrine, wa ghafelatine. Waje-'ale hâ sababane liltam'hîs wa marqane li'anâla a-'alâ marâtibil ikhlâs, wa

226

takhesîs hattâ yabeqâ fiyya   Rabbâniyya lighayerika, wa hattâ aslaha lihadratika, wa akûna mine ahli khusûsiyyatika mutamassikane mine âdâbihi, sallal- Lâhu alayhi wa sallam, bil hablil matîne, mustamiddane mine hadratihil 'aliyati fî kulli waqtine wa hînine. Yâ Allahu ; yâ Nûr ; yâ Haqq ; yâ Mubîne ».

إلـهي بجاهه عندك ومكانته لديك ومحبتك له ومحبته لك أسألك أن تصلي وتسلم على سيدنا محمد وعلى آله وصحبه وسلم وضاعف اللهم محبتي فيه وعرفني بحقه ورتبته ووقفني لاتباعه والقيام بآدابه وأداء سنته واجمعني عليه ومتعني برؤيته وقربني من حضرته وأسعدني بمكانته وادفع عني العلائق والعوائق والوسائط والحجاب وشف سمعي منه بلذيذ الخطاب وهيئ للتلقي منه وأهلني للأخذ عنه واجعل صلاتي عليه نورا نائرا كاملا طاهرا مطهرا ماحيا كل ظلم وظلمة وشك وشرك وإفك وزور وكفر وإصر وغفلة واجعلها سببا للتمصيح ومرقي لأنال أعلى مراتب الإخلاص والتخصيص حتى يبقى في ربانية لغيرك وحتى أصلح لحضرتك وأكون من أهل خصوصيتك متمسكا من آدابه صلى الله عليه وسلم بالحبل المتين مستمدا من حضرته العلية في كل وقت وحين يا الله يا نور يا حق يا مبين.

Si l'on se trouve en milieu de nuit, on fait 500 fois la « Salâtu 'alan- Nabiyyi » ; mais après chaque 100 fois de cette « Salât 'alan- Nabiyyi », on fait cette invocation ci-dessus 10 fois.

Parmi les manuscrits de l'érudit en Dieu, Yâfi'î, nous y trouvons cette perle mystique. Celui qui l'écrit dans un morceau de tissu et l'ensevelit avec le linceul du décédé, Dieu lui épargnera des tourments et supplices de la tombe. Il s'agit de cette figure de haute portée :

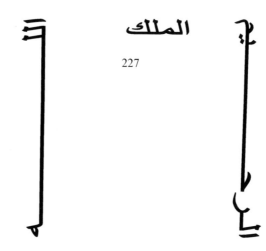

الملك

227

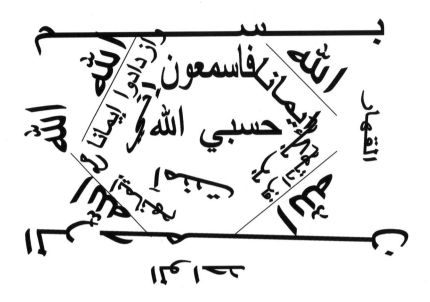

Cette autre figure est réservée pour la nuit qui colle avec la moitié du mois de Ramadan. Quiconque l'écrit dans un papier avec lequel il rompe son jeûne, il ne mourra qu'en vrai croyant. Il s'agit de cette figure mystique :

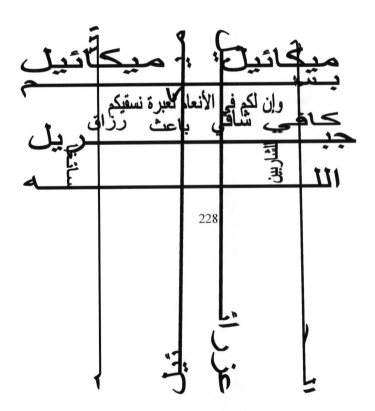

228

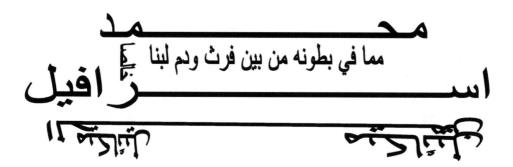

* **Pour l'acquisition du savoir**

Il s'agit là d'un bienfait relatif pour une bonne compréhension de la science, l'abondance des biens et la largesse par rapport à la subsistance. En effet, le Cheikh Jalâl Dîn as-Suyûtî montre que celui qui fait 3 fois cette invocation après la prière du matin bénéficiera de son contenu. Il s'agit de celle-ci :

« Astaghe'firul- Lâhal 'Azîma allazî, lâ ilâha illâ Huwal Hayyul Qayyûm ; Badî-'us- samâwât wal ard, wamâ baynahuma mine jamî-'i jirmî wa isrâfî 'alâ nafsî, wa atûbu ilayhi ».

أستغفر الله العظيم الذي لا إلـه إلا هو الحي القيوم بديع السماوات والأرض وما بينهما من جميع جرمي وإسرافي علـى نفسي وأتوب إليه.

Quelques principes de base

Ce qu'il faut noter de prime abord est que le cœur humain dépourvu de la Foi est assimilable au puit sans eau. Tandis que le cœur humain pourvu de Foi est comparable à un château bien haut, car il est bâti sur les fondements du rappel de Dieu. Sous ce rapport, la Tarîqa Tijjâniyya est l'esprit de la Chari'a et la moelle épinière de la Haqîqa. Aussi l'externe et l'interne de la Chari'a associés à la Haqîqa nous empêche d'être en désaccord avec les lois divines. Nous sommes comme une seule âme. Nous aimons très profondément notre vénéré qui est aimé par Dieu et son Prophète (PSL)

Donc, nous lui tenons compagnie et nous lui emboîtons le pas afin qu'il nous lie avec notre Seigneur. Nous sommes persuadés, lorsque nous formons la « hadra », que l'Adoré, par excellence, n'est d'autre que Lui : Dieu. Nous sommes très conscients de la présence de son Prophète, de ses Elus, de ses bienfaits. C'est pour dire que si nous obéissons à notre Prophète, c'est que nous avons, également, obéis à notre Seigneur. Car obéir au Prophète est synonyme d'obéissance à Dieu. Et obéir aux enseignements de notre Cheikh signifie obéir notre Seigneur et notre Prophète.

En fait, le Cheikh n'est ni le Créateur, ni Celui qui pourvoie. Mais, c'est lui qui indique la voie menant vers le Dominateur Suprême : Dieu. Il joue le rôle de Suppléant aux Prophètes. Et cette perle comprend le Nom Sublime de Dieu dans trois paliers, à considérer le degré du Prophète (PSL), son corindon ainsi que son rang muhammédien suivi de celui ahmadiyya. Et le tout est intériorisé dans sa Réalité en tant que Muhammad qui est accompagné, dans sa « hadra », de ses quatre Califes orthodoxes entourés de soixante dix rangées composées d'Anges Nobles. En fait, Dieu l'honore chaque fois que se manifeste Son Essence par la présence d'Anges nobles qui forment soixante dix rangées le cernant.

De même, le « Wird » est chose propre et confidentielle à la Tarîqa. Aussi, ce « Wird » est fait en secret. Il n'est donné à personne le droit de le communiquer voire de le divulguer, car c'est un des principes de la Tarîqa. Il en constitue les arcanes même. Alors, fait le zikr en l'écoutant à partir de ton cœur et en faisant table rase de tes imaginations pour avoir son sens dans l'esprit que tu dois garder attentif et présent, lorsque tu prononces chaque terme composant le Zikr. Gardes-toi des erreurs lors de la prononciation. Car, c'est une dimension de la Hadra faisant que si l'assistant ne peut pas saisir le sens du Zikr, il pourra quand même exhaler la bonne odeur. Alors, rends ton coeur présent et écoute ta conscience en méditant sur ce propos de notre Cheikh : « Il m'est interdit de se tourner vers les Noms divins et il m'est ordonné de se tourner vers la « Salâtul Fâtihi ».

La Hadra Divine est confinée entre l'ouvert et le fermé. Ainsi, la quête de l'ouverture, au sein de la Tarîqa, est chose proscrite ; car, pour nous, elle relève de l'agressivité qui n'offre aucun acte légal, aucune purification et aucun exercice physique ou spirituel. Il convient de savoir que pour atteindre Dieu, le Vrai, il faut impérativement prendre en compte quatre réalités à savoir : le Messager de Dieu ; la Chari'a ; l'acte conforme aux principes de l'Islam et rompre d'avec la passion pour ne pas être détourner de la dévotion.

La « *Wazîfa* » ne se lit pas lors des mariages, ni lors des funérailles. En fait, j'ai aperçu dans un manuscrit, portant la nom de Muhammad Al-Habîb Ibn Qutb at-Tijjânî où est écrit : « Celui qui récite la « *Wazîfa* » lors des mariages et lors des funérailles, c'est qu' en réalité, il en a déjà eu l'autorisation ». Que Dieu nous garde de proférer de tels propos. Que personne ne t'ébranle au point de semer le doute dans ton esprit. Et sache que la *Tarîqa* appartient exclusivement au Cheikh.

Par ailleurs, la « *Haylala* » du Vendredi est instituée pour manifester la reconnaissance vis-à-vis des bienfaits de Dieu qui nous permet de garder intacte notre Foi en Dieu, de ce Vendredi au vendredi suivant. Cette « *Haylala* » égratigne les cœurs pour les purifier des impuretés, elle est le critère qui permet de mesurer voire de peser le poids de l'acte dévotionnel hebdomadaire. Si s'avère qu'il répond à ces critères, alors il sera en aparté avec son Seigneur et tout intérieur sera soutenu par son Seigneur. Et le Prophète (PSL) se présentera à lui.

L'emploi de la sourate « Al-Fatiha »

S'agissant de cette sourate, elle est récitée 4 fois après un acte d'ordre cultuel, cette pratique lui sera acceptée.

En outre, cette oraison suivante est très efficace pour l'acceptation des œuvres cultuelles. Elle est récitée après l'accomplissement de chaque prière canonique. On a rapporté dans « al-Jâmi'i » que l'Ange Jibril a dit : « j'ai interrogé l'Ange Asrâfîl sur les récompenses réservées à la récitation de cette oraison ». L'Ange Asrâfîl répondit : « Celui qui la récite une fois dans sa vie, ne sera jamais malheureux. Celui qui la récite pour la satisfaction d'un besoin, celui-ci sera satisfait. Celui qui la récite après une prière canonique, celle-ci sera acceptée ainsi que ses autres œuvres cultuelles. Il s'agit de cette oraison (formule de glorification de Dieu) :

« Tabârakta Ilâhî mina dahri ila dahri ; fata'âlayta Ilâhî mina dahri ila dahri ; wa taqaddasta Ilâhî mina dahri ila dahri. Wa anta Rabbî wa Rabbu kulli chay'ine. Lâ ilâha illâ anta, yâ Akramal akramîne. Wal Fattâhu bil khayrâti. Ighfirlî wa li'ibâdika lazîna âmanu bima anzalta alâ Rusulika ».

تباركت إلهي من الدهر إلى الدهر. فتعاليت إلهي من الدهر إلى الدهر. وتقدست إلهي من الدهر إلى الدهر. وأنت ربي ورب كل شيء. لا إله إلا أنت يا أكرم الأكرمين. والفتاح بالخيرات. اغفر لي ولعبادك الذين آمنوا بما أنزلت على رسلك.

Cependant, la formule de glorification de Dieu la plus efficace pour l'acceptation de tout œuvre est celle-ci :

« Sub'hâna mane ta'azzaza bil 'azamati. Sub'hâna mane taraddâ bil kibriyâ'i. Sub'hâna mane tafarrada bil wah-dâniyyati. Sub'hâna mane ihtajaba bin-nûr. Sub'hâna mane qaharal ibâda bil mawti. Wa sallal- Lâhu alâ Sayyidinâ Muhammadine an-Nabiyyil Karîme, wa alâ âlihî wa sah'bihi wa sallime taslîmane kasîrane dâ'imane ilâ yawmi dîne »

سبحان من تعزز بالعظمة. سبحان من تردى بالكبرياء. سبحان من تفرد بالوحدانية. سبحان من احتجب بالنور. سبحان من قهر العباد بالموت. وصلى الله على سيدنا محمد النبي الكريم وعلى آله وصحبه وسلم تسليما كثيرا دائما إلى يوم الدين.

Celui qui récite régulièrement cette oraison après chaque prière canonique, Dieu enverra un Ange qui effectue pour lui toutes les prières canoniques qui l'avaient échappé. Mais, qu'il s'acquitte des prières qu'il s'est rappelé. Toujours est-il que la Grâce de Dieu est Infinie.

En vérité, celui qui adopte cette Voie est, du coup, un savant en Dieu. Et de ce fait, il n'a plus besoin de rechercher la Seigneurie (al-wilâya) ailleurs. Il faut savoir, en plus, que notre maître spirituel a eu la garantie du Messager de Dieu (PSL) qui lui assure que celui qui le voit avec un regard qui inspire le respect, entrera au Paradis. Il s'agit, ici, d'un complément de prévenance de la part de Dieu ; et ce, même s'il s'agit d'un infidèle qui s'est converti par la suite. Les Anges l'inscriront parmi les admis au Paradis. De la même manière, il aura une grande part auprès du Messager de Dieu (PSL) consistant à ne plus jamais le quitter. De plus, il aura en sa compagnie 7 Anges. Il devient impératif de savoir que ce privilège consiste à ce que celui qui le voit entrera au Paradis, et sur l'immédiat il est considéré comme un des héritiers de cette Voie.

Nous avons, en plus, les mérites du Vendredi et du Lundi au point que le Cheikh a institué des *azkâr* à faire après la prière du matin de ces deux jours. Et quiconque y reste assidu et régulier, Dieu acceptera son intercession pour lui et pour quiconque l'aperçoit, fut-ce un infidèle qui finit par se faire musulman. Ce dernier aura la permission d'intercéder en faveur de ses contemporains.

Donc, toi qui aspires au bien, il t'incombe d'être attentif durant ces deux jours à celui qui te croisera parmi les adeptes de cette Voie. Alors, il te sera possible d'entrer en possession d'un trésor immense et d'explorer les connaissances secrètes du Cheikh et de ses disciples. Seulement, toute la base de ces avantages réside dans l'intention sincère, car elle constitue l'océan du bénéfice et de la béatitude. Par contre, garde-toi d'être hostile à ceux qui témoignent l'unicité de Dieu, car ce sont eux, ses Elus. Jamais le nom de Dieu ne sera au côté de la malpropreté. Nous louons Dieu qui a donné plus de mérite à la mention de Son Nom à partir de Ses attributs exhaustifs. Il convient de savoir que pour chaque désobéissance, il y a une sanction en vigueur ; alors, il t'est possible de racheter la sanction relative au péché commis en donnant à manger, en te repentant et en donnant l'aumône, même une datte. En réalité, le Prophète (PSL) a dit : « *Faites preuve de crainte vis-à-vis du Feu, même s'il s'agit de donner, en aumône, un morceau de datte ; car l'aumône permet de rendre inapplicable la sanction en question ; et le repentir permet d'effacer le péché commis* ».

Satan est scindé en deux catégories : le Satan perceptible, qu'il soit Jinn ou Humain et la Satan incorporel. En fait, Satan en tant que Jinn, s'il veut séduire et induire en erreur, il tentera si possible d'intérioriser le Satan Humain qui est plus efficace en acte. Il inspirera à l'homme ce propos de l'Intendant de l'Egypte qui s'adressait à son épouse Zulaykhâ dont relate le Coran : « **Vos ruses sont vraiment** énormes »[95]. Et s'il n'est pas possible de l'intérioriser, alors, il le rendra obsédé par le biais de sa nature primitive qui est l'âme.

Pratique cultuelle pour
se rapprocher de Dieu

Il s'agit de faire deux rak'a pour Ton Seigneur tout en ayant l'intention de lui vouer une adoration sincère et de s'approcher de Lui. Après, on fait :

- 121 fois « Astaghe firul- Lâhal 'Azîma allazî lâ ilâha illâ huwal Hayyul Qayyûm, wa'a tûbu ilay'hi ».

- 64 fois la « *Salâtul Fâtihi* », suivi d'un nombre de versets dont chacun est récité 14 fois.

Il s'agit de ces versets :

« Bismil- Lâhir- Rahmânir- Rahîm. Kamâ'ine an'zalnâhu mina samâ'i, fakhtalata bihi nabâtul ard. Fa'asbaha hachîmane tazruhu riyâhu » ; « Huwal Awwal, wal Akhir, waz- Zâhir, wal Bâtin, wa Huwa bikulli chaye'ine 'alîmune » ; « Yawma yafirrul mar'u mine akhihi » ; « Yawmal azifatu izil qulûb ladal hanâjir kâzimîne. Mâ lizzâlimîne mine hamîmine walâ chafî'ine yutâ'u » ; « 'Alimat nafsune mâ ahdarate. Falâ uqsimu bil khunnasil jawâril kunnas. Wal-layl izâ as'asa, wa sub'hi izâ tanaffas » ; « Wal Qur'âni zî zikr, bali lazîna kafarû fî 'izzatine wa chiqâqine ».

* بسم الله الرحمان الرحيم كماء أنزلناه من السماء فاختلط به نبات الأرض فأصبح هشيما تزروه رياه * هو الأول والآخر والظاهر والباطن وهو بكل شيء عليم * يوم يفر المرء من أخيه * يوم الأزفة إذ القلوب لدى الحناجر كاظمين ما للظالمين من حميم ولا شفيع يطاع * علمت

---

[95] Cf. Sourate Yousouf ; verset : 28.

نفس ما أحضرت فلا أقسم بالخنس الجوار الكنس والليل إذا عسعس والصبح إذا تنفس * والقرآن ذي الذكر بل الذين كفروا في عزة وشقاق.

- faire 683 fois, le Nom Béni de Dieu confiné dans cette noble formule « Bismil- Lâhir- Rahmânir- Rahîm » suivi de ce Nom Sublime codé :

20 8 5 40 10 70 70 300 60 100

- 68 fois encore la « *Salâtul Fâtihi* ».
- 14 fois la « *Salâtun- Nâriyya* ».
- 3 fois la « *Jawharatul Kamâl* ».

Litanie relative à l'ouverture

Il s'agit de réciter la sourate « *Al-Fâtiha* » suivi de la « *Salâtul Fâtihi* » et de la sourate « *An-Nasr* », ensuite dire :

« Allâhumma iftaha lî masâmi-'i qalbî fat'ha qulûbil 'ârifîne bika. Warzuqnî tâ-'atika, wa tâ-'ata rasûlika, wa 'amalane bikitâbika. Innaka antal Wahhâbul Karîm ».

اللهم افتح لي مسامع قلبي فتح قلوب العارفين بك وارزقني طاعتك وطاعة رسولك وعملا بكتابك إنك أنت الوهاب الكريم.

Litanie contre l'hostilité

Celui qui se trouve en hostilité avec son prochain, qu'il fait 73 fois : « Atfa'atu ghadaba nâs 'annî wa 'adâwatihime bi lâ ilâha illal- Lâhu, wastaje labtu limahabbatihime lî mawaddatihime bi Muhammad Rasûlil- Lâhi, sallal- Lâhu alay'hi wa sallam ».

أطفأت غضب الناس عني وعداوتـهم بلا إلـه إلا الله واستجلبت لـمحبتهم لي مودتـهم بـمحمد رسول الله صلى الله عليه وسلم.

Pour protéger la demeure
contre toute calamité

Il s'agit d'écrire ces 6 sourates et les enterrer dans 6 endroits de la demeure en procédant comme suit : placer la sourate « *Al-Jum-'a* » du côté Est de la demeure ; la sourate « *Al-Mulk* » du côté Ouest ; la sourate « *Al-Jinn* » du côté Sud ; la sourate « *An-Naba'i* » du côté Nord et les sourates « *Al-Mudassir* »-« *Al-Muzammil* » au milieu de la demeure, comme le démontre cette figure :

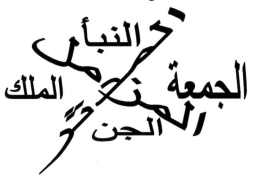

Procédé d'usage de ce Nom Sublime

Il s'agit du Nom Divin Sublime que l'on récite 313 fois par jour et par nuit en y associant le « yâ » vocatif (يــ). C'est ce Nom Sublime Codé :
1 200 200 40 100 40 40 70 3 40 2 600 200

Bienfait relatif à la recherche de la guérison

par le biais de ce Nom

Il s'agit, tout d'abord de ce Nom Codé : 1 200 200 40 100 40 40 70 3 40 2 600 200

On écrit 70 fois ce Nom en compagnie de ce verset, 7 fois :

لو أنزلنا هذا القرآن على جبل لرأيته خاشعا متصدعا من خشية الله. وتلك الأمثال نضربها للناس لعلهم يتفكرون.

Ensuite, on lave le tout avec de l'eau pure tout en étant dans une pureté parfaite. Et cette eau est buvable et peut servir de bain. Et par la suite, on mentionne ce Nom Subtil 700 fois durant la nuit du Vendredi et on l'écrit les jours du Lundi et du Jeudi.

Pour résoudre un besoin

Celui qui a un besoin, qu'il lit ce verset, après la prière du matin (salât Subhi), pendant 40 jours : « Wa zan-nûn ize zahaba mughâdibane, fazanna ane lane naqdira alayhi, fanâda fiz- zalumât ane lâ ilâha illâ anta ; sub'hânaka innî kuntu mina zâlimîne ». Et qu'il se garde de parler de choses mondaines. Au terme des 40 jours, qu'il observe si son besoin est exaucé ou non. En fait, une telle pratique figure parmi les invocations mystiques bien gardées.

Bienfait relatif à ces deux sourates :
« al-falaq » et « an-nâs »

(سورة الفلق – سورة الناس)

Il s'agit de les écrire en sens contraire et de façon inversée et porter comme talisman :

م ل س و ه ب ح ص و ه ل ء ا و د م ح ا ن ا ن د ي س ي ل ع ل ص م

و س ي ف ي د ص و ر ا ر ل ا ن ا س ن ا ل ج ن ة ا و ل ل ا ن ا س ن ا ل ه

ه ل ن ا س ن م ن ش ر ا ر ل و س و ا س ل ا خ ن ا س ل ا ي ذ ي و س و

ح ي م ق ل ا ع ذ و ب ر ل ا ب ن ا س م ل ك ك ا ن ا س ا ه ل ا ل

م ن ش ر ح ا س ا ذ ا ح ح د س ب م ا ل ل ه ا ل ر ح م ن ا ل ر

غ ا س ق ا ذ ا و ق ب و م ن ش ر ا ل ن ف ث ت ف ي ا ل ع ق د و

م ق ل ا ع ذ و ب ر ل ا ب ل ف ل ق م ن ش ر م ا خ ل ق و م ن ش ر

ب س م ا ل ل ه ا ل ر ح م ن ا ل ر ح ي.

Pour s'attirer le profitable et
éloigner le nuisible

Il s'agit de lire la sourate « Al-Fâtiha » suivi de la « Salâtul Fâtihi » et du verset du Trône, ensuite une fois ce verset :
« Qâla lahumun- nâs inna nâsa qad jama-'û lakume fakhe chawe'hume fazâdahum îmânane. Wa qâlû hasbunal- Lâhu wa ni-'imal wakîl ».

قال لـهم الناس إن الناس قد جمعوا لـكم فاخشوهم فزادهم إيـمانا وقالوا حسبنا الله ونعم الوكيل.

Et 450 fois : « Hasbunal- Lâhu wa ni-'imal wakîl ».
Et par la suite, on récite les sourates « *Al-Ikhlâs* », « *Al-Falaq* », « An-Nâs » et la « *Salâtul Fâtihi* ».

Nous avons également un autre procédé pour faire cette invocation. Il s'agit de lire la Sourate « *Al-Fâtiha* » suivi du Verset du Trône, ensuite ce verset « Qâla lahumun- nâssou : inna nâsa qad djama-'û lakume fakhe chawe'hume fazâdahum îmânane. Wa qâlû hasbunal- Lâhu wa ni-'imal wakîl », et on répète, 70

238

fois : « Hasbunal- Lâhu wa ni-'imal wakîl ». Et par la suite, on récite les sourates « *Al-Ikhlâs* », « Al-Falaq » et « An-Nâs ».

Pour faire oublier une question
ou un problème

Il consiste à écrire cette litanie et à l'enterrer dans une tombe faisant que la chose en question soit oubliée. Il s'agit de cette litanie :

بسم الله الرحمان الرحيم يس جيخ ميم موجت دقس ترجكي وخل سولك بولكوك جار قندير

كني ذوت وخج.

Pour les maux de tête

* **Pour les maux de tête**, écrire 3 fois la sourate « *Al-Fâtiha* ». Puis réciter et souffler sur la bordure tranchante du couteau tout en fermant les yeux. Ensuite pointer la pointe du couteau sur les lettres composantes la Sourate. Faire ainsi pour toutes les autres lettres de la Sourate jusqu'à la guérison.

* **Pour les maux de tête encore**, s'asseoir par terre, lire en transcrivant les lettres alphabétiques arabes sur le sol, y réciter 3 fois la Sourate « *Al-Fâtiha* », faire tout ceci en fermant les yeux. Ceci fait, placer le couteau sur ces lettres en débutant par la lettre « *alif* » et en demandant quelqu'un de presser la tête du malade. Sur chaque lettre, enfoncer le couteau et le laisser. Demander au malade de remuer la tête, et sur le coup, le couteau bougera. Ensuite le demander de quel côté est la douleur. Faire ainsi lettre après lettre jusqu'à la guérison.

Incantation de haute portée pour poser l'œil sur le monde
occulte

Celui qui désire voir à chaque instant le Messager de Dieu (PSL), ou qui désire poser l'œil sur le Trône et tout ce qui s'y cache en fait de merveilles, ou qui désire voir les Anges Jibril et Mîkâ'îl, ou qui veut savoir ce qui est enfoui dans la terre en fait de trésor comme l'or et le diamant, ou qui désire posséder des biens, de manière prompte, ou qui veut entrer en communication directe avec les Jinn et les Anges au point que Dieu lui dévoile les secrets de toute chose qu'il recherche faisant qu'il puisse devenir un roi ou un nanti au vrai sens du terme et que Dieu lui donne accès à tout chemin menant vers l'acquisition de biens, il est appelé à faire cette prière. Cependant, l'Hypocrite et l'Avare ne bénéficieront pas de ces avantages pré cités.

Donc quiconque désire en bénéficier qu'il exécute quatre rak'a comme suit :
- dans la 1ère, réciter la sourate « *Al-Fâtiha* » et 15 fois la sourate « *Al-Ikhlâs* » ;
- dans la 2ème, réciter la sourate « *Al-Fâtiha* » et 20 fois la sourate « *Al-Ikhlâs* » ;
- dans la 3ème, réciter la sourate « *Al-Fâtiha* » et 30 fois la sourate « *Al-Ikhlâs* »
- dans la 4ème, réciter la sourate « *Al-Fâtiha* » et 40 fois la sourate « *Al-Ikhlâs* ».

Après la prière, conserver la position assise pour faire 100 fois la formule « *Astaghe firul- Lâha* » et 100 fois la « *Salâtul Fâtihi* ». Ensuite, on mentionne le Nom Sublime, caché et conservé dans un lieu sûr. Ce Nom est le trésor des Elus bien nantis de Dieu. Il s'agit du trésor caché et placé dans l'Evangile de Mûsâ et de Îsâ (Paix et Salut de Dieu sur eux).

Alors, mon frère en la foi, tu dois bien le tenir et ne le donne qu'en échange d'argent licite ou après peine de celui qui le désire ou après l'avoir fait subir une épreuve afin de tester son état. Et si tu désires en posséder les clefs, fais la retraite spirituelle de 40 jours dans la constance et l'assiduité. Chaque jour, tu fais ce Nom 1189 fois ; ou 3333 fois. Et au-delà des 40 jours de retraite, reste attaché, pour le reste de ta vie, à ce Nom en le répétant 1000 fois par jour. Ceci fait, tu seras, selon la Volonté Divine, un opulent. Il s'agit du nom de la mère du Prophète Mûsâ (sur lui le Salut). Celui qui le prend sera un nanti. Et après le Zikr, on fait cette invocation 7 fois :

« <u>Yâ Chaq'bad Hayânun Mariyatu Bint Luway, mursiyyatane Hânata amrim Halbâ'a Bint Rughabâ'u</u>. Mâ yaftahil- Lâhu lin-nâs mine rahmatine, falâ mursila lahâ. Wamâ yumsik falâ mursila lahu, mine ba-'adihi. Wa huwal 'Azîzul Hakîm ».

يا شقبد هيان مرية بنت لوي مرسية حنة أمرم هلباء بنت رغباء[96]. ما يفتح الله للناس من رحمة فلا ممسك لها وما يمسك فلا مرسل له من بعده وهو العزيز الحكيم.

Ensuite, prendre le Khawâtim et mentionner le Nom Caché et Sublime de Dieu qui est conservé dans un lieu sûr. Ce Nom est désigné par le Trésor des Elus Nantis de Dieu. Il s'agit de ceci :

9 1000 30 40 1000 5 1000 40

Nous avons dans ce qui suit : le *khâtim* en question.

775	783	787	773
786	774	779	784
775	789	788	778
782	777	776	788

Litanie pour les études coraniques

Elle consiste à lire une fois, la sourate « *Al-Fâtiha* » et 9 fois : « *Yâ Sâbit Dâ'imul Bâqî bilâ zawâl* ».

Ensuite, faire cette invocation : « Asbit qadamay 'abdika fulânine ibn fulânatine fî makânihi hattâ yukammila dirâsatal Qur'âni, wa jamî'il murâd lahu mine 'ulûmine, wa bihaqqi ismikal lazî qâla Jibril lihabîbika Muhammadine, sallal- Lâhu alayhi wa sallam. Iqra'a bismi Rabbikallazî khalaqa. Khalaqal insâna mine 'alaqine. Iqra'a wa Rabbukal akram. Allazî 'allama bil qalam. 'Allamal insâna mâlam ya-'alam. Wabihurmati Chaykhinâ Ahmad Ibn Muhammad Tijjânî, radiyal- Lâhu 'ane'hu bihi âmîne ».

---

[96] Toute la partie soulignée représente le nom de la mère du Prophète Moussa (sur lui le Salut).

أثبت قدمي عبدك فلان بن فلانة في مكانه حتى يكمل دراسة القرآن وجميع المراد له من علوم وبحق اسمك الذي قال جبريل عليه السلام لحبيبك محمد صلى الله عليه وسلم اقرأ باسم ربك الذي خلق خلق الإنسان من علق اقرأ وربك الأكرم الذي علم بالقلم علم الإنسان ما لم يعلم وبحرمة شيخنا أحمد بن محمد التجاني رضي الله تعالى عنه وعنا به آمين.

Puis, faire 60 fois : « Yâ Sâbit Dâ'imul Bâqî bilâ zawâl ».

Suivi de celle-ci : « Bihaqqi ismikal lazî qâla Jibril lihabîbika Muhammadine, sallal- Lâhu alayhi wa sallam. Iqra'a bismi Rabbikallazî khalaqa. Khalaqal insâna mine 'alaqine. Iqra'a wa Rabbukal akram. Allazî 'allama bil qalam. 'Allamal insâna mâlam ya-'alam. Bihurmati Chaykhinâ Ahmad Ibn Muhammad Tijjânî, radiyal- Lâhu 'ane'hu, wa 'annâ bihi âmîne ». Puis, faire 100 fois : « Yâ Sâbit Dâ'imul Bâqî bilâ zawâl ».

بحق اسمك الذي قال جبريل عليه السلام لحبيبك محمد صلى الله عليه وسلم لحبيبك محمد صلى الله عليه وسلم اقرأ باسم ربك الذي خلق خلق الإنسان من علق اقرأ وربك الأكرم الذي علم بالقلم علم الإنسان ما لم يعلم وبحرمة شيخنا أحمد بن محمد التجاني رضي الله تعالى عنه وعنا به آمين.

Procédé et importance de
ce Nom Sublime

Il s'agit de faire trois (3) fois le « Istighefâr » ; trois (3) fois la « Salâtul Fâtihi » suivi du Nom Sublime codé en chiffre :

1 5 30 5 30 10 6 5 1 30 2 4 10 4 1 30 20 50 4 200 10 6 1000 1 30 20 6 200 6 1000

Ensuite, notifier ce tableau mystique :

119 990	119 993	119 995	119 983
119 998	119 984	119 989	119 994
119 980	120 001	119 991	119 988
119 992	119 987	119 986	120 000

Après ce tableau, on récite ces versets : « Fallamâ ra'aynahu akbarnahu wa qatta-'ana aydiyahunna wa qulna hâcha lil- Lâhi ! Mâ hâza bacharane. Ine hâza illâ malakune karîmune » - « Yuhibbûnahume kahubbil- Lâhi awe achaddu hubbane » - « Walaqad karramnâ banî Adama wahamalnâhume fil barri wal bahri. Warazaq'nâhume mina tayyibât, wa faddalnâhume 'alâ kasîrine mimmane khalaqnâ tafdîlane ».

فلما رأينه أكبرنه وقطعنا أيديهن وقلن حاش لله ما هذا بشرا إن هذا إلا ملك كريم * يـحبونـهم كـحب الله أو أشد حبا * ولقد كرمنا بني آدم وحملناهم في البر والبحر ورزقناهم من الطيبات وفضلناهم على كثير مـمن خلقنا تفضيلا.

Bienfait relatif à l'amour et à l'affection

Il s'agit de prier deux rak'a. Et dans chaque rak'a, on récite une fois la sourate « Al-Fâtiha » et 7 fois ce verset : « Asal- Lâhu ane yaje-'ala baynakume wa bayna lazîna 'âdaytume mine'hume mawaddatane. Wal- Lâhu Qadîrune. Wal- Lâhu Ghafûrune Rahîm ».

عسى الله أن يجعل بينكم وبين الذين عاديتم منهم مودة والله قدير والله غفور رحيم.

Et a la fin de la prière, on dit, une fois : « Allâhumma layyine lî qalba fulânine ibn fulânine kamâ layyantal hadîda li Dâûda wa Sulaymân, 'alaye'hima salâm ».

Puis, 6000 fois : « As-salâtu was- salâmu 'alayka yâ Sayyidî, yâ Rasûlal-Lâhi, khuz biyadî, qallat hîlatî, adriknî ».

La nuit du DECRET *(Laylatul qadri)* et les nawâfils du mois de Ramadan

Il consiste à faire 27 rak'a, puis 18 rak'a, soit 9 salutations finales (le fait de dire : assalâmu 'alaykume). Ensuite, 9 rak'a qui se feront en deux assises comme ceci : on s'asseoit à la 7ème rak'a et on s'asseoit de nouveau à la 9ème rak'a. Donc, cette dernière prière se fera avec une seule et unique salutation.

Cependant, pour chaque rak'a, faire 27 fois la sourate « *Al-Fâtiha* » ; 27 fois la sourate « *Al-Qadri* » jusqu'au verset : « salâmune hiya » et on termine une fois « hattâ matla-'il fajri ».

Pour ce qui est des nawâfils, il convient de réciter d'abord :

إن الله وملائكته يصلون على النبي يا أيها الذين آمنوا صلوا عليه وسلموا تسليما هدية لسيد الوجود وأرواح أهل البدر. Cette forme de *Nawâfil* est faite durant les nuits de pleine lune et au moment de la fin de leurs journées entre la prière du soir (*salâtul 'asr*) et celle du coucher du soleil (*salâtul maghrib*).

Là, on lit, en guise d'ouverture, une fois la sourate « *Al-Fâtiha* » ; 70 fois la formule « Astaghe firul- Lâhal 'Azîma allazî lâ ilâha illâ Huwal Hayyul Qayyûm » ; 313 fois « *Âyatul Kursiyyi* » ; 313 fois la sourate « *Al-Ikhlâs* » ; 313 fois la « *Salâtul Fâtihi* » ; 65 fois la « *Jawharatul Kamâl* ».

Et une fois : « Innal- Lâha wa Malâ'ikatahu yusallûna 'alan- Nabiyyi. Yâ ayyuhalazîna âmanû sallû 'alayhi wa sallimû taslîmane. Hadiyyatune li Sayyidil wujûdi wal arwâhi Ahlil Badr ».

Le hizbul bahri

(Oraison de la Mer)

Il s'agit de lire d'abord cette Oraison en entier. Une fois au niveau des « Hâ Mîm », après chaque « Hâ-mîm » faire 50 fois : « Lâ ilâha illal- Lâhul Malikul Haqqul Mubîne ».

Suivi de 10 fois : « Sayyidunâ Muhammad, Rasûlul- Lâhi, sallal- Lâhu 'alayhi wa sallam, wa âlihi sâdiqil wa-'adil amîn ».

Et pour ce qui est du dernier « Hâ-mîm », on ajoute 13 fois la *Haylala* (la formule : « *Lâ ilâha illal- Lâhu* »).

Une fois : « Sayyidunâ Muhammad, Rasûlul- Lâhi, sallal- Lâhu 'alayhi wa sallam, wa âlihi sâdiqil wa-'adil amîn ».

Ceci fait, nous aurons 313 fois cette *Haylala*. Et par la suite, on y rajoute 50 fois la « *Jawharatul Kamâl* ».

Et on fait ce que l'on appelle le *Tawassul* en disant « Bismil- Lâhil Qahhâr », avant de poursuivre :
« Allâhumma ! Yâ mane Huwal Qâhir fawqa 'ibâdihi. Wa Huwal Hakîmul Khabîr. Iqhir lî 'abdika fulânane bihâjatî awe hâjati fulânine hattâ sâral

245

amru maq'hûrane tahta yadayya awe yadi fulânine. Yâ Allâhu Rahmânur-Rahîm ; al-Wakîl. Wal-hamdulil- Lâhi Rabbil 'âlamîne ».

Et par la suite, on continue l'Oraison de la Mer à partir de : « Hummal amru wa jâ'an- nasru. Fa-'alaynâ lâ yunsarûne. Allâhu akbar, wa lil- Lâhil hamdu » jusqu'à la fin.

Voilà en intégralité et en arabe le texte de cette Oraison de la Mer ainsi que sa traduction :

بسم الله الرحمان الرحيم. يا علي يا عظيم يا حليم يا عليم. أنت ربي، وعلمك حسبي، فنعم الرب ربي، ونعم الحسب حسبي، تنصر من تشاء، وأنت العزيز الرحيم. نسألك العصمة في الحركات والسكنات والكلمات والإرادات والخطرات من الشكوك والظنون والأوهام الساترة للقلوب عن مطالعة الغيوب. فقد ابتلي المؤمنون، وزلزلوا زلزالا شديدا. وإذ يقول المنافقون والذين في قلوبهم مرض ما وعدنا الله ورسوله إلا غرورا. فثبتنا، وانصرنا، وسخر لنا هذا البحر، كما سخرت البحر لموسى، وسخرت النار لإبراهيم، وسخرت الجبال والحديد لداوود، وسخرت الريح والشياطين والجن لسليمان. وسخر لنا كل بحر هو لك في الأرض، والسماء والملك والملكوت وبحر الدنيا والآخرة. وسخر لنا كل شيء يا من بيده ملكوت كل شيء. كهيعص كهيعص كهيعص. انصرنا فإنك خير الناصرين. وافتح لنا فإنك خير الفاتحين. واغفر لنا فإنك خير الغافرين. وارحمنا فإنك خير الراحمين. وارزقنا فإنك خير الرازقين. واهدنا ونجنا من القوم

الظالمين. وهب لنا ريحا طيبة كما هي في علمك. وانشرها علينا من خزائن رحمتك. واحملنا بها حمل الكرامة مع السلامة والعافية في الدين والدنيا والآخرة، إنك على كل شيء قدير. اللهم يسر لنا أمورنا مع الراحة لقلوبنا وأبداننا والسلامة والعافية في ديننا ودنيانا. وكن لنا صاحبا في سفرنا، وخليفة في أهلنا. واطمس على وجوه أعدائنا. وامسخهم على مكانتهم. فلا يستطيعون المضي ولا المجيء إلينا. ولو نشاء لطمسنا على أعينهم فاستبقوا الصراط فأنى يبصرون. ولو نشاء لمسخناهم على مكانتهم فما استطاعوا مضيا ولا يرجعون. يس. والقرآن الحكيم. إنك لمن المرسلين. على صراط مستقيم. تنزيل العزيز الرحيم. لتنذر قوما ما أنذر آباؤهم فهم غافلون. لقد حق القول على أكثرهم فهم لا يؤمنون. إنا جعلنا في أعناقهم أغلالا، فهي إلى الأذقان فهم مقمحون. وجعلنا من بين أيديهم سدا ومن خلفهم سدا فأغشيناهم فهم لا يبصرون. شاهت الوجوه، شاهت الوجوه، شاهت الوجوه، وعنت الوجوه للحي القيوم. وقد خاب من حمل ظلما. طس. حم عسق. مرج البحرين يلتقيان. بينهما برزخ لا يبغيان. حم حم حم حم حم حم حم حم. حُمَّ الأمر. وجاء النصر. فعلينا لا ينصرون. حم تنزيل الكتاب من الله العزيز العليم. غافر الذنب. وقابل التوب. شديد العقاب. ذي الطول لا إلـه إلا هو إليه المصير. باسم الله بابنا، تبارك حيطاننا، يس سقفنا، كهيعص كفايتنا، حم عسق حمايتنا. فسيكفيكهم الله وهو السميع العليم (ثلاثا). ستر العرش مسبول علينا. وعين الله ناظرة إلينا. بحول الله لايقدر علينا. والله من

ورائهم محيط. بل هو قرآن مجيد. في لوح محفوظ. فالله خير
حفظا وهو أرحم الراحمين (ثلاثا). إن وليي الله الذي نزل الكتاب،
وهو يتولى الصالحين (ثلاثا). حسبي الله لا إلـه إلا هو عليه
توكلت وهو رب العرش العظيم (ثلاثا). با سم الله الذي لا يضر
مع اسمه شيء في الأرض ولا في السماء وهو السميع العليم
(ثلاثا). ولا حول ولا قوة إلا بالله العلي العظيم (ثلاثا).

TRADUCTION DU HIZBUL BAHR

« De par le nom de Dieu, le Tout Miséricordieux, le Tout Compatissant ! O Très Haut ! O Sublime ! O Clément ! O Omniscient !

Tu es mon Maître et Ta science me suffit ! Quel excellent Maître que le mien !
Que ce qui me suffit est excellent ! Tu soutiens qui Tu veux ! Tu es le Tout-Puissant, le Tout Compatissant !

Nous T'implorons de nous préserver dans nos mouvements, dans notre repos, dans nos paroles, dans nos désirs, dans nos pensées, du doute, des conjectures et des erreurs qui cachent aux cœurs la perception des mystères.

Les croyant furent mis à l'épreuve et rudement secoués, lorsque les hypocrites et ceux dont les cœurs souffrent d'une maladie leur dirent : « **Ce que Dieu et Son Messager nous ont promis n'était qu'une illusion** ».

248

Affermis-nous (Seigneur) ! Soutiens-nous ! Asservis pour nous cette mer ainsi que Tu l'as asservie pour Moïse. De même que Tu as asservi le feu pour Abraham ; les montagnes et le fer pour David ; le vent, les démons et les génies pour Salomon !

Asservis pour nous toute mer qui T'appartienne sur terre et dans le ciel, en (Ton) royaume et sous (Ta) suprême royauté, la mer de ce bas monde et la mer du monde futur ! Soumets-nous toute chose, O Toi qui exerces une royauté suprême sur toutes les choses !

Kâf-Hâ-Yâ-Aïn-Sâd ! Kâf-Hâ-Yâ-Aïn-Sâd ! Kâf-Hâ-Yâ-Aïn-Sâd !

Soutiens-nous ! Tu es le meilleur des soutiens !

Accorde-nous la victoire ! Tu es le meilleur des victorieux !

Pardonne-nous ! Tu es le meilleur de ceux qui pardonnent !

Fais-nous miséricorde ! Tu es le meilleur des miséricordieux !

Accorde-nous notre subsistance ! Tu es le meilleur des nourriciers !

Dirige-nous ! Protège-nous contre les injustes !

Accorde-nous un vent favorable, comme Tu sais !

Etends Ton souffle au-dessus de nous, en le faisant venir des trésors de Ta miséricorde !

Par lui fais-nous voguer, grâce à Ta bienveillance, en nous conservant sains, saufs, respectés, dans notre religion en ce bas monde et dans le monde futur !

En tout, Tu es omnipotent.

Seigneur ! Facilite pour nous ce que nous entreprenons (en nous conservant) dans la quiétude de nos cœurs, la santé de notre corps, le salut, la paix et en notre religion durant notre vie d'ici-bas !

Sois notre Compagnon en notre voyage !

Supplée à notre absence au sein de nos familles !

Anéantis nos ennemis et pétrifie-les sur place, pour qu'ils ne puissent s'en aller, ni venir jusqu'à nous ! (Tu as dit, en effet) : « Si Nous le voulions, Nous le pétrifierons sur place, en sorte qu'ils ne puissent ni s'en aller, ni revenir ».

« Yâ-Sîn ! Par le Coran plein de sagesse ! Tu es assurément du nombre des messagers divins (suivant) une voie droite. Voici, une révélation émanant du Tout-Puissant, du Tout Compatissant (qui t'est) confiée pour que tu avertisses un peuple dont les ancêtres n'ont pas été avertis et qui, (de ce fait) vit dans l'insouciance. Contre la plupart d'entre eux la sentence (prononcée) s'est déjà réalisée : ils ne croiront pas. Nous avons mis à leur cou des carcans jusqu'au menton. Aussi vont-ils la tête haute, mais les yeux baissés. Nous avons mis une barrière devant eux et une autre derrière eux, et leur avons bandé les yeux. Aussi ne verront-ils pas ».

Leurs visages seront affreux ! Leurs visages seront affreux ! Leurs visages seront affreux ! « **Les visages s'humilieront devant le Vivant, l'Immuable !** »
Malheur à celui qui se présentera (devant Lui) chargé d'une injustice !
Tâ-Sîn ! Hâ-Mîm ! Aïn-Sîn-Qâf!
« **Dieu a laissé libre cours aux deux mers pour se rencontrer. Mais entre elles, il y a un isthme qu'elles ne franchiront pas** ».

Hâ-Mîm ! Hâ-Mîm ! Hâ-Mîm ! Hâ-Mîm ! Hâ-Mîm ! Hâ-Mîm ! Hâ-Mîm !
La décision est prise ! La décision est arrivée, ils ne nous verront pas.

Hâ-Mîm !

« **La révélation émane de Dieu Tout-Puissant et Omniscient qui pardonne le péché, agrée le repentir, châtie sévèrement (quand il le faut) et détient une richesse immense. Il n'y a d'autre divinité que Lui ! Vers Lui est le devenir** ».

(La formule) « De par le Nom de Dieu » nous servira de voie d'accès (porte).

(La formule) « Béni soit » sera notre rempart. (La formule) « Yâ-Sîn » sera notre plafond. (La formule) « Kâf-Hâ-Yâ-Aïn-Sâd » sera ce qui nous suffira.

(La formule) « Hâ-Mîm. Aïn-Sîn-Qâf » nous servira de protection.

Dieu te suffira contre eux ! Il entend et sait tout !

Dieu te suffira contre eux ! Il entend et sait tout !

Dieu te suffira contre eux ! Il entend et sait tout !

Le voile du Trône Divin s'étend sur nous et l'œil de Dieu nous regarde !

Grâce à Dieu, on ne peut rien contre nous !

Dieu est derrière eux et les cerne !

Le Coran illustre est gravé sur une Table bien conservée.

Dieu est le meilleur des gardiens, le plus miséricordieux de ceux qui font miséricorde !

Mon Maître est Dieu qui a révélé le Coran et protège les Saints !

Dieu me suffit ! Pas de divinité hormis Lui ! Il est le Maître du Trône Sublime ! Dieu me suffit ! Pas de divinité hormis Lui ! Il est le Maître du Trône Sublime !

Dieu me suffit ! Pas de divinité hormis Lui ! Il est le Maître du Trône Sublime !

De par le Nom de Dieu grâce auquel rien ne saurait nuire sur terre, ni dans le ciel. Il est le Clair-Audient, l'Omniscient !

De par le Nom de Dieu grâce auquel rien ne saurait nuire sur terre, ni dans le ciel. Il est le Clair-Audient, l'Omniscient !

De par le Nom de Dieu grâce auquel rien ne saurait nuire sur terre, ni dans le ciel.

Il est le Clair-Audient, l'Omniscient !

Il n'y a de force et de puissance que celles de Dieu, le Très-Haut, le Sublime !

Il n'y a de force et de puissance que celles de Dieu, le Très-Haut, le Sublime !

Il n'y a de force et de puissance que celles de Dieu, le Très-Haut, le Sublime ! »[97]

Pour assujettir les montures

Il consiste à assujettir les montures afin de pouvoir se déplacer en tout lieu ; à pouvoir assurer au jour le jour le pain quotidien et tout le nécessaire pour mener une vie saine, décente et paisible. Nous avons, ici, ce que l'on appelle « Miftâhu sûrati Yâ Sîn » (la clef de la sourate « Yâ Sîn »).

Le procédé consiste à faire le « Ta-'awwuz » suivi de la « Basmala », de la sourate « Al-Fâtiha » et de la sourate « An-Nâs ». Ensuite, on fait 108 fois ce verset : « Wa zallalnâhâ lahume, famine'hâ rakûbuhume, wa mine'hâ ya'akulûne ».

Et on termine la sourate «Yâ Sîn » en la faisant suivre de la « Salâtul Fâtihi », une fois et on dit : « Hadiyyatune li Nabiyyi, sallal- Lâhu 'alayhi wa sallam ; wa Sayyidunâ Chaykh, radiyal- Lâhu 'ane'hu wa 'annâ bihi âmine ».

Pour gagner l'amour

Il faut écrire ce tableau le Dimanche et on place le nom de la femme qui refuse d'aimer ou le nom de celle que l'on veut gagner l'amour ou encore le nom de celle que l'on veut aimer dans la partie vide du tableau que l'on enterre dans un endroit de son choix. Puis, on mentionne le nom et l'invocation. Alors, on trouvera tout ce que l'on désire par la grâce de Dieu. Mais avant d'entamer cette litanie, il convient de faire une aumône volontaire qui comprend 77 morceaux de pain et 4 colas dont

---

[97] Texte original et traduction de Amadou Makhtar SAMB, in « *Introduction à la Tarîqa Tijjâniyya* : Voie Spirituelle de Cheikh Ahmad Tijjâni », pp. 399 - 409.

deux rouges qui sont données au vieillard et deux blanches qui sont données à la vieille femme. Nous avons ici le tableau.

6	4	3	1
4	3	1	6
3	1	6	4
1	6	4	3

Faire suivre, 66 fois, ce Nom Divin Codé en chiffre :

> 300 10 20 2 9 10 300 10 5 10 300

Ensuite, on récite ces versets :

« Qulil- Lâhumma. Mâlikal mulki, tu'util mulka mane tachâ'u, wa tane'zi'ul mulka mimmane tachâ'u, wa tu-'izzu mane tachâ'u, wa tuzillu mane tachâ'u. Biyadikal khayru, innaka 'alâ kulli chaye'ine qadîrune. Tûlijul- layla fin- nahâr, wa tûlijun- nahâr fil- layli. Wa tukherijul hayya minal mayyiti, wa tukherijul mayyita minal hayyi. Wa tarzuqu mane tachâ'u bighayri hisâbine ».

قل اللهم مالك الملك تؤتي الملك من تشاء وتنزع الملك ممن تشاء وتعز من تشاء وتذل من تشاء بيدك الخير إنك على كل شيء قدير تولج

الليل في النهار وتولج النهار في الليل وتخرج الحي من الـميت وتخرج الـميت من الحي وترزق من تشاء بـغير حساب.

Pour la fortification corporelle

On écrit ce verset que l'on boit jusqu'à retrouver la force :

ولقد أضل منكم جبلا كثيرا

L'ésotérisme de la sourate « Al-Fatiha »

<u>1er procédé :</u>

Faire une rak'a dans laquelle on lit 100 fois la sourate « *Al-Fâtiha* ». Et lors de la génuflexion on la lit une fois ; en répétant 100 fois le verset : « Iyyâka na-'abudu wa iyyâka nasta-'îne », puis on termine la sourate. Et quand on se relève de la première prosternation, on la récite 100 fois. Ensuite, on fait la seconde prosternation où on la lit une fois sauf que l'on répète 100 fois : « Iyyâka na-'abudu wa iyyâka nasta-'îne », et enfin on termine la prière.

<u>2ème procédé :</u>

Il s'agit de faire 70 fois la formule : « Asetaghe firul- Lâhal 'Azîma allazî lâ ilâha illa Huwal Hayyul Qayyûm » ; 51 fois la « Salâtul Fâtihi » suivi de ces versets :

« Wa lane yaje –'alal- Lâhu lilkâfirîne 'alal mu'uminîne sabîlane ». « Wa iza qara'atal Qur'âna, ja-'alnâ baynaka wa bayna lazîna lâ yu'uminûne bil âkhira hijâbane mastûrane ». « Wa ja-'alnâ 'alâ qulûbihime akinnatane ane yafqahûhu wa fî âzânihime waqrane ». « Wa iza zakarta rabbaka fil Qur'âni wahdahû, wallaw 'alâ adbârihime nufûrane ». « Hal suwwibal kuffâru mâ kânû yafe-'alûne ». « Kamâ ya'isal kuffâru mine as'hâbil qubûr ». « Wal-Lâhu ya-'asimuka minan- nâs ». « Allâhumma salli 'alâ Sayyidinâ Muhammadine, wa âlihi, wa sahebihi, wa sallim taslîmane âmîne ». « Qullane yusîbanâ illâ mâ katabal- Lâhu lanâ, Huwa Mawlânâ, wa 'alal- Lâhi, fal yatawakkalil mu'uminûne ». « Qul hal tarabbasûna binâ illâ ihdal husnayayni, wa nahe'nu natarabbasu bikume ane yusîbakumul- Lâhu bi-

'azâbine mine 'indahû awe bi ayedînâ, fatarabbasû innâ ma-'akume mutarabbisûne ».

ولن يجعل الله للكافرين على المؤمنين سبيلا . وإذاقرأت القرآن جعلنا بينك وبين الذين لا يؤمنون بالآخرة حجابا مستورا. وجعلنا على قلوبهم أكنة أن يفقهوه وفي آذانهم وقرا. وإذا ذكرت ربك في القرآن وحده ولو على أدبارهم نفورا. هل ثوب الكفار ما كانوا يفعلون. كما يئس الكفار من أصحاب القبور. والله يعصمك من الناس. اللهم صل على سيدنا محمد وآله وصحبه وسلم تسليما. قل لن يصيبنا إلا ما كتب الله لنا هو مولانا وعلى الله فليتوكل المؤمنون. قل هل تربصون بنا إلا إحدى الحسنيين ونحن نتربص بكم أن يصيبكم الله بعذاب من عنده أو بأيدينا فتربصوا إنا معكم متربصون.

Y ajouter cette figure qui va clore l'invocation :

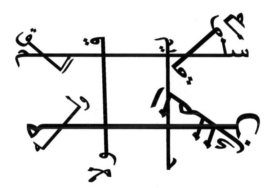

Ensuite, faire, matin et soir, 21 fois :

« Allâhumma salli 'alâ Sayyidinâ Muhammadine, wa 'ala âlihi, wa sahe'bihi, wa sallime taslîmane. Âmîne. Bismil- Lahi Rahmâne Rahîme. Wa sallal-Lâhu 'alâ Sayyidinâ, wa Mawlânâ Muhammadine, wa âlihi, wa sahe'bihi, wa sallim taslîmane. Âmîne. Salâtane taje-'aluha, yâ Allahu, dawâ'ane wa chifâ'ane mine kulli 'illatine, wa musîbatine, wa balâ'ine ».

اللهم صل على سيدنا محمد وعلى آله وصحبه وسلم تسليما آمين. بسم الله الرحمان الرحيم. وصلى الله على سيدنا ومولانا محمد وآله وصحبه وسلم تسليما آمين. صلاة تجعلها يا الله دواء وشفاء من كل علة ومصيبة وبلاء.

Bienfait relatif aux questions
d'honneur et de prestige

Il s'agit de chercher à se rendre maître de toute la créature au point que celle-ci se soumet, bon gré mal gré, à son vouloir et ce, grâce au Nom Sublime de Dieu.

Et pour cela, il convient de faire :
- 70 fois : « Asetaghe firul- Lâha » ;
- 70 fois : « Allâhumma salli 'alâ sayyidinâ Muhammadine, Rafî-'a darajât wa dûdine » ;
- 66 fois : « Allahu akbar Hayyune Qayyûmune ».

Ensuite, on récite la sourate de son choix. Puis, on se relève de la prosternation pour lire la même sourate 100 fois. Et c'est seulement après que l'on fait la salutation finale. Alors, on demande ce que l'on désire et le résultat est immédiat. Cette formule s'applique à tout moment et surtout aux moments des difficultés et des moments de crises de la vie. On formule l'intention avant de débuter cette prière bénie en considérant ses conditions de faisabilité consistant à l'accomplir dans la confidentialité jusqu'à la fin, qu'aucune autre préoccupation ne nous en détourne et que personne ne nous aperçoit. Et là, on sera en mesure de se voir répondu favorablement, grâce à la puissance et à la force de Dieu.

Pour l'acquisition de la subsistance

Il consiste à écrire et à boire cette invocation :

دخلت إليك دخول الأسود وعلوتك علوا كبيرا. أنا الماء وأنت النار أطفأتك بقدرة العزيز الجبار

مساء. بسم الله الرحمان دخلت إليكم دخول الأسود.

Celui qui utilise beaucoup le citron dans sa nourriture, son corps s'affaiblira, parce qu'utiliser ce citron affaiblit les nerfs et la personne sera démusclée. Et cette prise constante de citron entraînera des crachats intenses. De même, celui qui mange beaucoup le coing, sa peau aura des tâches creuses. Par contre, prendre beaucoup de lait renforce la force musculaire, conserve la santé. Le lait le plus recommandé, c'est le lait de la vache.

Pour combattre les passions corporelles

Le savant en Dieu dit : « Quiconque écrit ceci et le boit, Dieu préservera son intérieur des passions corporelles3.

العليم والحكيم والحليم والعظيم رحيم مهيمن عزيز سميع بصير لطيف حفيظ مقيت حسيب

جليل كريم رقيب مجيب مجيد شهيد متين حميد معيد محيي مميت قيوم بديع رشيد.

Et celui qui écrit 10 fois la lettre « ـي » sur un parchemin pur dès le début de la journée du Jeudi ou bien écrire, à la pace, le khatim de cette lettre dans un tableau de deux lignes et de cinq colonnes. Dieu lui fera répugner tous les interdits.

Concernant le terme « an-Nûr النور », je fais savoir que le terme « Nûr » est un Nom Majestueux et signifie « la Lumière ». Et s'il est écrit de la façon suivante : ن و ر (en séparant les lettres) 5 fois et l'attacher sur celui qui se plaint de tachycardie (pincement au niveau du cœur) ou des douleurs au niveau de l'estomac, Dieu dissipera sa douleur. Et si elles sont placées sur un endroit douloureux du corps, Dieu calmera cette douleur.

Chaque fois que quelqu'un s'engage sur une chose sans en voir une issue favorable ou qu'il emprunte une mauvaise voie, il peut répéter 250 fois ce nom « Yâ Nûr » ;

257

alors Dieu lui guidera vers le droit chemin et lui montrera l'exactitude sur toute chose.

Quant au nom divin « *Al-Bâsit* » (Celui qui élargit), si on le mentionne en vue d'élargir la subsistance et de dissiper les soucis, alors Dieu le maintiendra dans l'obéissance, lui allègera toute charge lourde, lui adoucira sa vie s'il sent ses biens restreints et lui accordera ses dons par des moyens sur lesquels il ne comptait pas. Le procédé de ce *zikr* consiste à le faire 4 heures par jour, pendant 4 jours. Agir ainsi pendant 72 jours de suite.

Par contre, si l'intéressé écrit les 5 premières lettres de l'alphabet arabe 9 fois sur un parchemin en répétant 5 fois la lettre « hâ [98] ». Ensuite, l'utiliser comme talisman. Dieu domptera en sa faveur les cœurs des tyrans qu'ils soient parmi les humains ou parmi les jinns. Il lui fera aimer les bonnes actions. Et quiconque les porte en soi, verra ses plaintes se dissiper et ses douleurs se calmer. Et celui qui boit l'eau contenant ces lettres, verra ses biens bénis et même sa personne et il n'aimera que le bien et il aura une paix intérieure.

Il est, en plus, possible de l'écrire le 9ème, ou le 18ème, ou encore le 27ème jour du mois. Et quiconque porte cette litanie sera quitte avec les méfaits des vermines. Mais, il est fortement recommandé à celui qui porte ce talisman de toujours garder la pureté. Alors celui qui l'écrit sur un pur parchemin qu'il place dans un endroit de la maison, Dieu lui facilitera toutes les voies d'accès qui mènent vers le succès. Cependant, s'il le place sous la tête au moment du sommeil, il verra le Prophète (PSL) en songe.

Pour la réalisation d'un vœu

Notre Vénéré, Ahmad Tijuana, démontre que celui qui est préoccupé par un cas tant important comme un bienfait qu'il veut avoir ou un mal qu'il veut repousser, qu'il lit ce verset : « Laysa lahâ mine dûnil- Lâhi kâchifatune » le nombre de fois égale à

---

[98] Il s'agit de ces lettres : أ ب ج د هـ. A chaque fois, répéter 5 fois la lettre هـ. Ce qui fera 45 هـ.

son nombre mystique à savoir : 1153[99] fois qu'il doit faire matin et soir pendant 10 jours. Seulement, après chaque phase[100], faire l'invocation qui suit ce verset :

« Allâhumma sakkine haybata sadamût qahramânil jabarût bi'altâfikal latîfatin nâzilatil wârida mine faydi faydânil malakût wa bin- nûril bâriq 'ane jalâli waje'hika, wa bighâmidi hikmatika hattâ tatasabbata bi'aze yâli lutfika mine sakhatika. Wa na-'atasimu bika mine inzâli qahrika, yâ Zal- quwwatil kâmila wal qudratis- châmila. Yâ Hayyu, yâ Qayyûm, yâ Badî-'a samâwât wal ard, yâ Zal jalâli wal ikrâm ».

اللهم سكن هيبة صدموت قهرمان الجبروت بألطافك اللطيفة النازلة الواردة من فيض فيضان الملكوت وبالنور البارق عن جلال وجهك وبغامض حكمتك حتى تتثبت بأذيال لطفك من سخطك ونعتصم بك من إنزال قهرك يا ذا القوة الكاملة والقدرة الشاملة يا حي يا قيوم يا بديع السماوات والأرض يا ذا الجلال والإكرام.

Il convient, en plus, d'être régulier dans la lecture du Verset du Trône que l'on fait 28 fois par jour avec l'intention d'être épargné de la crainte et de la perdition.

Contre la magie et les sortilèges

Si on veut guérir quelqu'un qui est atteint d'une maladie quelconque ou par la magie ou encore de tout ce qui nuit, on lui écrit, une fois, la sourate « Al-Fâtiha » qu'il boit et s'en laver, ensuite on lui récite 45 fois cette sourate suivie de 45 fois : « Lâ ilâha illal- Lâhu » et de 45 fois ce verset : « Wa ine minkume illa wâriduhâ. Kâna 'alâ Rabbika hatmane maqdiyyane ».

وإن منكم إلا واردها. كان على ربك حتما مقضيا

---

[99] C'est la valeur mystique de ce verset selon le calcul oriental. Il s'agit de ce verset ليس لها من دون الله كاشفة"

[100] C'est-à-dire après la 3ème lecture de ce verset ; après la 50ème lecture ; après la 100ème lecture. Et pour les 1000 fois restants, faire par phase de 100. Après chacune de ces différentes phases précitées, réciter l'invocation.

Ceci fait, on cherche le nombre mystique du nom du souffrant que l'on additionne avec le nombre mystique du Nom Allâh. Et avec le résultat de cette opération, on en fait le zikr de ce Nom Divin – Allâh – pendant des jours. Alors, l'esclave verra ses degrés augmenter, le souffrant sera guéri de sa maladie et le pervers sera transformé en un homme bon.

De même, celui qui sent une incapacité de parler ou une impuissance, il doit prendre de la fève (plante légumineuse dont on consomme les graines) et du sucre. Et là-dessus, on récite l'invocation et qu'il en mange et qu'il en boit. Il verra le nœud de sa langue se dénouer et son impuissance le quitter, par la volonté de Dieu.

De même, celui qui sent ces deux maux l'atteindre, on peut lui écrire ce verset :

إن الذين كانت أعينهم في غطاء عن ذكري وكانوا لايستطيعون سمعا

Et il doit bien arrondir les deux lettres « ط ». Dans le premier « ط », il y précise ce dont il a peur et dans le second « ط », il y inscrit son nom. Il le porte sous forme de talisman. Et il sera quitte avec ce qu'il redoute, par la volonté de Dieu.

Par contre, celui qui écrit ces noms dans une vase propre qu'il lave avec de l'eau et qu'il boit à jeun, Dieu lui préservera de tomber dans la désobéissance et de commettre des actes odieux. Il s'agit de ces noms :

عبد الله بن عروة — قاسم سعد بن بكر خارجة عثمان بن عفان التميم الداري عبد الرحمن بن عوف أبي بن كعب زيد بن ثابت معاذ بن جبل.

De même, celui qui écrit ces noms sur une feuille avec du safran ou avec du musc qu'il lave avec une grande quantité d'eau, puis il s'en lave tout en étant pur, Dieu lui préservera de toutes les formes de désobéissance.

Creusets de la Foi en Dieu

Nous avons, ici, les secrets mystiques de la Foi appelés les creusets de la Foi (asrârul imâne). On rapporte que celui qui les possède ne connaîtra pas une mauvaise fin.

Il s'agit d'écrire une fois la sourate « *Al-Fâtiha* » et 3 fois la « *Salâtul Fâtihi* » et une fois le verset : « *Âmanar- Rasûlu* [101] jusqu'à la fin de la sourate », suivi des versets 83 à 87 de la Sourate « *Al-An'âme* » [102]. Ensuite, on le donne à boire à l'enfant, il aura une foi douce, il sera éloquent, il aura pour compagnie les pieux.

Bienfaits de la sourate « Al-Wâqi'a »

(سورة الواقعة)

Nous en venons aux arcanes de cette sourate. Il consiste à lire cette Sourate. Et si on arrive au niveau des versets compris entre : « Fî sidrine mahkedûdine » et « Furuchine marfû-'atine »[103]. On les répète 40 fois avant de terminer la lecture de la sourate.

Bienfaits de la sourate « Al-Fatiha »

(سورة الفاتـحة)

Cet autre arcane se rapporte à la Sourate « Al-Fâtiha ». D'abord l'écrire en vocalisant ; puis l'écrire sans vocaliser ni mettre les points diatriques sur une feuille. Ensuite, mettre cette feuille dans un récipient d'eau non couvert (à ciel ouvert) que l'on laisse dehors durant toute la nuit. Au réveil, chauffer un peu cette eau et boire.

---

[101] Il s'agit de la sourate « Al-Baqara », les versets : 285-286.
[102] A partir de وتلك حجتنا آتيناها إبراهيم jusqu'à. وهديناهم إلى صراط مستقيم.
[103] Il s'agit de la sourate « Al-Wâqi-'a », les versets : 28 – 34.

Pour avoir accés aux portes du succès

Nous avons, en plus, un autre bienfait. Il s'agit d'écrire, le Samedi, 70 fois ce verset :

وإن شيء إلا عندنا خزائنه وما ننزله إلا بقدر معلوم

Suivi de 100 fois celui-ci :

ففهمناها سليمان وكلا آتينا حكما وعلما وسخرنا مع داوود الجبال يسبحن والطير وكنا فاعلين

Suivi de 114 fois : « يا جـامع » et de 124 fois : « يا معـيد ». Et le dimanche, on cuit, avec cette eau bénite assortie de ces versets avec la tête d'un mouton ou d'un agneau. Et on en mange le Lundi. Celui qui fait un tel procédé, Dieu lui ouvrira sans aucun doute les portes du succès.

Pour préserver ses bagages du vol

Utilité pour préserver ses bagages du vol lors du voyage.
* Il s'agit d'écrire, une fois : le « Verset du Trône » et une fois la sourate « Quraych », avec ce tableau suivant. Et dans la partie vide du tableau, on y mentionne les éléments qui composent les bagages. Ensuite, on place le talisman sur ses bagages. Voici ce tableau :

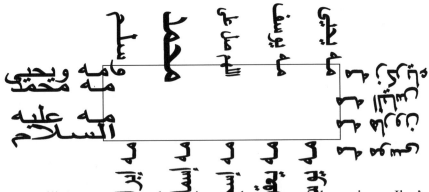

* Une autre utilité pour mettre la main sur le voleur à la maison. Il s'agit de reproduire le même talisman, en utilisant le tableau suivant, que l'on place dans la corne d'une chèvre et que l'on enterre dans la maison. Voici ce tableau :

فـككككككككككككككه كن

فعككككككع

ى

ى فيكون

* Une autre utilité pour mettre la main sur le voleur. Il s'agit d'écrire ce même talisman que l'on place dans la corne d'une chèvre et que l'on enterre à n'importe quel endroit de la maison. Si quelqu'un vous vole, il ne pourra bouger que lorsque ce talisman est extrait de l'endroit où il est enterré.

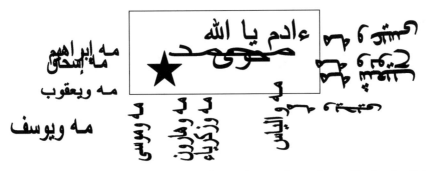

* Une autre utilité pour mettre la main sur le voleur. Il s'agit d'écrire cette figure suivante que l'on place dans la corne d'une chèvre et que l'on enterre à n'importe quel endroit de la maison :

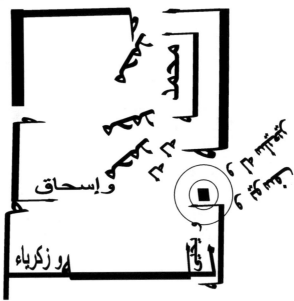

Pour la virilité lors du coït

* Une autre utilité relative au rapport sexuel. Il s'agit d'écrire cette figure que l'on lave dans un récipient, puis on y introduit un couteau chaud. Ensuite on en boit et on s'en baigne une seule fois. On aura une forte virilité lors des rapports sexuels. Voici cette figure :

* Celui qui désire avoir une grande quantité de sperme lors des rapports sexuels, qu'il écrive ces lettres agencées, ensuite qu'il les lave dans un récipient en y mettant un peu de l'huile de vache et en boire. Il aura beaucoup de sperme. Il s'agit de ces lettres :

لــككككككـع لـككككككـم لـككككككـع لـككككككـر لككككككع لـككككككـع

لـككككككـع

* Un autre bienfait relatif à la réponse favorable immédiate. Celui qui l'écrit puis le lave dans un récipient avec du lait, du miel et de l'oignon. Puis il s'en rince la bouche trois fois. Son invocation sera exaucée dans les minutes qui suivent. Mais, on ne l'utilise qu'après avoir eu 40 ans.

* Un bienfait utile pour se fortifier. Il s'agit d'écrire 30 fois ce verset :

"يـاأيهـا المزمـل قـم"

Et à la 30ème fois, écrire 7 fois le terme « قـم ». Puis, mélanger l'eau avec lequel cette litanie est lavée avec un peu de sable chaut extrait d'un mur. Ensuite, y ajouter un peu de riz et du sel que l'on bouillie, encore avec du gingembre. On verra, par la grâce de Dieu, la force s'intensifier en soi.

* Un autre secret relatif à la fille et à la femme qui ont du mal à être aimées pour être mariées. Ecrire le nom de la fille ou celui de la femme concernée, ainsi que ce verset : « أم أبرموا أمرا فإنا مبرمون » et placer cette feuille dans un œuf vide que l'on enterre à l'intérieur d'une tombe dont on ne connaît pas l'occupant, comme le montre cette figure (le rond représente l'œuf, les chiffres le nom de la concernée et l'endroit représente la tombe).

* Une autre utilité relative au désir de préserver la maison par le biais de 5 pierres. Sur chaque pierre, on récite le « *Hizbul Bahri* ». Puis, on enterre les 4 pierres dans les quatre coins de la maison et la cinquième est enfouie au beau milieu de la demeure.
* Toujours dans le souci de protéger sa demeure contre tout ce qui nuit et cause le malheur, nous avons un autre bienfait. Il s'agit de lire la sourate « *Yûsuf* » sur une peau de brebis offerte au sacrifice, ensuite d'y écrire toute la sourate. Creuse, par la suite, au milieu de la maison pour y enterrer cette peau en vue de garantir le bien-être et la prospérité au sein de la famille.

* De même, nous avons une autre forme de litanie pour protéger la demeure. Il consiste à lire toute la sourate « *Al-Baqara* » sur de la terre ou sur une pierre que l'on enfouie, ensuite, au milieu de la maison.

* Nous avons une autre forme de litanie pour protéger la demeure. Il s'agit de chercher 400 feuilles. Et sur chaque feuille, écrire là-dessus la « *Basmala* » une fois. Et enterrer par 100 feuilles avec un morceau de viande dans chacun des quatre coins qui composent la maison. Cependant, on écrit la sourate « *At-Takwîr* » sur une feuille d'orme (grand arbre à feuilles dentelées) que l'on enterre au milieu de la demeure.

* Nous avons, en plus, un autre bienfait en rapport avec la rognure d'ongles. En effet, celui qui rogne ses ongles le Vendredi, Dieu extraira en lui toute forme de maladie et lui fera pénétrer la guérison et le rétablissement. En outre, le fait de rogner les ongles le Vendredi fait partie de la Sunna et il constitue une pratique qui permettra d'éloigner la pauvreté.

Le Cheikh Abul Hasan Châzilî dit : « Mon maître et ami Abd Salâm m'a recommandé ceci : Ne te rends rend jamais vers où tu pourras désobéir à ton Seigneur. Ne tiens compagnie que celui qui implore, exclusivement, l'aide de Dieu, ne choisis jamais pour toi-même si ce n'est pour confirmer (augmenter) la certitude. Et chaque fois qu'une affaire venait à te détourner au point de t'occuper, reviens vite vers Dieu en écoutant ta conscience. Et sois certain que c'est Dieu seul qui octroie les bonnes choses et que c'est Lui seul qui peut éloigner le mal ».

Armature mystique contre
tout esprit maléfique

Nous avons, dans ce qui suit, une excellente protection contre tout ce qui nuit et cause l'adversité et la misère. Elle constitue une arme redoutable contre toute nuisance venant aussi bien des humains que des jinns. On l'écrit et on s'en lave à l'image d'une eau bénite, ou bien même, on peut l'écrire et le porter sur soi. Il s'agit de cette invocation que l'on écrit suivant le schéma suivant : après chaque sourate, reprendre le même verset.

Voici cette « arme » dont il s'agit :

- La sourate « *At-Tîne* » ;

« وإن يكاد الذين كفروا ليزلقونك بأبصارهم لما سمعوا الذكر » - « والله يعصمك من الناس »
ويقولون إنه لمجنون وما هو إلا ذكر للعالمين »

- La sourate « *An-Nâs* » ;

« وإن يكاد الذين كفروا ليزلقونك بأبصارهم لما سمعوا الذكر » - « والله يعصمك من الناس »
ويقولون إنه لمجنون وما هو إلا ذكر للعالمين »

- La sourate « *Al-Qadri* » ;

« وإن يكاد الذين كفروا ليزلقونك بأبصارهم لما سمعوا الذكر » - « والله يعصمك من الناس »
ويقولون إنه لمجنون وما هو إلا ذكر للعالمين »

- La sourate « *Al-Falaq* » ;

« وإن يكاد الذين كفروا ليزلقونك بأبصارهم لما سمعوا الذكر » - « والله يعصمك من الناس »
ويقولون إنه لمجنون وما هو إلا ذكر للعالمين »

- La sourate « *Al-Ikhlâs* » ;

« وإن يكاد الذين كفروا ليزلقونك بأبصارهم لما سمعوا الذكر » - « والله يعصمك من الناس »
ويقولون إنه لمجنون وما هو إلا ذكر للعالمين »

- La sourate « *Al-Masad* » ;

« وإن يكاد الذين كفروا ليزلقونك بأبصارهم لما سمعوا الذكر » - « والله يعصمك من الناس »
ويقولون إنه لمجنون وما هو إلا ذكر للعالمين »

- La sourate « *Nasrul- Lâhi* » ;

267

والله يعصمك من الناس » - « وإن يكاد الذين كفروا ليزلقونك بأبصارهم لما سمعوا الذكر
ويقولون إنه لمجنون وما هو إلا ذكر للعالمين »

- La sourate « *Al-Bayyina* » ;

والله يعصمك من الناس » - « وإن يكاد الذين كفروا ليزلقونك بأبصارهم لما سمعوا الذكر
ويقولون إنه لمجنون وما هو إلا ذكر للعالمين »

- La sourate « *Al-Kâfirûne* » ;

والله يعصمك من الناس » - « وإن يكاد الذين كفروا ليزلقونك بأبصارهم لما سمعوا الذكر
ويقولون إنه لمجنون وما هو إلا ذكر للعالمين »

- La sourate « *Az-Zulzila* » ;

والله يعصمك من الناس » - « وإن يكاد الذين كفروا ليزلقونك بأبصارهم لما سمعوا الذكر
ويقولون إنه لمجنون وما هو إلا ذكر للعالمين »

- La sourate « *Al-'Âdiyât* » ;

والله يعصمك من الناس » - « وإن يكاد الذين كفروا ليزلقونك بأبصارهم لما سمعوا الذكر
ويقولون إنه لمجنون وما هو إلا ذكر للعالمين »

- La sourate « *Al-Mâ-'ûne* » ;

والله يعصمك من الناس » - « وإن يكاد الذين كفروا ليزلقونك بأبصارهم لما سمعوا الذكر
ويقولون إنه لمجنون وما هو إلا ذكر للعالمين »

- La sourate « *Al-Qâri-'a* » ;

والله يعصمك من الناس » - « وإن يكاد الذين كفروا ليزلقونك بأبصارهم لما سمعوا الذكر
ويقولون إنه لمجنون وما هو إلا ذكر للعالمين »

- La sourate « *At-Takâsur* » ;

والله يعصمك من الناس » - « وإن يكاد الذين كفروا ليزلقونك بأبصارهم لما سمعوا الذكر
ويقولون إنه لمجنون وما هو إلا ذكر للعالمين »

- La sourate « *Quraych* » ;

والله يعصمك من الناس » - « وإن يكاد الذين كفروا ليزلقونك بأبصارهم لما سمعوا الذكر
ويقولون إنه لمجنون وما هو إلا ذكر للعالمين »

- La sourate « *Al-'Asri* » ;

والله يعصمك من الناس » - « وإن يكاد الذين كفروا ليزلقونك بأبصارهم لما سمعوا الذكر
ويقولون إنه لمجنون وما هو إلا ذكر للعالمين »

- La sourate « *Al-Humazati* » ;

والله يعصمك من الناس » ـ « وإن يكاد الذين كفروا ليزلقونك بأبصارهم لما سمعوا الذكر
ويقولون إنه لمجنون وما هو إلا ذكر للعالمين »

- La sourate « *Al-Fîl* » ;

والله يعصمك من الناس » ـ « وإن يكاد الذين كفروا ليزلقونك بأبصارهم لما سمعوا الذكر
ويقولون إنه لمجنون وما هو إلا ذكر للعالمين »

*Que Dieu nous raffermis le pas afin de pouvoir se conformer à ses exigences, et
qu'Il nous fait comprendre les secrets de ses nobles noms.
Que la paix et le salut de Dieu soient sur le Prophète Muhammad, sur sa famille et
sur ses compagnons.*

Rappel important

Il convient de savoir que le fondement premier de la science et du secret du cosmos
réside dans le lexème « *al-ikhlâs* ». N'est-il pas évident de remarquer que le pont
qui lie entre le Nom de Dieu par excellence et le nom du Prophète (PSL) est traduit
par la jonction des deux lettres « hâ » et « mîm ». Par exemple, l'expression « Lâ
ilâha illal- Lâ**h M**uhammadur- Rasûlul- Lâhi » en constitue une preuve patente.
Considérée sous l'angle du dénombrement, force est de noter que le chiffre
mystique de cette expression est le même que celui de l'expression « abînâ Âdama
wa umminâ Hawwa'a » qui constituent la source de l'humanité.

De même, il serait utile de considérer la formule du « Musallas Tab-'iyyi » (le triplé
inné). En fait, celui qui sait d'une connaissance certaine la réalité du « Musallas »,
sait, du coup, le Nom de Dieu le plus grand (ismul- Lâhil a-'azam). Il convient de
savoir que la réalité de cette connaissance réside dans les 28 lettres de l'alphabet
arabe y compris le Nom de Dieu le plus grand (*ismul- Lâhil a-'azam*). Nous
reviendrons sur cette question où nous mettrons en exergue ses caractères
mystiques en corrélation avec le Coran en montrant que ni la Thora (At-Tawrât) ni
l'Evangile (Al-Injîl) encore moins les Psaumes de David (Az-Zabûr) n'ont reçu
cette sorte de connaissance. Ne peut-on pas constater que seule la prière aurait suffit
pour étayer cette thèse. En effet, Dieu dit : « **Nous t'avons certes donné « les sept**

versets que l'on répète », ainsi que le Coran sublime »[104]. Donc, les « sept répétés » constituent la mère du Coran (ummul Qur'ân), c'est-à-dire la sourate « Al-Fâtiha » dont la seule lecture signifie la lecture du Nom de Dieu le plus grand (ismul- Lâhil a-'azam). Car, elle renferme en son sein le Nom de Dieu, par essence. *Que Dieu nous montre la droiture et nous garantie la paix.*

Ainsi donc, les esprits endormis sont dans une insouciance continuelle ; tandis que les gens de la vérité veillent la nuit pour prier Dieu dans la ferveur et pour méditer sur sa grandeur.

Arcane relative à la sourate « Yâ-Sîn »

Il est utile de faire cette litanie relative à la sourate « Yâ-sîn » selon ce procédé :
- 100 fois « Asetaghe firul- Lâhal 'azîma allazî lâ ilâha illâ huwal Hayyul Qayyûm ; wa atûbu ilayhi » ;
- 27 fois la « *Salâtul Fâtihi* ».
Ensuite, on lit la sourate « Yâ Sin » selon ce procédé :
- Lire 7 fois « Yâ Sin. Wal Qur'ânil Hakîm », après on continue la lecture. Arrivé au niveau du 1er terme « *Mubîne* », on dit : « Allâhumma yâ mane nûruhu fî sirrihi, wa sirruhu fî nûri khalqihi 'ane akhfâhu 'ane a-'ayunin nâzirîne, wa qulûbil hâsidîne wal bâghîna ».

اللهم يا من نوره في سره وسره في نور خلقه عن أخفاه عن أعين الناظرين وقلوب الحاسدين والباغين.

- Ceci fait, on reprend la lecture de la sourate depuis son début jusqu'au niveau du 2nd « *Mubîne* » en une seule lecture. Et à ce niveau, on fait 135 fois : « Wah'faznî fi mâ atlubuhu fi banî Âdama wa banâtihi, khâssatane fulânune. Innaka alâ kulli chaye'ine qadîrune ».

واحفظني في ما أطلبه في بني آدم وبناته خاصة فلان إنك على كل شيء قدير.

---

[104] Sourate : Al-Hijr ; verset : 87.

270

- Puis on continue la lecture jusqu'au 3ème « *Mubîne* » où on fera 313 fois cette invocation : « Waje alnî minal mukramîne. Allâhumma akrimnî bi qadâ'i hawâ'ijî ».

واجعلني من الـمكرمـين اللهم أكرمنـي بقضاء حوائجـي.

- Ensuite, on poursuit la lecture jusqu'au niveau du 4ème « *Mubîne* » que l'on répète 6 fois, puis on expose ses besoins. Et par la suite, on fait 140 fois : « Zâlika taqdîrul 'Azîzil 'Alîm », suivi de 150 fois : « Allâhumma innî as'aluka mine fadlikal wâsi-'in nâfi-'i ane tughe niyanî 'ane jamî-'i khalqika biqadâ'i hawâ'ijî fi sirrine tâmmine ».

اللهم إني أسألك من فضلك الواسع النافع أن تغنيني عن جميع خلقك بقضاء حوائجي في سر تام.

- Après on poursuit la lecture jusqu'au 5ème « *Mubîne* » que l'on répète 19 fois, suivi de 99 fois « Salâmune qawlane mine Rabbine Rahîmine ». Puis, on fait 19 fois : « Allâhumma sallimnâ mine âfâti dunyâ wa fitnatahâ ».

اللهم سلمنا من آفـات الـدنـــيا وفـتـنـتـها.

- Après on poursuit la lecture jusqu'au niveau du 6ème « *Mubîne* » que l'on répète 21 fois. Ensuite, on récite une seule fois : « Awa laysallazî khalaqa samâwât wal arda biqâdirine 'alâ ane yakhe'luqa mislahume. Balâ, qâdirune 'alâ ane taf-'ala bi kazâ wa kazâ ». Et ici, on précise 3 fois le besoin.

- Et on continue la lecture jusqu'au niveau du 7ème « *Mubîne* », ensuite on fait 7 fois cette invocation : « Allâhumma ultuf bi, fa innaka bî basîrune. Walâ tu-'azzibnî, fa innaka bî qadîrune. Wa dabbir li, fa innî lâ ahsinu tadbîra. Wa khuze biyadî ilayka. Waghe firlî, wa tar'hamenî, waje-'allî mine amri yusrane, farajane wa mahkerajane. Wa ane talqa mahabbati, wa tâ-'atî, wa ijelâlî, wa ikrâmî fi qulûbil khâssati wal 'âmati kamâ alqayta al-wahya fi qalbi Nabiyyika Muhammadine, sallal- Lâhu alay'hi wa sallam. Waje-'ale icheti yâqihime, wahe tirâmihime ilâ liqâ'î. Wâsiq ilayyal arzâqa al-halâla tayyibal wâsi-'a, wal-amwâlal jazîla, wal-jamâ-'atin nâfi-'atit tâ'i-'ati mine kulli nawâhine wa makânine. Innaka Waliyyune zâlika wal-Qadiru 'alay'hi ».

اللهم الطف بي فإنك بـي بصير ولا تعذبني فإنك بـي قدير ودبر لـي فإني لا أحسن التدبير وخذ بيدي إليك واغفر لـي وترحمني واجعل لـي من أمري فرجا ومخرجا وأن تلق محبتي وطاعتـي وإجلالـي وإكرامـي في قلوب الخاصة والعامة كما ألقيت الوحي في قلب نبيك محمد صلى الله عليه وسلم واجعل اشتياقـهم واحترامـهم إلى لقائي واسق إلي الأرزاق الحلال الطيب الواسع والأموال الجزيل والجماعة النافعة الطائعة من كل نواح ومكان إنك ولي ذلك والقادر عليه.

- Et par la suite, on continue la sourate jusqu'au verset : « Innamâ amruhu izâ arâda chaye'ane ane yaqûla lahu : « *kune* » fayakûne » et on répète ce verset 14 fois. Après, on fait 17 fois : « Allâhumma anta ajewadu mine kulli jawâdine, wa akramu mine kulli karîmine, wa altafu mine kulli latîfine. Akrimnî waltuf bî biqadâ'i hâjatî hazihi 'alâ fulânine ibn fulâna ».

اللهم أنت أجود من كل جواد واكرام من كل كريم والطف من كل لطيف أكرمني وألطف بي بقضاء حاجتي هذه على فلان بن فلانة.

- Enfin, on termine la sourate en lisant une seule fois : « Fasub'hâna lazî biyadihi malakûtu kulli chaye'ine, wa ilay'hi turja-'ûne ».
    - Puis, on fait 222 fois : « Yâ Birru, yâ Wadûdu ».
    - 10 fois la « *Salâtul Fâtihi* ».

Que la paix et le salut de Dieu soient sur Notre Prophète Muhammad, sur sa famille et sur ses compagnons.

Litanie se rapportant au Nom Sublime de Dieu

Il s'agit du nom qui est assorti du nom de la mère de Mûsâ. Il consiste de prier deux rak'a. Dans la première, réciter une fois la sourate « *Al-Fâtiha* » et une fois la sourate « *Alam Nachrah* ». Dans la deuxième, réciter une fois la sourate « *Al-Fâtiha* » et une fois la sourate « *Al-Qadr* ».

Après le salut final, on fait :

- 100 fois la formule : « Astaghe firul- Lâha » ;
- 1200 fois la « Salâtul Fâtihi » ;
- 277 fois le nom après chaque prière obligatoire durant quatorze jours.

Puis on fait 100 fois : « Ajib ! Yâ Za-'arâyâ'îl أجب ياز عرايائيل »
- 100 fois « Wa anta, Yâ Za-'arâtîche وأنت يا ز عر طيش »
- suivi du Nom Divin codé en chiffre [105] :

1 5 9 40 300 100 20 8 30 70 10 30 60

* Pour bénéficier de l'ouverture, faire 2222 fois ce Nom. Alors, l'abondance surgir de partout.
* Une autre utilité relative à la sourate « *Al-Fâtiha* » consistant à la lire 7 fois ; 21 fois la sourate « *Quarych* » et 3 fois le « *Hizbul Bahri* » pour un quelconque besoin verra sa satisfaction résolue, par la grâce de Dieu.

A propos de la prière sur le Saint Prophète (PSL)

L'auteur de Rawdatu nasrîne روضة النسرين a démontré à travers ces vers l'importance capitale de la prière sur le Prophète. Effectivement, il a dit :

«*Prier beaucoup sur le Prophète illumine*
Le cœur du priant qui n'y aura aucun doute.
Dans cette prière, les hommes ont des degrés différents.
Chacun aura un degré égal à sa prière.
Certains tentent de l'imaginer dans leurs esprits
Après une profonde et mûre méditation.
Les moyens gradés parmi les hommes de Dieu le voient en sommeil ;
Alors que les plus gradés le voient quand ils sont seuls.
Parfois, le priant dépasse en grade les pieux prédécesseurs.
Il voit parfaitement le Prophète.
S'il est possible de voir le Prophète en sommeil ;
Le voir en état d'éveil octroie un grade qui dépasse la hauteur de la poussière
Quiconque le voit avec les yeux ouverts
Dans le monde sensible obtiendra ce qu'il veut ».

---

[105] Contacter l'auteur de cet ouvrage pour décoder ces chiffres.

Le même auteur, dans son commentaire de ces vers, démontre que certains Saints voient en état de veille l'esprit du Prophète (PSL) qui prend la forme de sa physionomie bénie. Les plus gradés en Dieu (ahlul maqâmil a'alâ) voient la réalité de son Essence Sublime comme s'ils vivaient avec lui ici-bas.

Le même auteur montre, par ailleurs, que la prière sur le Prophète (PSL) aide le saint à se rapprocher du Prophète (PSL). Avec cette prière, il peut le croiser en état de veille. Et cela lui servira de garantie d'être sécurisé des attaques des mal intentionnés. Mais, avant que ce saint ait rencontré le Prophète (PSL) en état de veille, il a toujours peur d'être « vidé spirituellement ». Que Dieu nous en préserve !

Il est même prouvé que le fait de le voir avec ses yeux dans le monde concret, le fait de se ressourcer auprès de lui, de s'éclaircir auprès de lui, de le consulter avant de prendre une décision, suffit pour confirmer qu'il est parmi les honorés par Dieu pour ne pas dire les Saints. Ces derniers ont reçu la permission de pouvoir quitter leurs tombes et de s'envoler à travers les mondes célestes comme terrestres.

Arcane pour bénir l'enfant conçu

Il convient d'écrire ces versets après la « *Basmala* » et la « *Salâtu 'alan–Nabiyyi* » :

ولو أرادوا الخروج لأعدوا له عدة ولكن كره الله انبعاثهم فثبتهم وقيل اقعدوا مع القاعدين وتحسبهم أيقاظا وهم رقود.

Ecrire ces versets tout autour de ce tableau :

ع	ن	ا	م
ن	ا	م	ع
ا	م	ع	ن
م	ع	ن	ا

Ensuite donner à la femme enceinte pour qu'elle le place dans son trousseau qu'il met dans son vêtement pendant 3 jours. Puis, qu'elle le garde et l'attache au niveau de sa ceinture. Et si elle veut accoucher, enlever le talisman de sa ceinture et le dissoudre dans de l'eau et la donner à boire. Ce qu'il engendrera sera un être béni.

Litanie pour la protection contre
les méfaits des jinns et des humains

Il s'agit d'écrire ces versets que voici :

ولا يئوده حفظهما وهو العلي العظيم * ويرسل عليكم حفظة ولا تضرونه شيئا إن ربي على كل شيء حفيظ * فالله خير حفظا وهو أرحم الراحمين * له معقبات من بين يديه ومن خلفه يحفظونه من أمر الله * وجعلنا السماء سقفا محفوظا * وحفظناها من كل شيطان رجيم * وحفظا ذلك تقدير العزيز العليم * وربك على كل شيء حفيظ * الله حفيظ عليهم وما أنت عليهم بوكيل * قد علمنا ما تنقص الأرض منهم وعندنا كتاب حفيظ * والله من ورائهم محيط بل هو قرآن مجيد في لوح محفوظ * إن كل نفس لما عليها حافظ * اللهم يا حافظ لا ينسى. ويا من نعمته لا تحصى. ويا من له الأسماء الحسنى والصفات العليا. أسألك بجاه نبيك محمد صلى الله عليه وسلم أن تحفظ حامل هذا بما حفظت به الذكر. فإنك قلت وقولك الحق إنا نحن نزلنا الذكر وإنا له لحافظون. ولا حول ولا قوة إلا بالله العلي العظيم. قوله الحق وله الملك.

Ensuite, on écrit les six versets relatifs à la guérison :

ويشف صدور قوم مؤمنين ويذهب غيظ قلوبهم * ياأيها الناس قد جاءتكم موعظة من ربكم وشفاء لما في الصدور وهدى ورحمة للمؤمنين * يخرج من بطونها شراب مختلف ألوانه فيه شفاء للناس * وننزل من القرآن ما هو شفاء ورحمة للمؤمنين * الذي خلقني فهو يهديني والذي هو يطعمني ويسقين وإذا مرضت فهو يشفين * قل هو للذين آمنوا هدى وشفاء * اللهم صل على سيدنا محمد وسلم.

275

Invocation pour rattraper

le temps perdu en actes cultuels

On rapporte que celui qui prie, juste après la prière du Vendredi et un peu avant la prière du soir, 4 rak'a avec un seul salut final selon cette formule de récitation : dans chaque rak'a, réciter une fois la sourate « *Al-Fâtiha* », une fois le Verset du Trône et 15 fois la sourate « *Al-Kawsara* ». Au moment de faire la « *takbiratul ihrâm* (le fait de dire : Allahu akbar) », dire : « Nawaytu ane usalliya arba-'a raka-'ât takfirul qadâ'i mâ fâta minnî fi jamî-'i 'umrî fî salâtil fardi mutawajjihane al-qiblata. Allahu akbar ».

نويت أن أصلي أربع ركعات تكفير القضاء ما فات مني في جميع عمري في صلاة الفرض متوجها القبلة. الله أكبر.

Et après la prière, faret une fois « Astaghe firul- Lâha » suivi de 100 fois la « Salâtul Fâtihi ».

Puis, faire cette invocation : « Bismil- Lâhi Rahmâni Rahîm. Yâ sâbiqal fawti, wayâ sâmi-'a sawti, wayâ muhyil 'izâm ba-'adal mawti, salli 'alâ Sayyidinâ Muhammadine wa âli Sayyidinâ Muhammadine. Waje 'allî farajane wa makherajane mimmâ ana fihi ; fa'innaka ta-'alamu walâ na-'alam. Tuqaddir, wa ana lâ uqaddir. Wa anta 'allâmul ghuyûb, yâ wâhibal 'atâyâ, wayâ ghâfiral khatâyâ, yâ subbûhune quddûsune, Rabbunâ wa Rabbul malâ'ikati war-rûh, yâ ghaffâra zunûb, yâ zal jalâl wal ikrâm. Wa sallal- Lâhu 'alâ Sayyidinâ Muhammadine wa âlihi wa sahe'bihi wa sallim taslîmane ».

بسم الله الرحمان الرحيم اللهم يا سابق الفوت ويا سامع الصوت ويا محي العظام بعد الموت صل على سيدنا محمد وآل سيدنا محمد واجعل لي فرجا ومخرجا مما أنا فيه فإنك تعلم ولا نعلم تقدر وأنا لا أقدر وأنت علام الغيوب يا واهب العطايا ويا غافر الخطايا يا سبوح قدوس ربنا

276

ورب الـملائكة والروح يا غفار الذنوب يا ذا الجلال والإكرام وصلى الله
على سيدنا محمد وآله وصحبه وسلم تسليما آمـيـن.

Les mérites de la sourate « Al-Kawsar »

Parmi les mérites du Coran selon Ja-'afar Sâdiq, nous notons ceci : « Celui qui récite 1000 fois la sourate « *Al-Kawsara* » durant la nuit du Vendredi après avoir accompli une prière surérogatoire, verra, sans aucun doute, le Prophète Muhammad (PSL).

Selon certains érudits en Islam, il convient d'abord de prier deux rak'a après celle du coucher du soleil. Dans chaque rak'a, réciter une fois la sourate « *Al-Fâtiha* » et 7 fois la sourate « *Al-Ikhlâs* ».
Après le salut final, faire :
- 7 fois : « Sube'hânal- Lahi, wal-hamadul- Lâhi, walâ ilâha illal- Lahu, wal- Lahu akbar »,
- 7 fois la « Salâtu 'alan- Nabiyyi » selon cette formule « Allâhumma salli 'alâ Nabiyyil Umiyyi Muhammadine wa âlihi wa sahe'bihi wa sallim »,
- 7 fois « *Yâ Hayyu yâ Qayyûm* »,

Répéter cette série jusqu'à l'entrée de l'heure de la prière du soir (salâtul 'ichâ'i). A la fin de cette dernière prière, faire 1000 fois « Sallal- Lahu 'alâ Muhammadine Nabiyyil Umiyyi » et puis se coucher sur le côté droit tout en continuant à faire cette prière jusqu'à ce que l'on soit endormi. Alors, de façon certaine et évidente, on sera en mesure de voir le Prophète Muahammad (PSL).

Aspect ésotérique de la Salatul Fatihi

Ce Nom Divin codé en chiffre [106] constituent le côté mystique ou ésotérique de la « Salâtul Fâtih » afin de pouvoir rendre visite le Prophète Muhammad (PSL). Il

---

[106] Il s'agit de ces chiffres : **5 40 100 20 8 30 70 10 9 50**. Pour décoder ce Nom Divin, veuillez contacter l'auteur de cet ouvrage, Hammadi Ba.

faut, en outre, répéter la « *Salâtul Fâtihi* » le nombre de fois égal au nombre mystique du nom de Dieu le plus grand (ismul- Lâhul a-'azam) à savoir 332 fois.

Prière surérogatoire réservée
à la nuit du vendredi

La manière d'accomplir la prière surérogatoire durant la nuit du vendredi consiste à faire 4 raka'a.

Dans la 1ère, réciter une fois la sourate « *Al-Fâtiha* » et 3 fois la sourate « *Al-Qadr* ». Dans la 2ème, réciter une fois la sourate « *Al-Fâtiha* » et 3 fois la sourate « *Al-Zulzila* ». Dans la 3ème, réciter une fois la sourate « *Al-Fâtiha* » et 3 fois la sourate « *Al-Kâfirûne* ». Et dans la 4ème, réciter une fois la sourate « *Al-Fâtiha* » et 3 fois la sourate « *Al-Ikhlâs* » suivi d'une fois les sourates « *Al-Falaq* » et « *An-Nâs* ». Et on termine la prière sanctionnée par le salut final. Ensuite, tout en restant dans cette position on fait 1000 fois « Allâhumma salli 'alan Nabiyyil Umiyyi Muhammadine ». Celui qui fait cette forme de prière, verra en sommeil le Prophète (PSL) soit durant ce vendredi, ou le vendredi suivant ou encore durant le 3ème vendredi.

Spécificités de la sourate « Al-Fil »

Celui qui la récite 1000 fois durant la nuit de n'importe quel jour, puis il fait 1000 fois la « Salâtu 'alan Nabiyyi » verra le Prophète (PSL). De même, celui qui l'écrit et le porte sur soi aura une protection parfaite contre les ennemis et Dieu lui donnera victoire sur eux.

Par ailleurs, celui qui a un besoin très sérieux, qu'il fait cette litanie :
* 1 fois la sourate « *Al-Fâtiha* » ;
* 100 fois « *Astaghe firul- Lâha* » ;
* 100 fois la « *Salâtul Fâtihi* » ;

* 100 fois « *Yâ Latîf* » ;
* 100 fois « *Al-hamdullil- Lâh* » ;
* 100 fois « *Yâ Fattâh* »
* 100 fois « *Lâ ilâha illal- Lâhu* ».

Ensuite, qu'il précise son besoin qu'il désire satisfaire ici-bas et dans l'au-delà. Alors, il sera répondu très favorablement par la grâce de Dieu.

Litanie protectrice en cours de voyage

Il s'agit d'une invocation protectrice contre les brigands et les bêtes féroces en cours de voyage. Il consiste à écrire 40 fois la sourate « *Yâ-Sîn* » avec les noms des quatre Anges que sont : Djibril, Mîkâ'îl, Isrâfîl et Izrâ'îl. C'est là, une protection des plus efficaces.

De même ; pour celui qui est souvent gagné par la crainte durant la nuit, qu'il soit homme, femme ou enfant. Lui écrire la Sourate « *Al-Muzammil* » suivi de 10 fois, les noms de la lune que sont :

لياخم ـ لياالغوليا فور   لياروش   لياروع   لياروش   لياشلش.

Celui qui les porte en soi aura la sérénité et la quiétude durant la nuit.

Pour ramener un être cher et

gagner l'affection des autres

Cette invocation est relative au fait de vouloir ramener un être absent ou au fait de s'attirer vers soi l'amour et l'affection des gens. Il s'agit d'écrire :
1056 fois «

يا بني إنها إن تك مثقال حبة من خردل فتكن في صخرة أو في السماوات أو في الأرض يأت

« بها الله

- 678 fois « إنه على رجعه لقادر »

- 1244 fois « إنك جامع الناس ليوم لا ريب فيه »

- 2629 fois « قل يجمع بيننا ربنا ثم يفتح بيننا بالحق وهو الفتاح العليم ».

Préciser ensuite le désir en mentionnant le nom de l'être absent ou des êtres que l'on veut gagner leur affection dans le « Musallas ». Ceci fait, l'être reviendra sûrement, par la grâce de Dieu, même s'il était dans un lieu lointain.

Le rang élevé du Saint Prophète (PSL)

Certains écrits authentiques rapportent que lorsque Dieu créa Adam et qu'il lui eut ouvert les yeux, il a aperçu au niveau du Trône le terme « Muhammad » (محمد) mentionné sur les pavillons du Trône.

Etonné, il dit : « *Mon Seigneur ! Est-ce que quelqu'un est plus important à Tes yeux que moi ?* » Dieu répondit : « *Effectivement. Ce nom c'est celui de Mon Prophète qui sera parmi ta descendance et qui aura plus de considération que toi à Mes yeux. Ne sais-tu pas que sans lui, Je n'aurais pas créé les cieux, la terre, le Paradis et l'Enfer* ».

Et quand Dieu créa Hawwâ' (Eve) à partir des flancs d'Adam, ce dernier leva les yeux et aperçut une créature extraordinaire. Et Dieu fit que le plaisir sensuel le gagna. Alors, il dit : « Mon Seigneur ! Qui est cette créature ? ». Dieu répondit : « C'est Hawwâ' ». Il fit état de son désir en disant : « Fasse que je l'épouse, mon Seigneur ». Dieu lui dit : « As-tu sa dot ? ». Il demanda : « Quelle est la valeur de sa dote ? ». Dieu lui précisa : « Sa dote consiste à ce que tu pries 10 fois sur le détenteur de ce nom que tu as vu mentionné sur les pavillons du Trône ». Adam dit : « Et si je fais cela, serais-je en mesure de l'épouser ? ». Dieu dit : « Oui, pries 10 fois sur Muhammad et cette prière sera ta dote et elle sera, légalement, ton épouse ».

280

Et selon d'autres versions authentiques comme celles de Wahab Ibn Manbaha, lorsque Dieu a créé Adama et qu'il lui eut insufflé de son Esprit, il ouvrit les yeux et regarda vers la porte du Paradis. Et sur le champ, il vit bien écrit l'expression « LA ILAHA ILLAL- LAHU ! MUHAMMADUR- RASULUL- LAHI ». Alors, il dit : « Mon Seigneur ! As-tu créé une créature plus noble que moi ? ». Dieu lui dit : « Oui ! Sache qu'un Prophète figure parmi ta descendance et c'est à cause de lui que j'ai créé le Paradis et l'Enfer ». Et quand par la suite, Dieu créa Hawwâ', il constata que c'est là une créature extraordinaire vers laquelle il commença à avoir des penchants amoureux. Il dit : « Mon Seigneur ! Qui est cette créature ? ». Dieu répondit : « C'est Hawwâ' ». Il dit : « Dieu, je demande sa main ». Dieu dit : « Apporte sa dote ». Il demanda : « Quelle est sa dote ? ». Dieu précisa : « Sa dote se résume à ce que tu pries 10 fois sur Muhammad ». Il dit : « Si je le fais, l'aurais-je comme épouse ? ». Dieu dit : « Oui, en effet, si tu le fais, alors tu auras apporté sa dote ».

Contre l'hostilité et la rancune

Cette invocation tend à dissiper toute forme d'hostilité et de rancune qui s'interposerait entre les humains. Si quelqu'un sent cette hostilité à son égard, il doit réciter 73 fois « Atfa'atu ghadaba nâsi 'annî wa 'adâwatihime bilâ ilâha illal-Lâhu. Wastajalabtu limahabbatihime wa mawaddatihime bi Muhammadur- Rasûlil-Lâhi ».

أطفأت غضب الناس عني وعداوتـهم بلا إلـه إلا الله. واستجلبت لـمحبتـهم مودتـهم بـمحمد رسول الله.

Méthode pour se rendre au mausolée béni

Concernant la manière d'accomplir la ziara au niveau du mausolée du Prophète (PSL) selon la pratique tijjânî, il s'agit de faire ce qui suit :
- une fois la sourate « *Al-Fâtiha* »
- 313 fois « *Astaghe firul- Lâha* »
- 129 fois la sourate « *Al-Fâtiha* »
- 700 fois la « *Salâtul Fâtihi* »
- 44 fois la « *Jaw'haratul Kamâl* »

Il est également possible de faire ce qui suit :

- 1200 fois « *Astaghe firul- Lâha* »
- 1200 fois la « *Salâtul Fâtihi* »
- 1200 fois « *Lâ ilâha illal- Lâhu* »

De même, il est possible de faire cet autre procédé :
- 360 fois « *Astaghe firul- Lâhal 'Azîm, allazi lâ ilâha illâ Huwal Hayyul Qayyûm* »
- 600 fois la « *Salâtul Fâtihi* »
- 1200 fois « *Lâ ilâha illal- Lâhu* »
- 144 fois la « *Jaw'haratul Kamâl* ».

Le poids mystique de la lettre

« ba » (ب) dans la Basmala

Le grand érudit Nasfî montre dans son commentaire que les Livres célestes sont au nombre de 104 répartis comme suit :
* 60 Feuillets sur le Prophète Chîsa
* 30 Feuillets sur le Prophète Ibrâhîm
* 10 Feuillets sur le Prophète Mûsâ avant la venue de la Tawrât (Thora)
* 4 Livres célestes à savoir : la « *Tawrât* » (Thora) ; l'« *Injîl* » (l'Evangile) ; le « *Zabûr* » (les Psaumes de David) et le « *Furqân* » (le Coran).

De même, le sens global de tous ces Livres se trouve condensé dans la sourate « *Al-Fâtiha* ». Et le sens global de toute cette sourate est inclus dans la « *Basmala* » qui voit tout son contenu intériorisé dans la lettre « Ba » (ب). Et cette lettre présente le sens de « Par Moi (بي), ce qui a été, a effectivement été. Et par Moi (بي) sera ce qui devra être ».

Certains savants autres que Nasfî montrent que le sens de cette lettre « Ba » (ب) est caché dans son point diatrique.

D'autres savants ont démontré que Qutbul Bakrî a parlé au sujet de ce point diatrique dans plus de 2000 séances (ou conférences), et ce durant 14 ans. Mais, à chaque fois, il constate que la portée de cette lettre est encore plus profonde. Cette évidence est confirmée par ce verset coranique où Dieu démontre : « **Quand bien même tous les arbres de la terre se changeraient en calames (plumes pour écrire), quand bien même l'océan serait un océan d'encre où conflueraient sept**

autres océans, les paroles d'Allah ne s'épuiseraient pas. Car Allah est Puissant et Sage »[107].

Alors, la lettre « ﺏ » a eu le dessus sur la « *Basmala* », car c'est par elle que les Fils d'Adama ont été créés lorsque Dieu demanda : « **Ne suis-Je pas votre Seigneur ?** » **Ils répondirent : « Mais si, nous en témoignons … »**[108]. Et ceci suffit pour montrer que seuls ceux qui se sont humiliés, se sont fait petits et ont reconnu la grandeur de Dieu seront appelés à prendre place auprès de Dieu.

Effectivement, Ibn Fârid a dit :

> « *Si j'étais moi le point diatrique de la lettre « ba », je garderai mon humilité*
> *Et je serai élevé à un niveau où la ruse ne saurait atteindre* »

On montre, en plus, que l'on dit toujours « Bismil- Lâhi » et non « Bil- Lâhi », car la bénédiction (at-tabarruk) réside dans la mention du nom de Dieu et que le nom en tant que tel reflète, du coup, l'élément nommé ; au moment où le terme « *ism* » est, de son côté, honoré.

En effet, le Nom Sublime de Dieu, connu par les hommes de Dieu, demeure le nom de l'Essence Sanctifiée qui ne s'applique à aucune autre essence. C'est dire que ce Nom renferme un sens plein de bénédictions. Et toute invocation faite par le biais de ce Nom sera exaucée.

C'est comme si quelqu'un disait j'entame en comptant sur les bénédictions du Nom de l'Essence Primordiale qui porte en elle le signifié du Nom Sublime. En effet, notre vénéré démontre que ce Nom Sublime est strictement réservé à l'Essence Primordiale de Dieu. Ce Nom cerne en lui tous les signifiés et les signifiants. Seul le Cheikh Singulier (al-fard jâmi'u), Cheikh Ahmad Tijjâne, en connaît l'intérieur et l'extérieur.

---

[107] Sourate : Luqmân ; verset : 27.
[108] Sourate : Al A-'arâf ; verset : 172.

Pour faciliter la mémorisation

Celui qui désire avoir une bonne raison et une grande capacité de mémorisation, qu'il écrive 3 fois la sourate : « *Al-Qadr* », 3 fois les deux derniers versets de la sourate « *Al-Baqara* » et 3 fois la sourate « *Al-Kawsara* ». Il doit les écrire le Jeudi et les boire le Vendredi après la prière du matin et avant de manger quoi que ce soit.

Arcane pour assister la grossesse

Cette invocation est relative à la grossesse. Elle consiste à écrire une fois la sourate « *Al-Fâtiha* », 306 fois « يا مصور », une fois la sourate « *Al-Mulk* » suivi de ces vers que la femme enceinte porte sur elle, comme talisman :

بعد خاتمي على رأسها	ثلاث عصى صففت
وميم طميس أبتر ثم سلم	مثل السهام تقومت
وأربعة مثل الأنامل صففت	إلى كل مأمول به قد تسلمت
وهاء شفيق ثم واو مقوس	تشير إلى الخيرات والرزق جمعت
انطوت وآخرها مثل الأوائل خاتمي	كأنبوب حجام من السر

خمسي أركان من السر قد حوت

اللهم يا مصور صور الولد في بطن فلانة عن بعلها فلان. اللهم صل على النبي الحبيب.

ر	و	ص	م
و	ص	م	ر
ص	م	ر	و
م	ر	و	ص

284

Arc mystique permettant d'entrer en contact direct avec le monde céleste

Il s'agit de cette prière appelée « **mahru sirri wal hiwari wa 'aïnil-fat'hi wan nûr** »[109]. En faire beaucoup permet de voir en sommeil le Seigneur de la Puissance (*Rabbul 'izzati*). En plus, le Prophète Muhammad (PSL) et l'Esprit Saint (*Rûhul Qudus*) ne le quitteront jamais. Elle équivaut à 100 000 fois la « *Salâtul Fâtihi* » par jour.

La méthode recommandée pour faire cette prière consiste à la réciter :
- 30 fois après la prière du matin ;
- 24 fois après la prière du midi ;
- 20 fois après la prière de l'après-midi ;
- 15 fois après la prière du coucher du soleil ;
- 10 fois après la prière du soir.

Il s'agit de cette invocation :

« Allâhumma salli wa sallim wa bârik 'alâ Sayyidinâ Muhammadine an-Nabiyyil kâmil al-Fâtihil Khâtim Sâdiqil Amîne Jâmi-'i li'asrâri mâ ahsâhu minal 'ulûm fi ahrufil imâmil mubîne bi-'aïnil yaqîne wa aqlâmi tartib wa tab'yîne wa musmini hadrati Rabbihi bijamî-'i asrâril hudâ wa tamkîne wa bicharafihi wa karamihi. Chahidta jamî-'a Nabiyyîne, wal Mursalîne, wal Malâ'ikati, wa Chuhadâ'i, wa Sâlihîne. Nâsiral haqqi bil-haqqi ar-Ra'ûf ar-Rahîm al-Hâdî ilâ sirâtikal mustaqîme. Sirâtal lazîna ane-'ameta 'alïhime ghayril maghedûb 'alaïhime wala dâlîne âmine. Qutbu dâ'iratil wujûd wal-jalâl wal-jamâl wa miftâhi asrâril ghuyûb wa khazânati 'aïnil kamâl. Wahuwa nûru sâti-'u, was sirrul maknûne, wa salâtul kâmilatu, wa salâmu tâmmu 'alâ akhîhi Jibril Mutawwaqi bin nûrit- tâmmi ».

---

[109] Il s'agit de la dote qui permet de mettre la main sur ce secret mystique considéré comme les houris aux belle yeux que l'on obtient après notre admission au Paradis.

اللهم صل وسلم وبارك على سيدنا محمد النبي الكامل الفاتح الخاتم الصادق الأمين الجامع لأسرار ما أحصاه الله من العلوم في أحرف الإمام المبين بعين اليقين وأقلام الترتيب والتبيين ومد من حضرة ربه بجميع أسرار الهدى والتمكين وبشرفه وكرنه شهدت جميع النبيين والمرسلين والملائكة والشهداء والصالحين الناصر الحق بالحق الرؤوف الرحيم الهادي إلى صراطك المستقيم صراط الضين أنعمت عليهم غير المغضوب عليهم ولا الضالين آمين. قطب دائرة الوجود والجلال والجمال ومفتاح أسرار الغيوب وخزانة عين الكمال. وهو النور الساطع والسر المكنون والصلاة الكاملة والسلام التام على أخيه جبريل المطوق بالنور التام.

Livre sur la Salâtul Fâtihi

Nous tenterons de faire état de la vie de Notre maître et guide spirituel **Ahmad Tijjânî** ainsi que de ses qualités.

1) sa descendance :

Son vrai nom est Abul Abbâs Ahmad Ibn Sayyid Muhammad, surnommé Abî 'Amrû Ibn Mukhtâr Ibn Ahmad Ibn Muhammad Ibn Sâlim Ibn Ahmad, connu sous le nom de 'Alwânî Ibn Ahmad Ibn 'Ali Ibn Abdallah Ibn Abbas Ibn Abdul Jabbâr Ibn Idrisa Ibn Is'hâqa Ibn Zaïnil 'Abidîne Ibn Ahmad Ibn Muhammad, surnommé Nafs Zakiyya Ibn Abdallah al-kâmil Ibn Hasan Musnî Ibn Hasan Subti Ibn 'Ali Ibn Abî Tâlib, que Dieu bénie son visage. Ce dernier fut l'époux de Fâtima Zahrâ', que Dieu soit content d'elle, la fille du Messager de Dieu (PSL).

Tous ceux qui sont cités ici figurent parmi les grands connaisseurs en matière de Dieu (akmal 'ârifîna bil- Lâhi).

Quant à sa descendance maternelle, il fut le fils de sa noble maman ʿÂʾicha Bint Sayyid Charîf Jalîl Abi Abdallah Sayyid Muhammad Sanûsî Tijjânî de la grande famille Tijjâniyya. Ils sont les oncles maternels de notre guide spirituel.

2) sa naissance :

Effectivement, il est né dans un village appelé ʿAïnu Madine en l'an 1150 de l'Hégire soit en l'an 1734 de l'ère chrétienne.

3) sa jeunesse :

Il a grandi auprès de ses nobles parents dans la dévotion, la crainte, l'ascétisme, la décence et la conciliation. Il mémorisa le Coran à l'âge de sept ans des mains de son Cheikh Amîne Sayyid Muhammad Hamwi Tijjânî. Après cette péripétie, il s'intéressa aux sciences de la *Charia* et desquelles il s'imprégna. Ensuite, il commença à édicter des *fatawas* et à enseigner dès le bas âge. C'est à la suite de ça qu'il s'intéressa à suivre les maîtres soûfis et se mit, à l'âge de vingt et un ans, à la recherche du Cheikh qui le connectera à son Seigneur. C'est ainsi qu'il a pu rencontrer beaucoup de grands maîtres spirituels aussi bien en Orient qu'en Occident.

Il fit le pèlerinage à la Mecque en 1187 de l'Hégire où il saisit l'occasion pour rendre visite le noble mausolée de son ancêtre, le Prophète (PSL), à Médine. Après cette péripétie, il regagna son pays natal. Et durant ce retour, il rencontra des hommes parmi lesquels Abi Samghûne qu'il croisa en l'an 1196 de l'Hégire. Ensuite, il vit en état d'éveil le Messager de Dieu (PSL) qui l'enseigna le *Wird Ahmadiyyi* à savoir le « Istighefâr » et la « Salâtu ʿalan- Nabiyyi ».

Et vers la fin de l'an 1200 de l'Hégire, le Messager de Dieu (PSL) lui compléta ce Wird par le rajout de la noble expression « *Lâ ilâha illal- Lâhu* ». Alors le Cheikh, sous ordre du Prophète (PSL), s'adonna à enseigner la créature, à la guider et à l'inculquer de bons comportements tout en la conduisant vers Dieu, le Très Haut.

4) son installation à Fez :

Le cheikh s'installa à deux reprises à Fez : en l'an 1190 et en l'an 1213 de l'Hégire. La ville de Fez était, à la fois, une capitale scientifique et politique. A ce moment là, le Sultan du Maroc, le mûlay Sulayman, l'accueilla avec cordialité. Ce Sultan respecta avec consécration son mysticisme, le crut et épousa sa voie spirituelle. Ainsi, le Cheikh Tijjân put répandre sa doctrine entre les Savants sans cacher ses convictions personnelles en se mettant devant eux, en évoluant sous leurs regards. Il disait : « *Si vous voyez quelqu'un dans la déviation redressez-le par le biais du Coran et de la Sunna* ». Ainsi, la plupart des Savants finirent par le croire au point d'adhérer à sa conviction et de suivre sa voie spirituelle à l'instar du Mûlay Sulayman. Il a même fait don d'une demeure au Cheikh.

Le Cheikh répandit aussi bien le savoir que la Tarîqa dans la ville de Fez. Il tentait de répondre à toutes les questions qu'on lui posait en se basant sur ce que Dieu lui a donné comme savoir. Cependant, nous n'allons pas nous attardés sur le contenu de l'ouvrage intitulé « <u>Jawâhirul Ma-'ânî wal Jâmi-'i</u> » de Ibn Muchri ainsi que dans les autres livres répandus à travers le monde.

Il serait utile de jeter un coup d'œil à ses réponses qu'il a donné partant du Coran et des Hadiths prophétiques à propos desquels les Savants ont divergé quant à leurs interprétations et leurs commentaires. Mais le Cheikh considérait mieux les savoirs qui plongeaient les esprits doués dans l'éblouissement et il témoignait ainsi ses vastes connaissances en matière de Coran, d'exégèse, de Hadith, de Fiqh (jurisprudence islamique) sur les différentes écoles juridiques existantes sans parler ses réponses par rapport aux questions juridiques islamiques, ainsi que ses épîtres et ses recommandations.

5) son action :

Le Cheikh était profondément attaché et était très ferme à l'égard de la Sunna du Prophète (PSL). Il ne se laissait jamais emporté par la flexibilité en matière des lois religieuses. Sa langue ne connaissait que la mention de Dieu (*zikrul- Lâhi*), matin et soir. Il invoquait fréquemment son Seigneur. Ses prières sont toujours tenues aux heures prescrites et il faisait bien ses génuflexions et ses prosternations sans aucune précipitation. Il remettait toujours la Zakât aux ayant droits. Il jeûnait régulièrement le mois de Ramadan et accomplissait le pèlerinage à la Mecque. Il incitait toujours à la crainte de Dieu et à combattre l'âme néfaste et la passion. Il invitait à la bonté envers les deux parents, à tenir un bon langage à leurs égards et à parfaire l'éducation des enfants en leur habituant à obéir leur Seigneur surtout à lire régulièrement le Coran. Il disait : « *Le minimum que celui qui mémorise le Coran peut faire, c'est de lire deux sections (Hizb) du Coran par jour* ».

Le Cheikh aimait les Saints et les considérait beaucoup. Il invitait les gens à plus de politesse à leurs égards. Il aimait également la famille du Prophète (PSL) et incitait à plus de respect à leurs égards. Il disait : « *Les désobéissants parmi les membres de la famille du Prophète sont traités comme furent traités les combattants de Badr. On leur avait dit : « faites ce que vous voulez, vos péchés sont déjà pardonnés ». Concernant les savants en Dieu parmi eux, personne ne peut les égaler. Et c'est là, la doctrine des hommes de la certitude de l'unicité divine* ».

Il invitait toujours à avoir une bonne opinion voire un jugement favorable et ne jamais avoir une mauvaise opinion, ne jamais être esclave de la passion et de ne jamais se montrer insouciant au point de négliger les recommandations de Dieu. Il mettait en garde contre le fait de priver les Cheikhs de l'Islam de leurs droits en leur faisant du tort. Il attirait l'attention contre le fait de prétendre détenir la Wilâya en se basant sur des faussetés. Il invitait à ne pas fréquenter les irréligieux car leurs toxicités ne sont là que pour exterminer et décimer celui qui aspire à se rapprocher de Dieu. Il invitait à ne jamais tomber et persister dans la désobéissance quelque soit sa nature. Il éduquait avec rigueur et dans la spontanéité. Pour lui rien ne doit accuser de retard.

Il aspirait toujours à projeter le disciple vers le sommet de la spiritualité. Il était un noble, un exemple, un digne et un charismatique. Il prenait comme allié quiconque le considère comme tel. Il était hostile à celui qui se montre hostile à l'égard de son ami en Dieu. Il était lucide et ne blâmait pas le disciple. Il était profondément attaché à la Voie qui est un joyau pour les fidèles. Il ignorait la difficulté. Il ne se souciait que de la satisfaction du Seigneur des adorateurs. Il répondait aux appels des gens, assistait les faibles, aidait les pauvres en les logeant. Il respectait le droit du voisin et l'aidait dans les moments de difficulté.

6) sa mort

Le Cheikh a rendu l'âme, à l'âge de 80 ans, à Fez où il fut inhumé un Jeudi matin 17 Chawwâl de l'an 1230 de l'Hégire (1814 : ère chrétienne). Beaucoup de ses Frères en la foi ont assisté à sa dernière heure. Juste après la prière du matin, il se coucha de son côté droit, ensuite il demanda de l'eau qu'il but et il retourna se

289

coucher. C'est en ce moment là que sa noble âme quitta son corps béni pour monter vers les lieux sanctifiés. Un nombre inimaginable de Savants basés à Fez assista à ses funérailles. Et même l'Emir des croyants, Sulayman a assisté en personne aux funérailles. Ce fut le grand Mufti Abû Abdallah Sayyid Muhammad Ibn Ibrahîm Dakkâlî, descendant du célèbre Imam Tûnisî, qui assura la prière funéraire. Les gens se bousculèrent pour porter le cercueil béni du Cheikh. Puis, ils finirent, à la suite de l'enterrement, par rendre en morceaux ce cercueil qu'ils conservèrent en raison du caractère béni dont il renferme en le plaçant dans la tombe au moment où les cœurs étaient dans la débâcle du fait de cette perte immense. Chaque assistant voyait ses larmes couler sur les joues car connaissant réellement sa place dans le cercle de la science.

Le Cheikh a laissé deux enfants : Sayyid Muhammad al-Kabîr et Sayyid Muhammad al-Habîb, que Dieu leur garantie sa satisfaction. Même le Prophète (PSL) leur a assuré la parfaite connaissance en Dieu. Parmi leurs descendances, ils ont laissé des hommes et des femmes. Que Dieu nous inscrit parmi les bénéficiaires de sa miséricorde et de sa bénédiction.

Définition de la tarîqa tijjaniyya
et de ses différents *awrad*

Il s'agit de la Tarîqa Ahmadiyya Muhammadiyya Ibrâhîmiyya Hanafiyya Tijjâniyya. C'est la voie de la vertu et de la reconnaissance, c'est-à-dire la voie de la droiture et non la voie du conflit, de la solitude, de la privation du manger et de l'habillement.

Elle fut désignée par Ahmadiyya, car elle porte le nom du fondateur même de cette Tariqa à savoir l'imam Ahmad qui la connecte directement au Prophète (PSL) sans intermédiaire. Cette Tarîqa a pour vocation de faire des louanges, c'est pour cela que tous ces Awrâd sont loués.

Elle fut, également, désignée par Muhammadiyya, car elle fut directement connectée au noble Prophète Muhammad (PSL). Le vecteur central qui permet de s'inscrire dans cette Voie n'est rien d'autre que le fait de multiplier la prière sur le

Maître des Envoyés, Muhammad (PSL) tout en ayant à l'esprit sa noble physionomie.

La Tarîqa Muhammadiyya ressemble à l'Islam muhammédien en ce sens qu'elle fut la dernière Tarîqa autonome et que jamais une autre Tarîqa ne viendra après celle-ci, car toutes les Tarîqa sont intériorisées dans la Tarîqa de l'Imam Châzili. Cette Tarîqa renferme une distinction exclusive, c'est-à-dire qu'elle laisse une empreinte bien posée au sein de toute autre Tarîqa et jamais elle ne joue le rôle de réceptacle d'empreintes quelque soit sa provenance. C'est la cause pour laquelle, elle porte l'empreinte Muhammadiyya.

Elle porte, également, le nom de Ibrâhîmiyya Hanafiyya, du fait qu'elle ne peut être Muhammadiyya que si elle est d'abord Ibrâhîmiyya Hanafiyya faisant ainsi allusion au propos divin suivant : « **Dis : « Moi, mon Seigneur m'a guidé vers un chemin droit, une religion droite, la religion d'Abraham, le soumis exclusivement à Allah ... »**[110].
Par ailleurs, elle porte cette appellation du fait que ce nom découle du champ préférentiel où Ibrâhîm fut considéré comme un ami intime de Dieu. De nombreux disciples de cette Voie notamment les plus éminents ont eu à mentionner ce nom dans leurs écrits. On peut citer, entre autres, Sayyid 'Arabi Ibn Sâ'ih dans son livre « Bughayyatul mufîd » et Abû 'Ubayda auteur du livre « Mîzâbu rahmati ».

Concernant l'origine de ses Awrâd, personne ne peut ignorer que tous ces Awrâd Tijjâniyya sont tirés du Livre de Dieu et de la Sunna du Prophète (PSL) du point de vue des termes employés. Par contre, s'agissant de leurs enseignements, ils ont pour soubassement la permission authentique reçue de la part du Messager de Dieu (PSL) qui l'a donnée au Cheikh.

Tous ces Awrâd tournent autour de trois axes centraux que sont le « *Istghefâr* », la « *Salâtu 'alan- Nabiyyi* » et la noble expression « *Lâ ilâha illal- Lâhu* ». Expression qui constitue la colonne vertébrale de ces *Awrâd* tijjâniyya. Ces trois axes centraux ont chacun une origine incontestable tirée du Coran, de la Sunna et des invocations communes des musulmans.

---

[110] Sourate : Al- An-'âm ; verset : 161.

Pour ce qui est du « *Istighefâr* », le Coran l'a bel et bien recommandé et la Sunna l'a bien confirmé. Dieu dit en rapportant les propos du Prophète Nûh (Noé) : « **J'ai donc dit : «Implorez le pardon de votre Seigneur, car Il est grand Pardonneur, pour qu'Il vous envoie du ciel, des pluies abondantes, pour qu'Il vous accorde beaucoup de biens et d'enfants, vous donne des jardins et vous donne des rivières** »[111]. Il dit ailleurs : « **Sache donc qu'en vérité, il n'y a point de divinité à part Allah et implore le pardon pour ton péché, ainsi que pour les croyants et les croyantes …** »[112]. Il dit, également : « **Quiconque agit mal ou fait du tort à lui-même, puis aussitôt implore d'Allah le pardon, trouvera Allah Pardonneur et Miséricordieux** »[113]. De même, il dit : « **… Et Allah n'est point tel qu'Il les châtie alors qu'ils demandent pardon** »[114]. Il convient de noter qu'il y a beaucoup d'autres versets relatifs à cette question.

Quant à la Sunna, beaucoup de Hadith font allusion à cette question comme ce Hadith Qudsiyyi où Dieu dit : « *Ô Fils d'Adam, vous tous vous êtes porteurs de péchés sauf celui que j'ai pardonné, alors implorez mon pardon et je vous pardonne* ». Le Prophète (PSL) dit : « *Ne vais-je vous indiquer vos maux et leurs remèdes. Sachez que vos maux sont les péchés et vos remèdes en cela réside dans le Istighefâr* ».

Pour ce qui est de la « Salâtu 'alan- Nabiyyi », le fait que Dieu et Ses Anges aient prié sur le Prophète (PSL) aurait suffit comme preuve et s'y ajoute la recommandation que Dieu a enjoint aux croyants – Humains comme Jinns - de faire de même lorsqu'Il dit : « **Certes, Allah et Ses Anges prient sur le Prophète, ô vous qui croyez priez sur lui et adressez [lui] vos salutations** »[115].

Quant à la position de la Sunna sur cette prière sur le Prophète (PSL), ce dernier a dit : « *Celui qui prie sur moi une seule fois, Dieu priera sur lui 10 fois* ». De même, il donne la définition du vrai avare en disant : «*L'avare c'est celui qui entend mon*

---

[111] Sourate : Nûh ; versets : 10 – 12.
[112] Sourate : Muhammad ; verset : 19.
[113] Sourate : An-Nisâ'i ; verset : 110.
[114] Sourate : Al-Anfâl ; verset : 33.
[115] Sourate : Al-Ahzâb ; verset : 56.

nom sans prier sur moi ». Il dit encore : « *Celui qui entend mentionner mon nom et oublie de prier sur moi, vraiment il a perdu le chemin qui mène au Paradis* ». Il démontre les mérites de cette prière sur lui : « *Les plus rapprochés auprès de moi le Jour Dernier seront ceux qui multipliaient cette prière ici-bas* ».

S'agissant la formule bénie « *Lâ ilâha illal- Lâh* », beaucoup de choses en font allusion du côté du Coran comme du côté de la Sunna.

Dieu précise : « **Sache donc qu'en vérité, il n'y a point de divinité à part Allah** »[116]. De même, il reproche les gens du Feu en démontrant que : « **Quand on leur disait : « point de divinité à part Allah », ils se gonflaient d'orgueil** »[117].

Du côté de la Sunna, les Hadiths sont très nombreux. Le Prophète (PSL) a dit : « *La meilleure parole que les Prophètes antérieurs et moi avons dit c'est la formule « Lâ ilâha illal- Lâhu* ». Il dit, par ailleurs : « *Le plus heureux à bénéficier de mon intercession au Jour Dernier, c'est celui qui aura dit de manière sincère et véridique cette formule* ». Il précise ici : « *Quiconque dit cette formule une fois dans sa vie, cela lui suffira toute le vie* ».

Cette Tarîqa représente la Voie de la science et des Savants. Et nous n'exagérons pas lorsque nous disons, avec connaissance certaine, que la Tarîqa Tijjâniyya, nous suffit comme Voie Spirituelle. Nous nous en réjouissons du fait que les Savants, anciens comme nouveaux, s'y apparentent en partant du grand Cheikh spirituel jusqu'à nos jours. Il faut noter que ces différents Savants se confondent dans cette Tarîqa malgré leurs différents dialectes, leurs différentes couleurs et leurs différentes ethnies. Cette Tarîqa se distingue par le fait qu'elle comprend en son sein le nombre de Savants le plus significatif et aucune autre Tarîqa ne peut renfermer en son sein autant de Savants. Mais c'est l'histoire même qui confirme cette thèse et celui qui y émet des doutes peut interroger l'histoire et jamais il ne pourra apporter le contraire.

---

[116] Sourate : Muhammad ; verset : 19.
[117] Sourate : As-Sâffât ; verset : 35.

Il y a des Savants qui ont écrits des ouvrages très riches traitant cette question à l'instar de l'Emir des croyants, le Sultan al-Mawlâ Abd al-Hafîz al-'Alawî. On peut, en plus, citer le Cheikh Ahmad Kansûsî, Nazîfî, le Cheikh Muhammad al-Hâfiz al-Misri et le Cheikh sikrîj qui a fait un grand cadeau en enrichissant les bibliothèques islamiques de ces ouvrages les plus riches. Nous avons également le Cheikh Muhammad as-Saghîr as-Sinqîtî, Ibn Bâbâ al-'Alawî, le Cheikh Ibrâhîma ar-Rayâhî, Sayyid al-'Arabi Ibn Sâ'ih ainsi que d'autres éminents Savants. Il serait intéressant de mentionner que ceux-ci ont aidé à l'éclosion des bibliothèques islamiques riches en ouvrages et brochures qui n'ont laissé aucun domaine de connaissance et c'est ce qui a permis la Tarîqa Tijjaniyya de se renforcer et de jouir ainsi le propos divin qui montre que : « **Et si vous comptez les bienfaits d'Allah, vous ne saurez pas les dénombrer ...** »[118]. C'est dire que parmi ces bienfaits dont parle ce verset, la Tarîqa se place en bonne position. Et puisque les bienfaits de Dieu sont indénombrables, il faut dire que les compagnons du Cheikh sont également très nombreux.

---

[118] Sourate : An-Nahl ; verset : 18.

294

Louange à Dieu Seigneur de l'univers, l'Unique Vrai Maître, le Souverain,
le Créateur sans collaborateur.
Seigneur daigne répandre, depuis que Tu as créé ce monde
Jusqu'à la fin des temps, Ton Salut et Ta Grâce sur
Le Saint Prophète MUHAMMAD, sa famille, sur ses compagnons.

****

Cette rédaction fut terminée le 29 – 11 - 2005 (27 Chawwâl 1226 H).
Alors que sa traduction en langue française fut achevée le 19 Mars 2010 par la Grâce Infinie de Dieu, le Détenteur de la Bonté Inconmensurable.
Nous prions Dieu de rendre cette œuvre uniquement la Sienne en nous accordant ses larges profits grâce à la grandeur de notre cher Prophète (PSL) et grâce au rang du Pôle Caché (al-Qutb al-Maktûm) et grâce au cachet muhammédien, 'Abû Fayd Ahmad Ibn Muhammad Tidjâni al-Hasanî, que Dieu soit content de lui et lui octroie comme demeure éternelle le jardin 'Illiyîne.
Que Dieu nous place tous sous son aile protectrice. Qu'il nous fasse jouir de sa satisfaction éternelle. Qu'il nous place tous sous sa bannière digne d'éloges et sous son ombre étendue.
Qu'il nous octroie tout ceci par le biais du noble Prophète (PSL) et qu'il répond favorablement à nos demandes et prières.
« Seigneur, pardonne-nous ainsi qu'à nos frères qui nous ont précédés dans la foi ; et ne mets dans nos cœurs aucune rancœur pour ceux qui ont cru. Seigneur, Tu es Compatissant et Très Miséricordieux. Seigneur, pardonne et fais miséricorde. C'est Toi le Meilleur des Miséricordieux ».
« Et la fin de notre invocation est : Louange à Dieu, Seigneur de l'univers »
« Gloire à ton Seigneur, le Seigneur de la puissance. Il est au-dessus de ce qu'ils décrivent ! Et paix sur les Messagers, et louange à Dieu, Seigneur de l'univers ! ».

Ainsi s'achève cette modeste étude, grâce à Dieu !

TABLE DES MATIERES

Thierno Hammadi BA   *Thierno Boubacar DIALLO*

Thierno Hammadi Bâ, communément appelé Thierno Ousmane Djiba Bâ, est né en 1948 au Fouta Toro. C'est à l'âge de sept ans qu'il fut introduit à l'enseignement du Coran auprès de Thierno Hammé Sall qui se chargea de cette mission. Il fit ses études auprès de cet érudit à MBoyo, département de Podor. A l'âge de dix huit ans, il se tourna vers les sciences de la religion. Après ce premier parcours, il se retrouva entre les mains du savant, Abdoul Aziz Dia, qui l'enseigna, entre autres, le Burdu, la Hamziyya et Ibn Durayd.

En 1969, il se rendit à Tivaouane auprès du petit frère de ce dernier - Abdoul Aziz Dia – où il étudia la langue arabe avec tout son lot de matières [grammaire (nahwu), conjugaison (sarf), littérature (adab), …]

C'est à Tivaouane, également, qu'il reçu le Wird Tidjâne des mains de Thierno Muhammad Sa'îd Bâ (m. 1980). Alors, il y adopta la Tarîqa Tidjâniyya dans laquelle il compte rendre le dernier souffle, par la Grâce de Dieu.

En 1970, soit quelques mois plus tard, il regagna Ouakam, dans la région de Dakar, pour s'installer auprès d'un de ses parents. Là, Thierno Hammé Barro l'enseigna les ouvrages du fiqh tels que al-akhdari, la muqaddimatul izziyya, la achmawiyyu, la risâla, le djuz'ul awwal de Khalîl, la maqâmatul harîri (poésies antéislamiques et littérature). Il a achevé l'étude de tous les ouvrages ayant trait à la religion auprès de Thierno Abdallah Hamadine Ly à Thiaroye, dans la région de Dakar.

En 1980, il se rendit en Gambie pour y rencontrer le grand érudit, Thierno Boubacar Diallo de Bansah (m. 1997). Il y renouvela le Wird Tidjâne. Celui-ci l'initia aux sciences ésotériques. Il lui accorda, en plus, toutes les autorisations et permissions, sans exception, à tel point qu'il est en mesure de conférer le Wird Tidjâne à tout désireux, de donner la permission (al-izn) à tout voulant, de déclarer quelqu'un Muqaddam.

C'est en 1981 qu'il reçut l'autorisation d'assurer la continuité de la Zâwiya El Hadj Mâlik SY, basée à Sandaga, au cœur de Dakar. Cette autorisation lui fut notifiée par l'imam El Hadj Sy MBeur, sous ordre d'Abdoul Aziz Sy Dabagh (m. 1997), en présence d'El hadj Moukhtar Guèye Saltigué, El Hadj Abdoul Khadre NDiaye et El Hadj Ahmad Seck Diop. Depuis cette date, il assure la continuité de cette Zâwiya, bien qu'il y joue le rôle de second imam. Il y enseigne les sciences religieuses (tafsîr de Coran, fiqh, tawhîd, sîra, hadith, …) et les sciences ésotériques. Aujourd'hui, il est un grand érudit des sciences ésotériques comme des sciences religieuses, un muqaddam de la Tarîqa Tidjâniyya apte à conférer le Wird Tidjâne et ses corollaires.

Il a eu à écrire plusieurs ouvrages (une dizaine), non encore publiés. Tous les thèmes qu'il évoque sont en étroite relation avec la Tarîqa (secrets, pratiques, litanies, portée mystique de la Salâtul Fâtihi, portée mystique de la Djaw'haratul Kamâl, la place des hommes de Dieu [al-awliyâ], des formes d'invocation extraites du Coran et de la Sunna, …)

L'ouvrage-ci en constitue l'ouvrage phare de ses écrits. Il y a fait un tour d'horizon de tout ce qui permet au jeune disciple tidjâne de bien comprendre la Tarîqa et de bien la pratiquer.

301